달성
마을이야기

대구의 뿌리
달성 산책 | 01

달성
마을이야기

초판 1쇄 발행 2015년 12월 10일

기획 달성문화재단
글 이영진   **사진** 배원태
펴낸이 홍기원
편집주간 박호원   **총괄** 홍종화
편집·디자인 오경희·조정화·오성현·신나래·김선아·남지원
                이효진·남도영·이상재
관리 박정대·최기엽
펴낸곳 민속원   **출판등록** 제18-1호
주소 서울시 마포구 대흥동 337-25   **전화** 02) 804-3320, 805-3320, 806-3320(代)   **팩스** 02) 802-3346
이메일 minsok1@chollian.net, minsokwon@naver.com
홈페이지 www.minsokwon.com

ISBN 978-89-285-0835-8 94080
      978-89-285-0834-1 set

ⓒ 이영진, 2015
ⓒ 민속원, 2015, Printed in Seoul, Korea

저작권법에 의해 한국 내에서 보호를 받는 저작물이므로 무단전재와 복제를 금합니다.
이 책 내용의 전부 또는 일부를 이용하려면 반드시 저작권자와 민속원의 서면동의를 받아야 합니다.
이 도서의 국립중앙도서관 출판시도서목록(CIP)은 서지정보유통지원시스템
홈페이지(http://seoji.nl.go.kr)와 국가자료공동목록시스템(http://www.nl.go.kr/kolisnet)에서
이용하실 수 있습니다.(CIP제어번호: CIP2015033496)

※ 책 값은 뒤표지에 있습니다.
※ 잘못된 책은 바꾸어 드립니다.

대구의 뿌리
달성 산책 | 01

달성 마을이야기

글 이영진
사진 배원태
기획 달성문화재단

민속원

마을 이야기를 열며

마을이라는 말은 순수한 우리말이다. 사람들이 자연적으로 모여 이루어진 집들의 집합을 마을이라고 한다. 이러니 행정적으로 나눈 리里나 동洞 보다는 '자연촌락'을 마을이라고 보는 것이 맞을 듯하다.

마을을 한자어로 촌락이라고도 부른다. 촌락은 분류기준에 따라 여러 가지로 나누어 볼 수 있다. 사람들이 자연스럽게 모여 서로 의지하면서 희노애락을 나누고 길흉사에 협력하면서 살아가는 촌락을 자연촌락이라고 한다. 이에 반해 행정제도에 의해 구획한 촌락을 행정촌락이라고 한다. 하나의 자연마을이 하나의 행정촌락이 되기도 하지만 면소재지처럼 규모가 큰 자연마을은 2개 혹은 3개의 행정촌락으로 나누어지기도 한다. 경우에 따라서는 2~3개의 자연촌락이 하나의 행정마을이 되기도 한다.

마을은 위치하고 있는 곳의 환경이나 마을 사람들의 생계방식이 무엇이냐에 따라 구분하기도 한다. 육지에서 농사를 짓고 사는 사람들의 마을을 농촌마을이라고 한다. 바닷가에서 해산물을 채취해서 먹고사는 사람들이 사는 마을을 어촌마을이라고 한다. 드물게 산에서 채취한 임산물을 팔아서 먹고사는 마을을 산촌마을이라고 부른다. 달성군에는 어떤 마을이 많을까. 한반도의 내륙에서 강 유역의 비옥한 땅에 농사짓는 사람들이 많이 살고 있으므로 대부분 농촌마을이다.

마을 사람들의 성씨 분포에 따라 마을을 구분하기도 한다. 하나 둘의 성씨들이 마을을 지배하고 있다면 씨족마을 혹은 동성마을이라고 한다. 예전 양반들의 마을에 씨족마을이 많다. 반면에 여러 성씨들이 모여 사는 마을을 각성마을이라고 부른다. 현풍 소례곽씨들이 모여 사는 소례마을이나 서흥김씨들이 사는 현풍 못골마을, 순천박씨들이 모여 사는 하빈 묘골마을, 광주이씨들이 모여 사는 논공 씩실마을 등은 같은 성씨들이 옹기종기 모여살기에 씨족마을에 속한다.

마을은 눈에 보이는 모습에서 도시의 주거지와 다르다. 그 안에 사는 이들의 삶 또한 도시 사람들의 삶의 모습과 사뭇 다르다. 강기옥 시인의 '행복'이라는 시는 예로부터 유지되어 온 전통마을의 겉모습과 속살을 잘 읽을 수 있어 언제나 정감이 간다. 시인이 그리고 있는 고향 그것이 바로 우리가 말하는 전통마을의 모습이다.

고향, 눈감으면 떠오르는 그곳에
언제든지 훌쩍 다녀올 수 있으면
당신은 행복한 사람입니다.
손때 묻은 기둥과
박꽃 순결하게 피어나던 초가지붕과
숨바꼭질하던 친구가 있다면
당신은 더없이 행복한 사람입니다.

지친 삶의 현실에서

모든 것 포기하고 싶을 때

스스럼없이 찾아갈 고향이 있다면

당신은 가장 행복한 사람입니다.

오가는 길 고생스러워도

엎드려 절할 수 있는 어른이 있고

나무 한그루 심을 수 있는 선영이 있다면

당신은 더 바랄 것 없이 행복한 사람입니다.

아늑한 평화

포근한 안식으로

기억에 생생하게 살아있는 고향은

편안한 어머니 가슴입니다.

마을은 일정한 땅위에 집들이 옹기종기 모여 있는 모습이다. 가장 먼저 들어온 사람이나 씨족 중에 큰집이 마을 뒤쪽에 자리하고 있다. 옛 마을들은 하나같이 마을 뒤쪽과 양 옆이 산으로 둘러싸여 있고 앞에는 크고 작은 물길이 지나간다. 말하자면 풍수지리와 조선시대 선비정신에 영향을 받아 배산임수를 이루는 모양새다. 혹 산들이 마을을 감싸지 못하고 마을 앞이 튀어 있으면 숲을 만들어 물리적으로 앞을 가린다. 어떤 마을은 마을 앞에 인공적으로 만든 산, 즉 조산造山이라 하여 돌무덤을 만들어 놓기도 한다. 산을 만들어 마을 앞을 막은 심리이다. 이렇다 보니 전통마을들은 마치 보이지 않도록 숨어있는 모습이다. 그래서 마을에 들어가려면 길이 직선이 아니라 곡선을 이루는 곳이 많다. 1970년대 새마을운동과 농기구의 기계화는 마을로 들어가는 길과 안길들을 직선으로 변화시켰다. 들킬세라 숨어있던 우리네 옛 마을들은 바깥세상에 얼굴을 내밀게 되었다. 마을의 겉모습이 달라진 것이다.

전통마을에 사는 사람들은 서로 협력하고 의지하며 살아 왔다. 강기옥 시인이 고향마을을 편안한 어머니의 가슴으로 그린 이유가 바로 여기에 있다. 희노애락을 나누다 보니 서로간의 속사정까지도 다 알고 살아간다. "이웃집 제삿날까지도 안다." "이웃집 숟가락이 몇 개인지도 안다."라는 속설이 괜한 말이 아니다. 마을사람들의 이런 삶의 모습을 다른 말로 근린관계 혹은 대면관계라고 부른다.

근린관계를 유지시키는 요인에는 여러 가지가 있다. 무엇보다 으뜸은 친족관계이다. 큰집과 작은집 등 핏줄로 얽혀 근린관계가 된다. 집안 간의 혼인으로 얽혀 근린관계를 이루기도 한다.

연령계층이 근린관계의 원인이 된다. 같은 마을에서 연령이 비슷한 또래끼리 모여 놀기도 하고 협력하기도 한다. 철이 들 무렵이면 또래끼리 동갑계라는 놀이 혹은 경제적 결사체를 만들어 결속된 근린관계를 형성하는 경우가 대단히 많다.

음식은 근린관계를 더욱 돈독하게 해주는 매개체이다. 대표적으로 마을에 제사가 들면 다음날 아침에 음복을 나누어 먹는 풍습이 있다. 특히 어른이 살고 있는 집에는 음복을 고루고루 담아 배달할 정도로 두터운 정을 과시하였다. 철철이 명절이면 같은 음식이라도 서로 나누어 먹는다. 혹여 별미라도 생기면 이웃 간에 나누어 정을 베풀었다. 오죽하면 "콩 한 쪽으로 현풍장꾼이 다 갈라 먹고, 온 동내 사람들이 다 갈라 먹는다."라고 하였을까. 마을 사람들은 음식으로 정을 나누었다. 그래서 마을을 음식으로 얽힌 근린집단이라고 부르기도 한다.

협동은 마을 사람들을 근린관계로 묶어주는 든든한 끈이 되어 왔다. 마을 사람들의 협동관행은 '부조', 품앗이, 울력 등의 민속용어에서 잘 읽혀진다. 큰일을 당하여 금전적으로 어려움을 겪거나 일손이 모자랄 때 서로 도와 해결하는 마을문화들이다. 부조는 마을에서 혼례나 상례 등 큰일이 생기면 돈이나 물품으로 도와주거나 일손을 제공해 주는 것을 말한다. 앞의 것을 금품부조라고 한다면 뒤의 것을 '몸 부조'라고 한다. '몸 부조'를 다른 말로 울력이라 하였다. 울력은 마을사람들이 어떤 대가도 바라지 않고 어려운 집을 도와주는 협동관행이다. 예컨대 과부 혼자 사는 집에서 초가지붕에 이엉을 덮을 때는 힘센 남자들의 일손이 필요하다. 이때 어떤 대가도 없이 마을 남자들이 함께 도와주는 협동모습을 울력이라고 한다. 함께 사는 마을 사람이 갑자기 어려움을 당하여 협동력이 필요할 때 다 같이 도와주는 미풍양속이 울력이다.

문명이 발달하고 산업화되면서 시골 인심도 예전과는 많이 달라졌다는 말을 듣는다. 별미음식이나 제사밥을 나누면서 정을 쌓는 풍습은 점점 사라지고 일손이 모자라는 사람들끼리 서로 도움을 주고받는 몸 부조 풍습은 돈으로 대가를 치루는 임금노동에 밀려 사라지고 말았다. 엄마의 가슴처럼 포근하고 따뜻했던 우리네 마을정서가 도시처럼 변하고 있다. 일정한 땅을 기반으로 끈끈하게 연명해 온 마을 공동체성이 사라지고 있다.

얼마 전 서울 모 대학에 재직하고 있는 외국인 교수가 언론에 던진 말이 감동을 주었다. 한국의 관광 패턴은 전통이 살아 숨 쉬는 마을관광으로 바뀔 것이라고.. 그러므로 역사와 사람과 문화가 살아 숨

쉬는 마을을 보존하고 가꾸는 일이 관광산업을 위해서 반드시 필요하다고.

달성문화재단이 『대구의 뿌리 달성 산책』시리즈 발간을 계획하면서 가장 먼저 달성군의 마을이야기를 선택한 이유는 마을문화를 정리하고 되새기고자 함이다. 대도시 인근에 위치하면서 거센 도시화와 산업화 바람에 마을의 전통과 문화가 급격하게 변하고 있기 때문이다. 이 시점에서 달성지역 마을 문화의 과거와 현재를 기록하고, 향후 변화의 추이를 가늠하여 바람직한 변화의 방향을 이끄는 것이야 말로 진정한 인문학이 해야할 일이 아닐까?

인문학 산책의 첫발을 내딛는 달성문화재단의 굳은 의지가 앞으로도 계속되길 바라면서 함께 힘차게 출발하고자 한다.

2015.11.30
칠곡 봉산골에서
이영진

목차

마을이야기를 열며   4

마을의 뿌리, 성씨문중과 재지사족들 _18

옛날에 현풍고을을 지배한 현풍팔문   19
달성고을 지배세력 낙강칠현과 한강문인   21

한훤당 김굉필 선생의 종가가 있는 못골마을 이야기 _26

대구국가산업단지가 보이는 못골마을   27
지동못, 우주의 생성원리를 담은 연못   29
자동못의 놀라운 진실, 지동못은 나비의 먹이 풀이다   31
마을을 작은 우주로 승화시킨 못골 사람들   35
6.25전쟁의 상처가 남아있는 한훤당 종택과 못골마을   38
나라가 정한 한훤당 불천위不遷位제사   44
종가를 중심으로 양 골짜기에 형성된 못골마을   49
한훤당 선생을 알아야 못골을 안다   51

12정려가 있는 충효마을 솔례 _64

마을 앞에는 남생이가 사는 연못 용흥지가 있다 67
박문수 느티나무와 현풍곽씨 문훈비 앞에 서다 71
회룡고조혈回龍顧祖血 명당에 자리 잡은 솔례마을 72
현풍곽씨가 아니라 솔례곽씨라 불러주오 73
솔례마을 입향조는 곽안방 선생이다 74
청백리로 이름난 솔례마을 입향조 곽안방 75
솔례마을에는 곽씨 문중 문물이 가득하다 77
현곽팔주玄郭八走를 배출한 솔례마을 현풍곽씨들 102
솔례마을 주변의 현풍곽씨 마을들 105

사육신이 머무는 묘골마을 _112

묘골은 박팽년 선생의 후손들이 사는 마을이다   113
박팽년 선생은 순천박씨이다   116
묘골에 박팽년 선생의 후손이 살아남은 사연   117
박팽년 선생의 후계를 있게 한 묘골마을 풍수이야기   118
묘하게 생긴 마을 묘골   120
묘골마을 문화유산여행   122
묘골에는 고 이병철 회장 부인의 생가도 있었다   126
육신사, 본래의 이름은 하빈사였다   128
박일산이 지은 99칸 충정공파 종가는 어디에…   132
왜병도 범접하지 못한 충정공파 종택   134
종택은 어디가고 태고정만 외로이…   135
태고정 아랫집, 청렴한 선비의 집 도곡재陶谷齋   139
묘골 양반들은 가양주 삼해주와 송순주를 즐겼다   144
묘골의 새끼마을 파회   145

하빈 전의이씨들의 마을 _158

달성군에 있는 전의이씨들의 마을들   159
전의이씨가 대구에 들어온 사연   162
하목정이 있는 하산마을   163
하산에서 살리라. 수월당 이지영 선생   170
다산 상곡마을을 개척한 부강거사 이지화   170
하산에 충절의 꽃을 피운 이익필 장군의 국불천위사당   173
전의이씨 성소 이유재履有齋가 있는 기곡리   177

매운탕 먹으며 문산마을의 역사를 더듬다 _180

잉어고기를 금기하는 파평윤씨 마을에 들어선 수많은 민물고기 식당들   181
파평윤씨들이 잉어를 먹지 않는 이유   182
문산리는 파평윤씨 대구 최초 입향마을이다   185
낙동제일강산 영벽정에 오르다   187
문산리에 민물고기 식당이 많이 생긴 이유   190
문산리 산성에서 문산마을의 역사를 생각하다   191

계획마을 남평문씨 세거지 인흥 _194

인흥마을 풍수지리와 조산造山 이야기   196
인흥사의 추억들   202
인흥마을은 본디 성산이씨 세거지였다   204
인흥마을 남평문씨들은 누구인가   205
철저한 계획마을 남평문씨 세거지의 완성과정   207
한옥궁성처럼 보이는 우물 '井(정)'자형 세거지   211
인흥마을 비하인드스토리   211
남평문씨 세거지의 찬란한 문화유산들   213
인수문고 전신은 만권당이다!!   222

사성賜姓 김해김씨들의 마을 우록 _224

김충선을 알아야 우록을 안다 227
김충선이 만든 우록마을의 향약 239
우록마을 사성 김해김씨 양반가문 반열에 서다 242
녹동서원에서 김충선장군을 만나다 244
1천 명의 일본인이 찾는 우록마을에 한일우호관이 들어서다 245

마을공동체를 지켜온 쌍계리 치마거랑 _250

마을 자치기구 동회 252
죽음도 서로 도우며 극복하는 치마거랑 사람들 256
농사용 물을 관리하는 보계도 있다 258
쌍계리 처마거랑 당산제 이야기 261

달성의 또 다른 마을제사들 _268

논공 노이리의 풍농을 지켜주는 부덕불 이야기 269
논공 천왕당 마을제사 이야기 271
구지 도동2리 밤마 당집 이야기 273

도시바람에 흔적없이 사라진 마을들 _274

산업단지 때문에 흔적없이 사라진 청도김씨들의 금리마을   275

도시화에 밀려난 매곡리 동래정씨들의 마을   278

아파트 숲이 삼켜버린 성주도씨들의 서재리   280

경주이씨들의 서재2리 안마   282

능성구씨들의 세천리 굼마   283

진양정씨들의 죽곡1리 대실   283

기록이라도 남기고 싶은 전통마을들 _284

화원의 전통마을들   285

논공의 전통마을들   286

다사의 전통마을들   289

가창의 전통마을들   294

옥포의 전통마을들   296

하빈의 전통마을들   297

현풍의 전통마을들   299

유가의 전통마을들   300

구지의 전통마을들   301

달성 마을이야기

달성
마을
이야기

마을의 뿌리,
성씨문중과
재지사족들

마을의 뿌리, 성씨문중과 재지사족들

달성 토박이 성씨들의 입에 아직도 오르내리는
현풍팔문玄風八門, 낙강칠현洛江七賢, 한강 문인….

옛날에 현풍고을을 지배한 현풍팔문

조선시대에 현풍현은 지금의 대구광역시 달성군 현풍면보다 훨씬 넓었다. 지금의 논공면과 구지면·유가면 일대를 포함하는 고을이 현풍현이었다. 한때는 포산현이라 부르기도 하였던 고을이다.

조선시대에 현풍현에는 고을을 대표하는 여덟 가문의 양반 지식계층, 즉 재지사족在地士族이 있었다. 이 여덟 가문이 여러 마을에 거주하면서 현풍 고을을 지배하였다. 당시의 여덟 가문을 일컬어 이른바 현풍팔문玄風八門이라 불렀다. 이들 현풍팔문은 지금까지 달성 지역의 대표적인 씨족마을과 반촌을 이루어 온 가문들이다. 달성의 문화적 뿌리를 이해하는 고리이자 마을의 형성을 이해하는 단초가 현풍팔문이다.

현풍의 유림들은 조선 후기 현풍을 지배한 여덟 가문으로 서흥김씨와 포산곽씨 혹은 솔례곽씨라고도 부르는 현풍곽씨, 영월엄씨, 청도김씨, 평강채씨, 경주김씨, 광주이씨, 밀양박씨 등을 꼽는다.『현풍향안玄風鄕案』과『도동서원입원록道洞書院入院錄』,『경상도읍지慶尙道邑誌』등의 옛 문헌들도 현풍팔문이 현풍지역을 지배해 온 성씨라는 점을 뒷받침하고 있다.

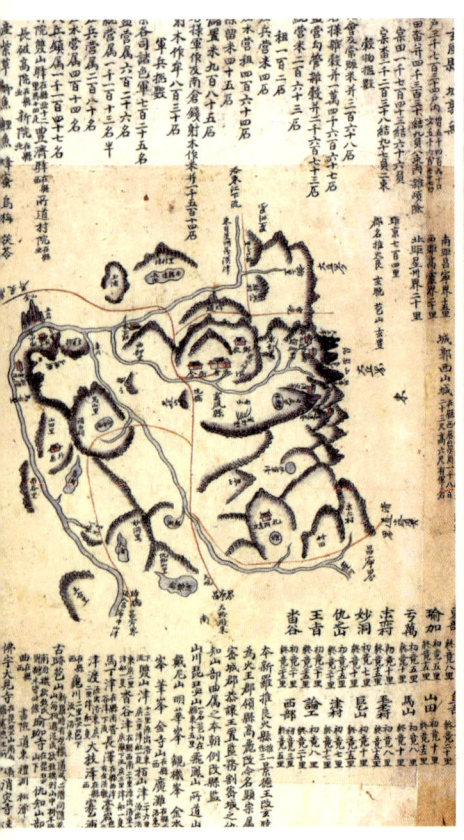

현풍 옛지도

　이들 여덟 가문 중에서 특히 서흥김씨를 나라를 대표하는 양반, 즉 국반으로, 현풍곽씨는 영남을 대표하는 양반 즉, 도반이라 말하기도 한다. 이들 두 성씨는 조선후기 현풍의 양반 유림사회를 이끌어온 대표적인 씨족집단으로 지금의 현풍 솔례率禮와 지동池洞이 두 성씨의 뿌리가 되는 마을이다. 특히 서흥김씨는 한훤당 김굉필의 후손들을 가리키며, 한훤당이 고리가 되어 현풍지역 양반 지식계층들이 사림파와 연을 맺게 되었다.

　현풍팔문은 조선시대에 국가의 존립을 위태롭게 하였던 임진왜란과 병자호란이 일어나자 의병활동을 적극적으로 주도하면서 달성지역을 넘어선 영남지역 내에서 재지적 기반

을 크게 확장하였다. 양대 전란 이후에는 느슨해진 신분질서를 다시 정비하면서 지방유림을 조직하고 정비 하는데 적극적으로 나서는 한편, 서원과 뛰어난 조상들의 위패를 모시는 사당이나 재실을 경쟁적으로 건립하여 씨족들의 결합을 강화하면서 씨족마을을 더욱 발달시켰다.

달성고을 지배세력 낙강칠현과 한강문인

향촌사회 혹은 지역사회에 거주하는 양반을 재지사족이라 불렀다. 현풍팔문 외에도 달성지역의 대표적인 재지사족, 즉 향촌양반으로 낙강칠현과 한강문인들이 속한 문중을 든다.

여기서 말하는 낙강칠현洛江七賢은 임진왜란이 일어나기 3년 전인 선조 22년(1589년) 5월에 달성군과 고령군 경계를 흐르는 낙동강을 오르내리며 뱃놀이를 하면서 '만경창파욕모천萬頃蒼波欲暮天'의 일곱자를 운으로 시를 지은 광산이씨 이홍량과 이홍우, 성산이씨 이기춘, 고령김씨 김면, 청주정씨 정구, 밀양박씨 박황, 전주이씨 이승 등 일곱 명의 학자를 가리킨다.

일곱 명의 유학자들은 같은 시대에 태어났다. 가까운 이웃 고을에서 성장하면서 어릴 때부터 학문에 열중하여 장년에는 성숙한 학문과 올바른 범절로 교류하면서 향촌사회의 명망가로 영향력을 발휘하였다. 이들은 달성과 고령, 성주고을을 대표하는 유학자로 이름을 날렸고, 특히 임진왜란에 의병활동 등으로 국난을 극복하는데 큰 힘을 발휘하기도 하였다. 그들의 문중은 향촌사회에서 씨족집단과 씨족마을을 이루어 재지사족으로 발돋움하여 오늘에 이르고 있다. 낙강칠현 중 광주이씨와 밀양박씨 씨족집단은 현풍팔문과도 겹친다.

낙동칠현비(고령군 성산면 성산리 사망정에 위치)

　　낙강칠현이 '만경창파욕모천萬頃蒼波欲暮天'의 일곱자를 운으로 지은 시는 조선시대 낙동강의 아름다움과 학문을 함께하는 문우들의 친분을 한껏 표현한 걸작으로 평가받고 있다. 잠시 그 시를 읽어보자.

▪ 만萬자를 운으로 지은 옥산 이기춘 선생의 시

　　연정범청파煙艇泛清波　　　　아득한 작은 배를 청파에 띄우니
　　양붕래자원良朋來自遠　　　　어질고 친한 벗이 먼 곳에서 찾아왔네.
　　수지금일유誰知今日遊　　　　그 누가 알리요 오늘 모여 놀 것을
　　증불의천만曾不意千萬　　　　천만 뜻밖이라 나도 미처 몰랐었네.

▪ 경頃자를 운으로 지은 청휘당 이승 선생의 시

　　하화조공간荷花朝共看　　　　아침에는 맑게 핀 연꽃을 완상하고
　　모범금산경暮泛金山境　　　　해질 무렵 배 띄워 금산경내 다달았네.
　　고회총군현高會摠羣賢　　　　고상한 모임이라 모두가 유현일세

　　　편범능만경片帆凌萬頃　　　조각배 노저어서 창파를 넘나드네.

▪ 창蒼자를 운으로 지은 모재 이홍우 선생의 시
　　　승회흔래부勝會欣來赴　　　성대한 모임에 흔쾌히 다다라
　　　편주만경창扁舟萬頃滄　　　편주에 몸을 실어 망경창파 거슬으니
　　　사양무한의斜陽無限意　　　석양에 정겨운 흥취 다함이 없구려
　　　회수경미망回首更微茫　　　고개들어 다시보니 망망한 장강만이 아득하구나.

▪ 파波자를 운으로 지은 한강 정구선생의 시
　　　평생하사최위다平生何事最爲多　　　평생에 무슨 일을 가장 많이 하였던고
　　　금일강유역가가今日舡遊亦可歌　　　오늘의 뱃놀이에 노래 또한 정겹구나
　　　해후양붕잉공취解后良朋仍共醉　　　좋은 벗 반겨 만나 모두 함께 취했도다.
　　　사양도영조평파斜陽倒影照平波　　　석양에 물에 잠겨 넓은 물결 비추네.

- 욕欲자를 운으로 지은 송암 김면 선생의 시

강호하행봉제현江湖何幸奉諸賢	강호에 어진 벗님 다행이 반겨맞아
작옥경하흥불속斫玉傾霞興不俗	옥잔에 술 기울이니 흥취 또한 고상하네
충연유득우하구充然有得又何求	이처럼 즐겁고 흡족한데 무엇을 또 구하리오.
금일유암시소욕今日留庵是所欲	오늘은 초암에 머무름이 오직 나의 소망일세.

- 모暮자를 운으로 지은 대암 박성 선생의 시

승회우연성勝會偶然成	좋은 모임이 우연히 이루어져서
우복지자우又復之子遇	또다시 여러 군자 반가이 만났네
청담철금회淸談徹襟懷	청담을 나누니 회로가 풀리고
편주임연소扁舟任沿泝	조각배는 물결따라 오르내리네
경음동량표輕陰動涼飆	가벼운 그늘에 서늘한 바람 불어오니
막수강일모莫愁江日暮	이 강에 해 저문다 근심치 마오

- 천天자를 운으로 지은 육일헌 이홍량 선생의 시

격활양붕이반년隔濶良朋已半年	좋은 벗님 소식없이 반년을 지냈더니
청강해후사무변淸江解后思無邊	푸른 강에서 만난감회 반갑기 한이 없네
중류구예도도취中流扣(木+世)陶陶醉	중류에 뱃전치며 취흥이 도도한데
불각연파물외천不覺煙波物外天	자욱한 연파속의 仙境인줄 몰랐도다.

조선시대에 와서 달성지역을 지배한 현풍팔문과 낙강칠현은 한강 정구 선생의 제자들로 구성된 한강문인으로 뭉친다. 한강의 문인은 230여 명이나 되었는데, 이를 성씨별로 살펴보면 광산이씨 8명, 의성김씨 12명, 벽진이씨 9명, 현풍곽씨 8명, 성산이씨 7명, 경산이씨 3명, 성산여씨 4명, 성주도씨 6명, 전의이씨 5명, 서홍김씨 2명, 동래정씨 4명, 야성송씨 6명,

밀양박씨 12명, 순천박씨 5명, 옥산장씨 7명, 영천최씨 3명, 청도김씨 2명, 그리고 고령박씨와 일선김씨가 각 1명 등이다.

　한강의 문인들은 대부분 현풍을 포함한 달성과 고령, 성주의 토박이 성씨이거나 사족으로 명문수학한 동지들이었으며, 혼인으로 연결되어 있다. 이들은 달성 지역의 씨족집단 내지는 씨족마을을 이루어 향촌사회를 지배해 왔다. 혈연과 지연, 학연, 혼인을 매개로 하는 사회적 연결망은 더욱 견고한 지배력을 발휘하는 원동력이 되었다. 그 영향력은 오늘날까지 이어져 한강문인들의 후예들은 현풍팔문과 낙강칠현의 가문은 물론 묘골의 순천박씨와 인흥의 남평문씨 문중까지 아우르는 문우회라는 결사체를 조직하여 학연과 지연을 유지하고 있다.

달성
마을
이야기

한훤당
김굉필 선생의
종가가 있는
못골마을
이야기

한훤당 김굉필 선생의 종가가 있는 못골마을 이야기

대구국가산업단지가 보이는 못골마을

알 만한 사람들은 다 알지만 못골마을은 행정적으로 달성군 현풍면 지리에 속하는 자연촌락이다. 마을이름 지리는 못 지池와 마을 리里자 이니 우리말로 풀어 보면 못골이다. 못이 있는 마을이라는 뜻이다. 못골은 본래 수원백씨 성을 가진 사람이 마을을 개척하여 살았다고 전하나 그 흔적은 찾을 수 없다.

못골마을은 중부내륙고속도 현풍 톨게이트에서 구지방면으로 조금 가다 보면 현풍곽씨들의 세거지인 솔례마을 입구에 다다른다. 대구국가산업단지가 있는 현풍소재지에서도 구지방면으로 가다보면 역시 솔례마을 입구에 다다른다. 솔례마을 입구에서 용흥지라는 큰 저수지를 끼고 약 700미터쯤 가다보면 삼거리가 나온다. 삼거리에 굽은 소나무 한그루를 심은 화단이 눈에 들어온다. 그 소나무 가지 아래에 보기만 해도 탐스러워 보이는 커다란 화강암 바위에 小學世鄕(소학세향)이라는 글씨를 새겨 놓은 이정표가 놓여 있다.

小學世鄕(소학세향)이라는 표지석은 한서『소학』을 근본으로 삼아 학문을 일군 김굉필 선

현풍면 못골마을 입구 소학세향(小學世鄕) 이정표

생과 인연이 깊은 못골마을 입구라는 것을 말해 주는 이정표이다. 이 글씨가 향하는 곳을 바라보면 저 멀리 보이는 마을이 못골이다. 표지석 주변에는 '내 고향 지리池里(못골)'라는 또 다른 표지석도 볼 수 있다.

전통마을이지만 마을 입구가 옛스러워 보이지 않아 실망할 수도 있다. 마을 가까이에 비교적 규모가 큰 현풍면 소재지가 있고, 최근 대구국가산업단지가 들어서다 보니 마을 입구까지 크고 작은 공장들이 들어서 있기 때문이다.

콘크리트로 포장한 마을 진입도로를 따라 오르면 왼쪽에는 경사진 경작지가 펼쳐지고 오른쪽 낮은 구릉지에는 공장들이 들어서 있다. 그 끝자락쯤에 높은 둑 하나가 눈앞을 가린다. 저수지 둑이다. 연못이 있는 마을을 뜻하는 '못골 혹은 지리池里'라는 마을이름을 탄생시킨 장본인이다. 마을 사람들은 이 못을 '지동못'이라고 부른다. 마을 사람들에게 이 못은 마을을 존속시키는 신앙같은 문화적 상징물이다. 그러니 마을 이름도 못골이라 한 것이다.

지동못, 우주의 생성원리를 담은 연못

모르는 사람들은 그냥 저수지려니 하고 지나칠 수 있지만 지동못은 두 가지 전통문화의 상징을 간직하고 있다. 하나는 풍수지리적으로 좋은 지형지세를 갖추기 위해 마을 사람들이 인공적으로 만든 연못이라는 점이다. 두 번째는 조선시대 전통 정원의 모습을 그대로 표현한 연못이라는 점이다. 먼저 전통 정원으로서의 지동못을 살펴보자.

보통 연못은 풍부한 골짜기 물이 흘러들 수 있는 곳에 만든다. 그런데 지동못은 대니산이 높지 않아 골짜기에서 내려오는 물이 많지 않다. 비가 오지 않으면 계곡물이 거의 흐르지 않을 정도이다. 그런데도 연못이 사시사철 마르지 않고 늘 일정한 수량을 유지하는 이유는 지하수가 솟아오르기 때문이다. 마을 사람들은 풍수지리적으로 좋은 마을 터를 유지하기 위해 마을 앞에 연못을 파고 지하수가 솟아오르도록 한 것이다.

그런데 희한하게도 완전한 사각형은 아니지만 연못을 거의 네모나게 만들고 그 안에 둥근 모양의 인공 섬을 만들어 놓았다. 하필이면 왜 이런 모양을 갖추었을까?

우연히 만들어진 연못 모양이 아니다. 지동못은 못골마을 사람들의 철학이 숨겨진 마을 정원이다. 말하자면 성리학과 유학에 밝았던 못골마을 서흥김씨들이 음양오행설에 바탕을 둔 천원지방설天圓地方說, 즉 하늘은 둥글고 땅은 네모졌다는 우주의 생성과 구조의 원리를 연못에 표현하여 소원한 것이다. 이러한 형태의 연못을 학자들은 방지원도方池圓島라고 부른다.

방지원도는 중국과 일본에도 없는 우리나라 고유 형태의 연못이다. 일설에 의하면 방지원도는 조선 태조 이성계가 고구려 산성의 네모난 연못과 주몽의 오녀산성에 있는 천지

지동못
네모진 방지이다. 못 가운데에 원형의 섬이 있다. 방지원도이다.

등의 역사적 유적의 연못을 본떠서 만든 독특한 연못이라 한다. 이성계는 조선 개국과 함께 왕들과 왕후들의 신주를 모시고 제례를 봉행하는 사당인 종묘와 함흥본궁, 건원릉에 방지원도를 조성하였다(주찬범, 2011:228참조).

못골마을의 지동못은 놀랍게도 천원지방설을 표현한 방지원도이다. 못둑에서 보나 마을에서 보나 지동못은 네모진 모양이다. 그 네모진 연못 가운데에는 둥근 모양의 섬을 만들었다. 본래의 모양은 아닌 듯 콘크리트로 둥글게 단장하고 몇 그루 잡목을 심어 놓았다. 사각형 연못은 땅, 즉 음을 상징하고 연못 속 둥근 섬은 하늘 즉, 양을 상징한다. 음양이 결합하여 만물을 소생케 하는 우주 생성의 원리를 지동못으로 표현한 것이다. 여기에는 못골마을의 번영과 못골 사람들의 자손이 번창하기를 바라는 마음이 담겨져 있을 것이다.

서울 세곡동 못골마을을 비롯하여 수원 못골마을, 부산 대연동 못골마을 등 연못이 있어 못골이라고 부르는 마을은 많다. 특히 부산 지하철 2호선을 타고 가다보면 못골역이라는 역 이름이 나올 정도로 못골이라는 지명은 우리에게 익숙하다. 그러나 많고 많은 못골마을 중에 방지원도형 연못을 가진 마을은 없다. 마을은 아니지만 2004년 LH공사가 택지공사를 하다가 문화재를 침범해 큰 논란을 일으킨 사도세자가 묻힌 융건릉 앞의 만년제를 방지원도형 연못이라 주장하기도 한다. 조선 정조대왕이 지시하여 아버지 사도세자가 묻혀 있는 융건릉 앞에 조성한 만년제는 정조대왕 때부터 기록하기 시작한 일성록에 기록되어 있다.

일성록을 보면 네모난 만년제 안의 둥근 섬은 풍수지리설의 비보적 산물로 보고 있다. 일성록은 만년제 안의 둥근 섬을 괴성이라 칭하는 한편, 용이 물고 있는 여의주 역할을 하는 것으로 기록하고 있기 때문이다. 풀어보면 용이 엎드린 융건릉의 지형지세가 풍수상 좋은 형국이란 뜻이다. 그러니 용이 제자리에 있어야 하므로 용이 엎드려 만년제 쪽으로 입을 두고 있으니 연못을 파고 늘 물고 다니는 여의주 모양의 둥근 섬을 만들어 주었다는 뜻이다. 어쨌든 못골마을의 연못은 방지원도형 마을정원 연못인 점은 틀림없다.

자동못의 놀라운 진실, 지동못은 나비의 먹이 물이다

마을에 들어서기 전에 못 둑에 올라서서 마을을 살펴보자. 그리 험하지도 않은 산 아래에 마을이 마치 부채처럼 펼쳐져 있다. 마을을 품고 있는 산이 대니산戴尼山이다. 대니산은 한훤고택이 있는 못골마을 뿐만 아니라 도동서원과 곽씨들의 솔례마을까지 아우르며 우뚝 솟아 있다. 이 산이 바로 비슬산과 함께 현풍의 역사와 문화를 배태시킨 대니산이다. 대니산이란 이름은 "공자의 자字가 중니仲尼이니 공자를 존숭하여 머리에 이고 있는 산"이라는 뜻이다.

마을을 조사한 경험으로 보면 역사가 오래된 전통마을에는 풍수이야기가 전해져 온다. 그만큼 풍수지리가 마을이 들어설 자리를 선택하거나 마을 사람들의 삶에 큰 영향을 미친

지동못에서 바라본 마을 전경
나비모양의 지형지세 앞에 연못이 있다.

결과일 것이다.

그러나 마을 사람들의 설명을 들어보면 정도의 차이는 있지만 마을 터가 풍수지리적으로 명당이라고 말하는 사례는 극히 드물다. 대부분의 마을들은 마을 터가 풍수지리적으로 기의 감응이 모자라거나 과하며, 나쁜 조건을 조금씩은 가지고 있다고 설명한다. 그래서 나쁜 조건을 인공적으로 보완한 경우가 많다. 이것을 사람들은 비보풍수라고 한다. 비보풍수에는 풍수지리적으로 부족한 자연조건을 더하고 북돋는 인위적 풍수비법 혹은 원리인 비보법과 풍수지리적으로 과하거나 흉한 조건을 인위적으로 빼고 누르는 원리 혹은 풍수비법인 압승법이 모두 포함된다.

못골 사람들은 풍수지리적으로 마을 터가 나비를 닮았다고 이야기한다. 말하자면 마을이 자리 잡은 지형지세가 나비처럼 생겼다는 것이다. 풍수에서 나비는 봉황 및 학과 더불어 길한 새, 길조吉鳥라고 믿는다. 마을의 지형지세가 길조를 닮았으면 마을의 집과 사람들이

못골마을 전경

좋은 기氣기를 받아 좋다고 믿으며, 피흉발복避凶發福, 즉 흉한 것을 피하고 복을 받을 수 있다고 믿는다.

　우리네 마을에서는 마을터가 나비와 봉황, 학과 같은 길조와 닮았으면 좋은 기를 머물게 하기위해 비보장치, 보완장치를 마련한다. 못골마을은 나비를 닮았으니 나비가 날아가지 않고 마을에 머물러 항상 좋은 기가 마을에 맴돌도록 하기위해 보완장치를 하였다. 그것이 바로 마을 앞 지동못이다.

　마을 앞에 연못을 만든 까닭은 나비가 물을 좋아하기 때문이다. 마을 터를 보면 대니산에서 흐르는 산맥이 나비의 몸통이고 마을 뒤 산맥에서 마을 좌우로 흘러내리는 능선이 나비의 두 날개이다. 주산맥에서 흐른 몸통은 꼬리를 대니산에 두고 입은 마을 앞에 다다른다. 입이 다다른 곳에 나비가 좋아하는 물이 생산되는 연못을 판 것이다. 물이 있으니 나비는 항상 마을을 떠나지 않고 머물면서 마을에 좋은 기를 준다고 믿는다.

나비와 더불어 길조 봉황을 닮은 마을에서는 봉황이 날아가지 못하도록 인공적으로 산을 만들거나造山, 숲을 조성하기도 한다. 동시에 봉황이 날아가지 못하도록 하는 지명을 붙이기도 한다.

선산읍은 길조 봉황터로 유명한 고을이다. '조선 인재의 반은 영남에서 나고 영남인재의 반은 선산에서 난다'는 말처럼 선산에서 인재가 많이 나온 이유는 선산읍을 둘러싸고 있는 비봉산의 정기 때문이라고 믿는다. 비봉산은 풍수지리적으로 봉황이 두 날개를 활짝 펴고 하늘로 날려는 형국으로, 동쪽의 교리 뒷산과 서쪽의 노상리 뒷산이 봉황의 양 날개이며, 옛 군청 뒷산 봉우리가 몸통과 목이다. 봉황이 날개를 편 채 입으로 군청을 물고 있는 형국을 하고 있다. 임진왜란 때 명나라의 장수 이여송이 선산에서 인물이 배출되지 못하도록 비봉산에 쇠못을 박아 맥을 끊었다는 기록도 보인다.

선산은 봉황이 날아가는 모양이니 이를 막기위해 다양한 장치를 하고 있다. 선산 화조리 앞에 있는 선산들에 봉황의 알을 상징하는 다섯 개의 인공 산, 즉 조산造山을 쌓고 이를 오란산이라고 부른다. 봉황은 본래 다섯 개의 알을 낳으므로 이 알을 품고 영원히 선산 땅에 깃들라는 의미이다. 현재 다섯 개의 알 중에서 4개는 경지정리로 없어지고 하나만 남아있다. 봉황을 잡아놓으려는 선산 사람들의 소망이 얼마나 간절하였으면 봉황의 알은 하늘에서 갑자기 천둥번개가 치고 무지개가 깔리면서 아기천사들이 내려다 놓았다는 전설까지 만들어 놓았을까.

어떤 마을은 봉황을 잡아 놓기 위해 봉황이 서식한다는 오동나무와 봉황이 즐겨 먹는 먹이로 알려진 대나무로 숲을 조성하기도 한다. 경남 진주시의 죽림과 함안 죽수 및 대동수, 영주 순흥 오동숲, 예천 지보 대죽마을과 칠곡 기산 죽전마을, 거창읍 죽전마을 등의 대밭숲이 대표적인 사례이다.

봉황을 머물게 하기위해서 지명으로 봉황과 관련되는 이름을 붙이기도 한다. 예컨대 봉황을 새장과 그물에 가두어 놓는다는 의미의 망진산(진주)이나 망장(선산), 봉황은 까치가 울면 날아가지 못한다 하여 작산(진주), 수컷인 봉의 짝을 지어주면 머문다고 암컷을 상징하는 황산(선산) 혹은 황둑재(예천 지보), 봉황을 기쁘게 하기위해서 화조리 혹은 영봉리(선산), 봉황의 먹이를 상징하는 죽장(선산), 봉황이 날아 들어오라는 뜻의 '무래'(선산) 등의 지명을 붙인다. 길조인 나비나 봉황을 영원히 머물도록 하여 마을의 평화를 꿈꾸어 온 못골 사람들의 바람을 풍수이야기에서도 엿볼 수 있다.

마을을 작은 우주로 승화시킨 못골 사람들

못골마을은 나비형국의 땅 위에 터전을 마련한 공동체이고 방지원도형 연못을 만들어 우주생성의 원리를 마을에 투영시켜 마을 사람 모두의 번영을 꿈꾼 공동체임을 살펴보았다. 못골마을 사람들은 이것도 모자라 마을 앞에 공동체의 수호신을 모시고 제사지내며 마을을 그들만의 작은 우주로 가꾸고자 하였다.

　못골마을 앞 느티나무 숲 속에는 당수나무와 제단이 있다. 지동못을 지나 마을을 들어서면 못 건너편 가장자리에 수백 년 나이는 넘어 보이는 느티나무들이 줄잡아 10그루는 서 있다. 열 지은 느티나무 숲에 가려 마을 안이 잘 보이지 않을 정도이다. 사람들은 느티나무를 느티나무라고 하지 않고 정자나무라 부른다. 느티나무 사이에는 요즘 조립식으로 만든 정자 쉼터 하나가 조성되어 있다.

　이 숲을 왜 조성하였을까? 마을 사람들은 3가지 이유로 설명하고 있다. 서로 떼어놓고 이해하기 어렵다. 이유들이 서로 얽혀 있어서 한마디로 복합되어 있는 양상이다. 첫째는 마을 앞에 동제를 지내는 당수나무를 심어서 숲이 조성되었다는 것이다. 우리의 옛 마을들은 대부분 마을을 지켜 주는 수호신이 있다고 믿고 다 같이 제사지내는 풍속이 있었다. 이것을 동제 혹은 산신제 라고 한다. 못골에도 수호신을 모시고 제사지내는데 마을 앞 연못 안쪽과 한훤당 고택 앞에 당수나무로 느티나무와 은행나무를 심고 그 아래에 제사음식을 차리는 제단을 마련해 두고 있다. 제사는 음력으로 1월 14일 자정에 지낸다. 동제를 지낼 때는 제

1 **마을 앞 당수나무** 해마다 음력 1월14일 동제를 지내고 있다.
2 **당수나무 밑 제단** 당수나무 둥치에는 지난해에 걸어 둔 금줄이 아직도 남아있다.

관을 선정하고 당수나무에 금줄과 황토를 뿌린다. 제사절차는 기제사를 지내듯 지낸다. 지금도 당수나무에는 금줄이라고 하여 왼쪽으로 꼰 새끼줄을 걸어 놓은 모습이 그대로 남아 있다.

동제를 지낼 때 수호신은 하늘에서 당수나무를 타고 내려온다. 당수나무 끝은 무한히 높은 곳을 의미한다. 수호신이 하늘에서 땅으로 오고가기에 좋은 수단이 당수나무이다. 보통 당수나무 주변에는 또 다른 나무를 심어서 숲을 만드는데 신성한 제사영역을 만들기 위해서이다.

하필이면 마을 앞에 당수나무 숲을 조성할까? 마을 앞을 통하여 부정이나 잡귀가 들어오기 때문에 이를 막기 위해서다. 지금은 대부분 사라졌지만 솟대나 장승을 마을 앞에 세우는 이치와 같다. 마을 앞에 숲이 조성된 민속신앙적 의미이다.

마을 앞에 숲이 조성된 또 다른 설명은 풍수지리와 관련이 있다. 사람들은 마을 숲을 풍수지리적으로 설명하기 위해서 오히려 역으로 질문한다. 숲이 없다고 생각해 보라고. 못골마을은 나비를 닮은 대니산 길지에 자리 잡고 있지만 한마디로 마을 앞이 "허하다."고 말한다. 연못을 파서 나비가 머물도록 하였지만 마을 양 옆의 산줄기가 서로 감싸 안아 마을 앞을 가려주어야 대니산에서 내려오는 좋은 기가 마을 안에 머물게 되는데, 마을 앞이 터져 좋은 기가 쉽게 빠져 나간다고 믿는다. 그래서 마을 앞에 당수나무를 중심으로 숲을 조성하여 소위 수구水口막이를 한 것이란다. 당수나무 숲은 다른 의미로 수구막이 숲의 의미도 지닌다는 것이다. 연못을 파고 숲을 조성하여 마을 번창을 도모하려는 마을 사람들의 의지가 여기에 담겨 있다.

당나무 숲은 이밖에도 옛날 못골 선비들의 은일사상이 숨어 있는 것으로 설명하고 있다. 은일사상이란 천하에 도道가 있으면 나아가고, 그렇지 않으면 은둔한다는 사람들의 신조이다. 선비들에게 당나무 숲은 민간신앙과 풍수사상이 숨어 있는 숲일 뿐 아니라 숨어서 조용히 글공부하기 좋은 환경을 만드는 요소이다.

마을 사람들의 표현을 빌리자면 마을 앞이 훤히 터져 속살이 드러난 느낌을 갖는단다.

더구나 연못 너머는 경작지가 경사져 마음도 몸도 쏠려 내려가는 불안감을 가진다고 한다. 옛 선비들은 마을 앞이 훤히 터지는 것을 좋아하지 않았다. 풍수지리를 모르는 사람들도 마을이 서서히 흘러내리는 산 능선에 자리 잡고 있으면서 양쪽에서 흘러내리는 산줄기, 즉 왼쪽의 청룡 등이 오른쪽의 백호 등을 포근히 감싸 안는 지형지세의 마을 터를 좋은 터라고 이야기한다. 이런 마을은 물리적, 혹은 심리적으로 마을 안과 밖이 격리되는 양상이다. 안에서는 마을 밖이 내다보이지만 밖에서는 안이 좀처럼 보이지 않는다. 못골마을 앞 당나무 숲은 앞을 막아 마을을 감싸도록 한 것이다. 숲은 서흥김씨 선비들이 글공부를 하기에 좋은 산림환경이기도 하다.

　이렇게 보니 못골 사람들은 마을을 그들만의 자연친화적이고 신성한 소우주로 창조해 왔다. 그들의 삶터가 나비를 닮았다고 설명하면서 연못을 파고 '나비터에 사는 우리'라는 정체성을 갖고 살아왔다. 나비 터 안(못골)과 밖(타지)을 확실히 구분하면서 살아온 것이다. 그뿐인가. 연못을 우주생성의 원리를 담은 방지원도형으로 만들어 못골마을을 영원히 창성하는 형이상학적 공간으로 탄생시켰다. 마을 밖에서 들어오는 부정과 잡귀를 막아 마을 안을 신성한 공간으로 만들기 위해 당나무 숲을 조성하여 수호신에게 제사지내고 있다. 당나무 숲은 마을 안과 밖의 경계이자 성과 속의 경계이기도 하다.

6.25전쟁의 상처가 남아있는 한훤당 종택과 못골마을

못골마을은 대니산에서 내려오는 주산이 마을 뒤쪽에 다다르면 평퍼짐한 혈 자리를 마련한다. 그 앞이 마을의 중심부이다. 혈전명당이라 하지 않는가. 그곳에 한훤당 김굉필 선생의 종택이 자리 잡고 있다. 사람들은 이 종택을 한훤고택이라 부른다. 옳지 않는 이름이다. 이 집은 한훤당 김굉필 선생의 생가도 아니요 그렇다고 기거한 적이 있는 집도 아니다. 다만 한훤당을 현조로 하는 그 직계후손들이 살아 온 집이기에 종택이라 부르는 것이 옳을 듯

1	2

1 한훤고택 앞 수령 400년 된 은행나무
  김굉필나무라고도 함. 은행나무는 가장 높은 곳에 열매를 맺으니 선비나무라 부르기도 한다.
2 은행나무 밑에 연자방아 받침돌로 제단을 마련하였다.

하여 그렇게 고쳐 부르기로 한다.

  종택은 옛 모습을 대부분 잃어버린 상태이다. 종손에게 6.25 한국전쟁 이전의 흔적이 있느냐고 물었더니 사당과 광채 일부만 남아 있을 뿐 모두 불타 없어지고 제청과 안채, 대문채만 전후에 새로 지었다고 한다. 명문의 종택이니 복원과 보존이 필요하여 다각도로 복원계획을 검토하고 있다고 하니 지켜볼 일이다.

  김굉필 선생의 관향이 서흥瑞興이기에 못골마을은 서흥김씨 세거지로 알려져 있다. 세거지에서 가장 오래된 집이 한훤당 종택이다. 종택 입구에는 보호수로 지정된 400년 된 은행나무가 선비 나무의 기개라도 뽐내듯 우뚝 서 있다. 그 옆에 연자방아 맷돌을 얹은 제단과 오래된 우물이 있다. 그곳을 막 지나면 '한훤고택寒暄古宅'이라 새겨진 안내석이 놓여 있다. 안내석에 서서 종택을 바라보면 정면에 5칸 크기의 솟을대문이 보이고, 왼쪽에는 대문간이 따로 없이 양쪽에 기둥만 하나씩 세우고 문짝을 단 일각문 혹은 쪽문 하나가 수줍은 듯 숨어 있다.

1 한훤당 종택의 전경
2 솟을대문채
  안쪽에 보이는 것이 안채이다.
3 안채모습
  대문을 들어서면 안채 앞에 화단을 조성하여 시각적으로 차단하고 있다.
4 광재헌 앞 구석진 곳에 남정들이 사용하는 화장실
5 광재헌으로 통하는 일각문
  밖에서 본 모습. 비록 작긴 하지만 품격을 갖춘 문이다.
6 광재헌으로 통하는 일각문 안에서 본 모습.
7 광재헌 앞 방지원도형 연못
8 광재헌 모습
9 한훤당 불천위사당

1	2	3
4	5	6
7	8	9

종택은 1,800평의 넓은 대지 위에 3개의 영역이 튼 ㅁ자를 하고 있다. 명문 서흥김씨를 상징하는 종가 정침 영역과 조그마한 일각문을 따로 두고 광재헌이라는 당호가 붙은 제청 영역, 정침 뒤에 물리적으로 위계가 가장 높이 자리 잡은 사당영역이 그것이다.

정침영역에는 그래도 옛 모습을 간직한 광채(창고), 대문채 등이 포함되어 있다. 예전에 정침 앞을 가로막고 당당하게 서 있던 행랑채는 불타 없어지고 정침 앞 오른편에 자그마한 창고, 창고 뒤에 광채가 들어서 있다. 예전 행랑채 자리는 빈터로 덩그렇게 남아 정침 앞이 허전하기 짝이 없다. 대문을 들어서면 정침이 그대로 노출되니 마치 여인네의 속살이 들어난 것 같아 민망하기조차 하다. 그래서 그런지 정침 앞에 키 큰 화초로 꾸민 화단을 만들어 안채를 시각적으로 격리시키려 하였다. 마을을 격리시키려고 마을 앞에 느티나무 숲을 조성한 모양새와 같다. 내당 안사람들의 은밀한 삶이 보호되던 그 옛날 전통 주거공간의 모습을 빨리 찾았으면 하는 바람이다.

제청으로 사용하는 광재헌 영역은 대문을 들어서면 왼편에 자리 잡고 있다. 축대를 돌아들면 마을 앞에 있는 지동못처럼 작은 방지원도형 연못이 있다. 연못 옆에 수령이 꽤나 오래된 굽은 반송이 지팡이를 짚은 채 서 있고 한쪽에는 남정네들이 볼 일 보는 사랑 변소가 마련되어 있다. 좁지만 조선시대 전통적인 정원 모습을 가지고 있다.

광재헌 앞 정원이 하도 예뻐서 종손에게 광재헌에 대해 물었다. 광재헌은 주로 한훤당 김굉필선생의 불천위제사를 비롯하여 선조들의 제사를 지내는 집으로 사용하고 있단다. 광재헌 뒤에는 경의당敬義堂이라 이름이 붙은 집이 있다. 종택을 찾는 손님들을 접대하는 사랑채 역할을 하는 집이다.

본디 한훤당 종택을 찾아오는 남정네들은 솟을대문을 사용하지 않고 광재헌 앞 일각문을 사용하는 것이 원칙이다. 솟을대문으로 들어오면 여성 공간, 즉 내당이 훤히 들여다보이기 때문이다. 그래서 일각문을 통하여 광재헌과 경의당, 가묘(사당)을 출입한다. 그러니 광재헌과 경의당은 남성들이 주로 일을 보는 공간이요, 일각문은 남성들이 출입하는 문인 셈이다. 비단 6.25한국전쟁으로 집이 불타 공간구성이 흐트러지긴 하였지만 한훤당 종택에도 어김없이 유교적 윤리규범인 내외법이 적용되고 있는 것이다.

광재헌 앞은 그리 넓은 편이 아닌데도 네모난 연못을 파고 그 안에 둥근 모양의 섬을 하나 만들어 놓았다. 말하자면 방지원도형 연못이다. 흡사 마을 앞 지동못의 축소판이다. 혹시 지동못과 같은 이유로 연못을 판 것인지 물었더니 그 이유가 두 가지란다. 하나는 천원지방天圓地方, 즉 양인 하늘은 둥글고 음인 땅은 네모지니, 음양의 조화에 의한 우주의 생성원리를 집안에 반영한 것이고, 다른 하나는 주산에서 내려오는 좋은 기를 모으기 위함이란다.

전쟁 후 새로 지은 광재헌은 가문의 지체만큼이나 규모가 꽤 크다. 바깥 전면에는 한훤고택이라는 편액이 걸려 있다. 축대는 옛 그대로이나 집은 최근에 지은 만큼 보온을 위해 마루 전면에는 미닫이문을 달았다. 문을 열면 마루 중앙에 '소학세가小學世家'라고 쓰인 큰 편액과 '광재헌光霽軒'이라고 쓰인 작은 편액이 걸려 있다. 소학세가라는 편액은 홍선 대원군이 직접 쓴 글이라고 전한다. 마을 입구에 소학세향 표지석이 『소학』을 실천한 한훤당 선생의 종택이 있는 마을을 뜻하듯이 소학세가란 『소학小學』의 가르침을 실천한 한훤당 선생의 종가라는 뜻을 가진 이름이다. 여기서 광재헌은 '광풍제월光風霽月(시원한 바람과 맑은 달이란 뜻으로 맘이 명쾌하고 집착이 없으며 시원하고 깨끗한 인품을 형용한 말)'의 줄임말이다. 광재헌 안을 들여다보면 가운데에 대청 마루방을 두고 양옆에 방을 둔 소위 중당협실형으로 집을 지었다.

안채 뒤 언덕에는 한훤당 김굉필 선생의 불천위 위패가 모셔진 가묘, 즉 사당이 있다. 가장 안쪽 높은 곳에 사당이 있으니 누가 봐도 위계가 높은 장소임을 짐작케 한다. 집안의 위계 높은 곳에 사당을 배치하는 원리는 어느 집안이나 마찬가지이다. 죽은 조상의 위패를 안치한 유택이니 높이 받든다는 의미이다.

사당은 안채 뒤편 내삼문을 넘어야 보인다. 3칸 맞배지붕을 한 사당은 단청으로 꾸몄다. 6.25 전쟁 때 종택이 전소되다시피 하여도 사당만은 그대로 보전되었다.

한훤당 종택의 사당은 여느 사당과는 다른 두 가지가 있다. 첫 번째는 국가가 지정한 불천위(국불천위)이므로 왕명에 의해 나라가 사당을 지어 주었다는 점이다. 기록에 의하면 1615년 4월(음력)에 현풍현감 허길의 감독 하에 사당이 준공되었다. 건물 뿐만 아니라 사당

안에 신주를 안치하는 함인 감실도 나라에서 만들어 하사하였다. 이 감실은 안타깝게도 10여 년 전에 도난당하고 지금의 것은 모양만 닮은 모조품이다. 불행 중 다행으로 한훤당 선생 양위의 신주는 빼내 두고 감실만 가져갔다. 본래의 감실은 기와집 모양을 하고 있었다. 지붕과 문살이 너무나 정교하여 예사 감실이 아니었다고 한다.

여느 사당과 또 다른 한 가지는 사당에서 불천위를 가장 왼쪽(서쪽)에 배열하는 것이 일반적이나 한훤당 불천위는 정 중앙에 안치하고 있고 양 옆에 4대조의 위패를 배치하고 있다는 점이다.

나라가 정한 한훤당 불천위不遷位제사

위패를 옮기지 않는다는 의미를 가지고 있는 불천위는 큰 공훈이 있거나 도덕성과 학문이 높아 4대가 지나도 신주를 묻지 않고 사당에 영구히 두면서 제사를 지내는 것이 허락된 사람의 신위를 말한다. 불천지위不遷之位의 줄임말이다. 부조위라고도 한다.

본래 기제사는 고조까지 4대를 봉사하고 그 위의 조상들은 시제 혹은 묘제를 통해 모시게 되어 있으나 불천위에 봉해지면 그 자손들이 있는 한 사당에 신위를 모시고 영구히 제사를 지낸다. 이러한 제사를 불천위제사 또는 불천위대제라고 한다.

불천위는 나라에서 결정한 국불천위國不遷位, 유림에서 결정한 향불천위 또는 유림불천위儒林不遷位, 문중에서 모셔야 한다고 뜻이 모아진 사불천위私不遷位 또는 문중불천위로 구분된다. 일반적으로 국불천위가 가장 권위 있는 것으로 인정되며 향불천위와 사불천위는 조선 후기에 그 수가 너무 많아져 불천위의 권위를 실추시키는 결과를 낳기도 하였다.

불천위를 모신다는 것은 가문의 영광이자 권위 있는 가문임을 보여주는 상징이기도 하다. 그래서 불천위제사는 여느 제사보다도 많은 제관들이 모여 정성껏 모시게 된다.

한훤당 선생의 불천위는 나라가 결정한 국불천위이다. 나라가 언제 불천위를 결정하였

한훤당 종택의 옆모습: 완만한 경사지에 대문채에서 사당채까지 배치되어 있다.

는지는 알 수 없으나 1615년에 국가가 불천위 사당을 짓도록 하였으니 그 무렵부터 불천위 제사를 지낸 것으로 짐작된다.

불천위제사는 매년 음력 10월 1일 한훤당 종택 광재헌에서 지낸다. 보통 40~50여 명의 종친이 제사에 참석한다. 음력 8월 22일에 지내는 한훤당 부인 제사도 불천위로 지내고 있다.

불천위제사 때는 가양주 '스무주'를 제주로 쓴다. 스무주는 스무 날(20일) 동안 숙성시켜 뜨는 술이라는 의미로, 일명 국화주라고도 한다. 말린 재래종 국화와 솔잎, 찹쌀, 누룩 등을 재료로 사용하며 향기가 좋다. 이밖에도 모시 잎을 빻아 섞은 절편과 장미잎을 얹어 지진 장미화전을 제사음식으로 장만하는 것이 특징이다.

불천위제사 때는 종택이 시끌벅적거린다. 음력 9월 30일이면 마음과 몸을 깨끗이 하고 부정한 일을 멀리하는 입제일이라 문중 후손들이 광재헌에 속속 도착한다. 후손들은 먼저 종가 안채에 들러 종손께 인사를 한다. 종손에 대한 예의이다.

제사를 지내기 전에는 반드시 모든 참석자들이 광재헌에 모여 종중회의를 갖는다.

1 불천위제사 전 종중회의 모습
2 불천위제사를 지내는 모습

| 1 | 2 |

2013년 불천위제사 때도 어김없이 저녁 8시쯤 되자 서흥김씨 영남파 종중회의를 시작하였다. 당시 참석자는 20여 명 정도였다. 영남파 종회의 회장과 총무는 영남 장파와 중파, 계파가 번갈아 가면서 맡는다고 했다.

종회 때는 새로운 임원과 불천위제사 제관을 선출한다. 뿐만 아니라 대종회가 추진하고자 하는 주요 사업들을 설명하고 종친의 협조를 구하기도 한다. 종회가 끝나면 문중과 조상에 대한 이야기를 나누며 제사 시간을 기다린다. 자정쯤이면 광재헌 제청이 제상 차림으로 분주해지기 시작한다. 참례자들은 각자 들고 온 흰 도포와 유건으로 의관을 갖추기 시작한다.

불천위제사의 절차는 보통 기제사와 크게 다르지 않지만 까다롭고 엄숙하다. 출주와 진설을 포함하는 식전의례와 강신례·참신례·초헌례·아헌례·종헌례·유식례·합문례·계문례·진다례를 포함하는 제례집전으로 구분된다. 길고 까다로운 불천위 순서를 간략하게 살펴보고 제례의 의미를 되새겨 보기로 하자.

출주出主는 종택 안채 뒤편에 있는 불천위 사당에 봉안된 신주를 제청으로 모셔오는 의식이다. 출주 때는 축문을 읽는다.

진설은 제수, 즉 제사 음식을 제사상에 차리는 의식을 말한다. 여성들이 음식을 장만하지만 진설은 의관을 갖춘 남정네들이 한다.

강신례는 제청에 신을 불러오는 의례로 제주인 종손이 읍하고 꿇어 앉아 향을 집어 세 번 태우고 술을 잔에 따라 모사 위에 붓는 행위이다.

참신례는 강신례를 마친 후 제사 참석자 모두가 신에게 두 번 절하는 행위를 말한다. 강신으로 신을 청하였으니 모두 신에게 인사를 올리는 의식인 셈이다.

초헌례는 제관 중 가장 서열이 높은 종손이나 혹은 차종손이 집사가 따라주는 첫 술잔을 신에게 올리는 의식이다. 술잔을 올린 후에는 축관이 초헌관을 향해 축을 읽는다. 축을 읽은 후 초헌관은 두 번 절을 한다.

아헌례는 두 번째 술잔을 신에게 올리는 의식이다.

종헌례는 세 번째 술잔을 신에게 올리는 의식을 말한다.

유식례는 종헌례가 끝나고 한훤당의 신위에 음식을 권하는 의식이다. 먼저 제주가 앞으로 나가서 칠분쯤 따른 술잔에 세 번 첨작하여 술잔을 가득 채우는 첨작례에 이어, 밥그릇의 뚜껑을 열고 숟가락을 밥그릇의 중앙에 꽂고 젓가락을 고른 뒤 어적이나 육적 위에 가지런히 옮겨 놓는 삽시정저, 마지막으로 제주가 두 번 절을 하는 재배 의식이다.

합문례는 병풍으로 음식상을 가리고 신께서 식사하기를 기다리는 의식이다. 어른이 식사를 하는 동안 바라볼 수 없으므로 조용히 잡수시게 기다리는 순서이다. 참제자 전원은 무릎을 꿇고 5분 정도 침묵의 시간을 갖는다.

계문례는 제주가 세 번 기침을 하여 합문례를 마친다는 신호를 하고 가렸던 병풍을 원래 위치로 바로 세우는 의식이다. 신위께서 반주를 곁들여 식사를 다 마쳤음을 의미한다.

진다례는 신이 밥을 다 잡수셨으니 숭늉을 올리는 의식이다. 제사상에서 국을 내리고 숭늉을 올린다. 집사가 숟가락으로 밥을 3번 떠서 숭늉에 말고 숟가락을 그릇에 걸쳐 놓는다. 이때 손잡이 부분이 서쪽을 향하도록 두고 제관들은 자리에서 일어나 허리를 구부린 채로 잠시 기다린다. 이 자세를 국궁鞠躬이라고 한다.

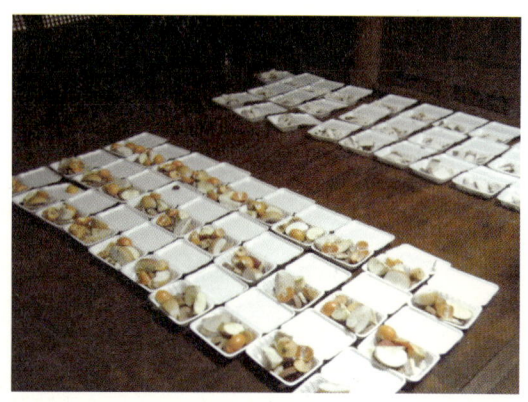
참제자에게 나누어 주기위해 마련한 제사음식 봉지

고이성告利成은 봉양한다는 이利이고 바친다는 성成이니, 신을 봉양하고 예가 끝났음을 고하는 의식이다. 축관이 종손을 마주보고 읍하면서 "고이성"하고 나지막하게 소리 낸다.

사신례는 제사를 마치고 신위를 전송하는 의식을 행한다. 혼령을 떠나보내는 절차이다.

분축焚祝례는 제사가 끝나고 사용한 축을 태우는 절차이다. 제사상 앞에 있는 향로 안에 태운다.

납주納主례는 신주를 모셔 두는 신주독에 신주를 봉안하여 다시 사당 감실에 안치하는 절차이다.

철상撤床례는 제사상에 차려진 제물을 거둬들이고 각종 제사도구를 치우고 병풍을 접는 절차이다.

불천위제사는 절차가 복잡하고 엄숙한 만큼 보통 2시간 정도 걸린다. 제가 끝나면 참제자는 제복을 입은 채로 광재헌 제청에 다시 모여 서로 인사를 나누며 제사에 쓴 술과 음식을 나눈다. 음복이다. 타지에서 온 종친들은 광재헌과 사랑채에 잠자리를 정하고 가까이서 온 종친들은 귀가한다. 참제자 모두에게 제사에 쓴 음식을 봉지에 담아 나누어 준다. 이것을 봉지라 부른다.

종가를 중심으로 양 골짜기에 형성된 못골마을

한훤당 고택을 중심으로 양 옆에 작은 골짜기가 형성되어 있다. 이 골짜기를 이루는 능선이 나비의 양 날개들이다. 골짜기를 따라 집들이 배치되어 있다. 6.25한국 전쟁 전에는 70여 채의 기와집이 골짜기를 꽉 매운 서흥김씨 씨족마을이었다. 그 많던 와가는 일부 부속채들만 남기고 모두 불타버리고 새로 지은 집 30여 가구가 마을을 지키고 있다. 이 중 서흥김씨네가 20여 가구이다.

마을을 쳐다보니 오른쪽 골짜기에는 전쟁 후 새로 지은 5~6가구가 골짜기를 채우고 있었다. 왼쪽 골짜기에는 대니산 밑으로만 드문드문 집들이 있고 경사진 평지에는 경작지가 조성되어 있다. 6.25한국전쟁 전에는 지금의 경작지에 기와집들이 빼곡히 들어차 있었다. 지난 봄날 마을에 들렀더니 대구 도심지로 이사 가서 살지만 고향 텃밭을 가꾸기 위해 주말이

이름 모를 집 한 채
부서진 채 방치되어 있음

1 김병순씨 옛집
2 김병순씨 옛집 측면 부엌

면 찾아온다는 60대 후반의 서흥김씨 부부가 옛날을 되새기며 많은 이야기를 들려주었다.

"내가 서 있는 이곳이 우리 집터요. 기와집이었어요. 주변에도 기와집들이 많았지. 저 위에 산 밑에 있는 기와집이 우리 큰 집인데, 안채 일부만 남은 것을 수리해서 남은 겁니다. 어째보면 우리 군대가 마을을 불태운 거라 봐야 되요. 인민군이 주둔할까봐서 화염방사기 비슷한 걸 가지고 큰 집은 모두 소개한 거요. 엉망이 되었지요."

빈 자리에는 기와조각만 굴러다니고 있었다. 그나마 대니산 자락 높은 곳으로 눈길을 돌리면 최근 짓긴 하였지만 꽤나 큰 규모의 재실들이 마을을 내려다보고 있다. 군자감 주부라는 벼슬을 한 한훤당의 장남 김언숙 선생을 추모하기 위해 건립한 아락재와 김용재 및 김영운 선생을 추모하기 위한 재사 용연재가 그들이다.

재실에서 한참 내려와 산 아래 쪽에는 안채 일부만 옛 모습을 간직한 두 채의 고택이 자리하고 있었다. 집터로 짐작컨대 본래 꽤 큰 규모와 품격을 갖춘 집인 듯 보인다. 그 중에서도 김병순씨 소유 가옥은 복원하지 않고 방치하기에는 너무 아까운 집이다. 이 가옥은 1857년(철종 8)에 지었으니 150살 넘은 나이를 먹었다. 현재 안채만 겨우 뼈대를 지탱한 채 남아 있다. 안채의 규모와 대지로 미루어 보아 여러 채의 건물들이 있었을 것으로 추정된다. 정침은 홑집 7칸이나 되는 제법 규모가 큰 건물이다. 좌측으로부터 건넌방, 2칸짜리 대청, 2칸짜리 안방, 그리고 2칸 규모의 부엌이 연접되어 있다. 좌측 온돌방 전면에 헌함을 설치하고 뒷간이 부엌까지 확대되어 있어 흔히 볼 수 있는 집이 아니다. 앞에서 쳐다보면 정면만 원기둥을 사용하고 납도리에 원형판대공을 세운 3량집에 맞배지붕을 올렸다. 그리고 앞쪽 기둥에 기대어 설치된 시렁이 매우 토속적인 맛을 느끼게 한다. 빈집에 누구라도 와서 살라고 하면 "저요!" 하고 살고 싶은 집이다.

  못골은 살기좋은 곳이긴 하지만 많은 가구들을 수용할 만큼 마을과 농토가 넓지는 않다. 그래서 못골 김씨들의 후손들은 인근 지역으로 분가하여 다시 씨족마을을 이루어 살고 있다. 대표적인 마을이 달성군 구지면 도동과 유가면 본미동, 경남 창녕군 고암면 계상리 등이다.

한훤당 선생을 알아야 못골을 안다

못골하면 김굉필 선생을 떠올린다. 서흥김씨 세거지인데다 온통 선생의 흔적들이 가득하기 때문이다. 그러나 따지고 보면 선생은 못골 사람이 아니다. 그의 직계 후손이 입향하여 세거지가 되었을 뿐이다. 구체적으로 따지면 한훤당 선생의 11대손인 가선대부동지중추부사嘉善大夫同知中樞府事를 지낸 김정재金鼎濟가 1791년에 지금의 구지면 도동에서 못골에 입향하여 서흥김씨 씨족마을이 되었다. 후손들은 못골에 들어와 뛰어난 선조인 선생의 위패를 모시니 그 집이 지금의 한훤당 김굉필 선생의 종택이다. 못골은 선생의 종택이 있는 마을인 셈이다.

합천에 있는 한훤당 선생의 강학소 소학당

서흥김씨 알아보기

김굉필 선생은 본관이 황해도 서흥이다. 말하자면 서흥김씨이다. 서흥김씨는 본디 황해북도에 위치하고 있는 서흥지역의 토박이 성씨이다. 시조는 김보金寶라는 인물이다. 김보는 신라 왕실의 후손으로, 경순왕의 넷째 아들 대안군 김은열金殷說의 5세손이다. 고려 중엽에 금오위정용중랑장金吾衛精勇中郞將이라는 벼슬을 지냈다.

서흥이 본관이 된 연유는 김보의 손자 김천록金天祿이 나라로부터 서흥김씨의 성을 받았기 때문이다. 김천록은 고려의 유명한 장군인 김방경金方慶의 참모가 되어 삼별초의 난을 진압하는 데 공을 세운 사람이다. 1274년(원종 15) 고려와 원나라 연합군이 일본 대마도를 정벌할 때 참전하여 큰 공을 세우기도 한 사람이다. 이러한 공로로 고려 충렬왕이 김천록을 서흥군에 봉하였으며, 이후 후손들은 김천록의 할아버지 김보를 시조로 삼고 서흥을 본관으로 하여 지금까지 핏줄을 이어오고 있다.

서흥김씨들은 김중건이라는 사람을 파시조로 하는 경기파와 김중곤을 파시조로 하는 영남파·나주파·해남파, 김중인을 파시조로 하는 초계파로 나뉘어 전국에 흩어져 살고 있다.

서흥김씨 달성 입향경위와 한훤당 선생의 성장기 이야기

서흥김씨가 달성군에 이주하여 살게 된 연유는 파시조 김중곤의 처가가 현풍 도동이기 때문이다. 말하자면 파시조 김중곤이 처가 곳에 와서 살면서 서흥김씨들의 세거지가 되었다. 그 후손들이 오늘날의 서흥김씨 영남파의 원류가 된 것이다. 한훤당 김굉필 선생은 파시조 김중곤의 증손자이다.

서흥김씨가 나라가 인정하는 명문 반열에 오르고 현풍팔문으로 자리매김한 시기는 조선 연산군 때의 학자인 한훤당 김굉필 선생 이후부터이다. 한훤당이 학문적으로 정몽주·길재·김숙자·김종직으로 이어지는 우리나라 유학사의 정통을 계승하였을 뿐 아니라, 정여창·조광조·이언적·이황 등과 함께 오현五賢으로 공자를 받드는 사당인 문묘에 위패를 모신 위인이었기 때문이다.

김굉필 선생은 1454년(단종2)에 지금의 서울 정동貞洞에서 태어나 서울에서 자랐다. 조선 개국 공신인 조반의 사위인 할아버지가 서울 정동에 살았기 때문에 이곳에서 태어난 것이다. 소시절을 보내면서 선생은 호방하고 거리낌이 없어, 저자 거리를 돌아다니면서 시시비비를 가리고 때로는 사람들을 매로 치는 일이 많아 그를 보면 모두 피했다는 이야기도 전해진다.

말하자면 김굉필은 어릴 적부터 의리를 좇는 기상이 남달랐다. 그가 즐겨 읽은 한유의 글 가운데 서사문의 걸작으로 꼽히는 '장중승전후서張中承傳後敍'에서 장순이 남제운을 부르면서 "남팔南八아, 남아가 죽을지언정 불의에 굴복해서는 안 된다"라는 대목에 이를 적마다 몇 번이나 되풀이해서 읽으면서 매번 눈물을 흘렸다. 그런 사람이라 그 기상이 언제나 올곧을 수밖에 없었다. 그의 기상에 대해 남명 선생이 적은 일화가 전해지고 있다.

김굉필이 친구들과 같이 거처하면서 공부할 때 "우리 닭이 울면 함께 앉아서 각자 숨 쉬는 걸 세어보는 게 어떤가?"

"그거야 쉽지."

그리하여 모두 닭이 울 때 함께 둘러앉았다. 각자 자기의 숨을 세기 시작했다. 밥 한 솥

대양정 전경:솔례마을 앞에 있는 용두산 정상에 있다. 사방이 터져 전망이 좋은 곳이다.

을 지을 시간이 지나자 모두들 지치기 시작, 세는 걸 잊어버렸다. 다만 김굉필 선생만이 날이 새도록 숨소리 세는 걸 놓치지 않았다.

그의 분명하고도 실천력 있으며, 의리를 지키는 태도를 보여주는 예가 '한빙계寒氷戒'라는 글이다. 자신에게 공부를 가르쳐 달라고 찾아온 글동무에게 준 글이다. '한빙'은 "얼음은 물에서 나왔지만, 물보다 차갑다"는 의미다. 그 구체적인 내용에 "갓을 바로 쓰고 꿇어앉아라. 옛 버릇을 철저하게 없애라. 욕심을 막고 분함을 참아라. 가난에 만족하며 분수를 지켜라. 사치를 버리고 검소함을 따르라. 날마다 새로워지는 공부를 하라. 말을 함부로 하지 말라. 마음을 한결같이 하여 두 갈래로 하지 마라. 마지막을 시작할 때처럼 조심하라" 등을 강조하고 있다. 이런 지침은 스스로를 경계하는 것이었다. 그는 이를 실천하는 데 평생을 바쳤다.

한훤당 선생은 예조참의를 지낸 증조부가 현풍에 살고 있는 솔례곽씨와 결혼해 처가인 현풍에 살게 되면서 현풍의 증조부 집을 드나들게 된다. 19세 되던 1472년에는 합천 야로에 살고 있는 순천박씨의 집에 장가들어 그곳에서 한훤당寒暄堂이라는 이름의 서재를 짓고 학문에 열중한다. 1480년 27세 때에 생원시生員試에 합격하여 다시 서울 생활을 하다가 1487년 선생의 나이 34세 때에 다시 현풍에 내려온다.

　　김굉필 선생의 시와 사적을 중심으로 유학자들의 글을 모아 엮은 경현록이라는 책의 연보를 보면 1487년 34세 때 부친의 상을 당해 4년 동안 현풍에서 지냈다고 기록하고 있다. 기록에 보면 오설리 보로동의 언덕에 장지를 정하여 장사지내고, 무덤 옆에 여막(지금의 정수암 淨水庵)을 짓고 3년 동안 시묘살이를 하였다고 기록하고 있다.

　　3년 만에 상복을 벗고 1490년에 어머님을 모시고 서울로 올라갔다. 서울에서 3년간 생활하다가 어머님을 모시고 다시 현풍으로 내려왔다. 선생은 이웃한 솔례에 살고 있던 진사 곽승화 선생과 대양정을 짓고 학문을 강론하였다.

　　대양정은 대니산 남쪽 갈래인 솔례마을 앞 용두산에 자리하고 있었는데 소실되어 없어졌던 것을 한훤당 후손 서흥김씨들과 곽승화 선생의 후손 현풍곽씨 두 문중이 선현의 유지를 받들기 위해 2005년 5월에 복원하였다. 대양정은 옛날 조선시대에 임금이 죽으면 참배하던 장소로도 유명하다. 팔작지붕을 한 지상 2층의 누각식 건물이다. 이곳은 현풍 분지 전체를 조망할 수 있을 만큼 전망이 좋은 곳이기도 하다.

스승 점필재 김종직 선생과의 운명적인 만남

　　한훤당 선생은 현풍에 와 살면서 인생의 전환기를 맞는다. 19세에 혼인하여 처가 곳인 합천 야로와 처외가인 성주 가천 등지를 내왕하면서 많은 유생들과 사귀고 학문을 닦았다. 특히 처가 야로에 한훤당이라는 당호를 붙인 재실을 짓고 학문에 열중하였으니, 그 당시의 당호가 바로 김굉필 선생의 호가 되었다.

　　1474년 봄 선생의 나이 21살 때 그의 운명을 결정짓는 스승과의 만남이 이루어진다. 당시 함양 군수로 부임해 있던 점필재 김종직을 찾아가 그의 문하생이 된 것이다. 김종직은 고려 말의 정몽주에서 비롯되어 길재, 그의 부친 김숙자로 내려온 유학의 도통을 이어받은 영남 사림파의 거두로, 학문과 문장이 뛰어나 많은 문인들이 그를 따랐다. 서흥김씨 문중 홈페이지에 점필재 선생과 한훤당 선생이 만난 사실을 이야기 형식으로 엮고 있어 소개해

본다.

함양군수로 일하고 있는 점필재 선생에게 총명하게 생긴 한 청년이 왔다. 그 청년은 자신을 김굉필이라 소개하였다. 스물 한 살의 아주 활달하고 강직한 느낌을 주는 청년이었다. 김종직은 김굉필의 절을 받고 나서 물었다.

"그래, 공부는 언제부터 했는가?"

"어릴 적부터 책을 읽었습니다."

"어떤 책을 즐겨 읽었는가?"

"창려집昌黎集이 좋아 자주 읽곤 했습니다."

중국 당나라의 대표적인 문장가인 한유韓愈의 문집을 말하자 김종직은 그를 빤히 쳐다보았다.

"그렇군. 어쩐지 젊은이의 분위기가 심상치 않다고 여겼더니, 역시 그렇군."

김종직은 혼자 말처럼 중얼거렸다. 한유는 자가 퇴지이며, 호가 창려로 당나라 때의 문호이자 사상가다. 당시 유행하던 변려문체에 반대하여 고문古文을 주장, 새로운 문체의 물꼬를 튼 이였다. 특히 도를 숭상하여 그 자세가 삼엄한 바가 있었다.

김종직이 다시 물었다.

"창려집을 보면 '귀한이건 착한이건 어른이건 아이건 구분 없이 도가 있는 곳이 스승이 있는 곳이다' 라고 했다. 자네도 그 말을 신봉하는가?"

"그 말을 실천하려고 노력하고 있습니다."

"실천이라. 그래, 실천이 특히 중요한 일이지."

김종직은 다시 한 번 젊은이를 찬찬히 바라보며 미소를 지었다.

"자네에게 줄 책이 있네."

"?"

김종직은 책장에서 책을 한 권 꺼내서 김굉필에게 건넸다. 『소학小學』이었다. 뜻밖이었다. 천하의 김종직 선생이 준다기에 근사한 책이겠지 하고 기대했는데, 기껏 어린애들이 읽는 『소학』이라니 말이다.

"물론 『소학』은 다 읽었겠지?"

"…"

스승의 의도를 몰라 김굉필은 말없이 책을 바라보기만 했다. 김종직은 웃음을 띠며 말했다.

"자네가 진실로 학문에 뜻을 둔다면, 마땅히 『소학』부터 다시 읽어야 하지 않겠나? 자네도 알겠지만, 『소학』은 수준이 낮지 않네. 주희 선생이 제자 유자징에게 지시하여 뭇 고전의 내용 중 핵심을 뽑아 엮은 것이니, 주희 사상의 핵심이며, 유교의 기반이 되는 것이지. 다시 찬찬히 읽고 생각하게."

스승의 가르침으로 『소학小學』 한 구멍만 파다

김굉필은 김종직의 간곡한 뜻을 바로 알아들었다. 고마움의 표시로 절을 하고 물러 나오면서 가슴에다 『소학』을 꼭꼭 품었다. 비로소 공부의 눈이 뜨이는 느낌이었다. 공부란 기이한 것을 탐구하는 데 있는 게 아니라 아주 가까이 있는 것을 살피고 실천하는 것이라는 걸 깨달은 것이다. 이후 『소학』은 김굉필의 필독서로 공부하는 틈틈이 읽고 또 읽었다. 그 뜻을 살피고 실천하는 일에 게을리 하지 않았다. 마침내 『소학』이야말로 그의 사고의 밑바탕을 이루었고 행동의 지침서가 되었다. 함께 공부하는 학우들은 그런 김굉필을 이상하게 여기는 눈치였다. '대학'을 뗀 지도 한참을 지난 땐데, 뒤늦게 『소학』에 열중하다니 라는 표정이었다. 김굉필은 그런 학우들에게 "여보게, 나는 '소학동자小學童子' 라네"라며 당당하게 『소학』을 꺼내들어 보였다.

때로 사람들이 나라 일에 대해 물으면 "『소학』을 읽는 이가 어찌 대의를 알겠습니까?"라고 대답했다. 자신의 몸과 마음을 먼저 닦는 게 우선이라는 걸 그런 말을 통해 넌지시 일깨우는 것이었다. 그는 서른이 넘어서야 비로소 다른 책을 읽기에도 열심이었지만, 여전히 『소학』을 손에서 놓지 않았다.

김종직은 『소학』에 열중하며 실천하는 한훤당을 제자로 얻게 된 즐거움에 다음과 같은 시를 썼다.

"궁벽한 곳에서 무슨 다행으로 이 사람을 만났는고.
주구를 가져와서 찬란한 잔치 베풀도다.
좋이 가서 다시 한이부를 찾게나.
나는 쇠하고 썩어 생각하는 바를 다 가르칠 수 없다네."

이에 한훤당은 스승에게 「독소학讀小學 : 소학을 읽으며!」라는 시를 올렸다.

"글을 읽어도 아직 천기를 알지 못했더니,
소학 속에서 지난날의 잘못을 깨달았네.
이제부터는 마음을 다해 자식 구실을 하려 하노니
어찌 구구히 가볍고 따스한 가죽 옷과 살찐 말을 부러워하리오."

제자의 시에 "소학 책 속에서 지난 날의 잘못을 깨달았네小學書中悟昨非"라는 구절이 있는 것을 본 점필재는 "이 구절은 성인이 될 수 있는 근기根基"라며 찬탄했다고 한다. 이에 감동한 나머지 격려의 시를 쓰기도 하였다.

"그대의 시 솜씨 보니 옥에서 연기를 뿜는 듯
손맞이 하는 걸상 지금 달아맬 필요 없겠구나.
은나라 반경편盤庚篇 가지고 어렵게 연구하지 말고
한치 맑은 천연天淵을 반드시 알아두게나."

광재헌에 걸려 있는 소학세가 현판

이렇게 스승은 똑똑한 제자를 얻은 기쁨을, 제자는 훌륭한 스승을 모시게 된 감사함을 시로 나누며 사제지간의 의를 돈독히 쌓았다.

김굉필 선생은 『소학』에 심취한 나머지 스스로를 '소학동자'라 일컬었다. 세상 사람들도 평생토록 『소학』을 읽고 실천한 그를 두고 '소학동자'라 불렀다. 현풍 못골 옛집 사랑채에는 소학세가小學世家라는 현판이 걸려 있다. 못골 들어가는 마을입구 큰 바위에도 소학세향小學世鄕이라는 글씨를 새겨 한훤당 선생의 『소학』사랑을 기리고 있다. 이 모두 『소학』을 실천한 선생의 공적을 기리기 위함이다.

제자라는 이유만으로 죽음 당하다

한훤당은 나이 36세 되던 1480년(성종 11) 생원시에 합격해 성균관에 들어가고, 1494년에는 학문에 밝고 지조가 굳다는 점을 들어 유일지사遺逸之士로 천거되어 남부 참봉에 제수되면서 관직을 시작하였다. 이어 여러 낮은 관직을 거치다가 1498년 무오사화가 일어나기 직전에는 형조좌랑까지 올랐다.

김종직의 「조의제문」에서 유발된 무오사화 때, 한훤당은 김종직의 제자라는 이유만으로 같은 도당徒黨이라는 혐의를 받고 곤장 80대와 유배형을 받았다. 평안북도 희천으로 귀

한훤당 선생의 묘소
한훤당 선생의 묘를 비롯하여 정경부인 순천박씨 묘, 선생의 셋째딸, 넷째아들 부부의 묘가 함께 있다.

양을 갔다. 그때 한훤당의 나이는 45세였다. 여기서 한훤당은 운명적으로 조광조를 만난다. 당시 조광조는 열네 살로 찰방인 아버지를 따라 평안북도 어천에 가 있었는데, 인근에 한훤당이 유배 왔다는 소식을 듣고 사제의 연을 맺게 된 것이었다.

47세 되던 해 한훤당은 전라도 순천으로 유배되어 북문 밖에서 조용히 지냈다. 그러나 1504년(연산군 10) 갑자사화가 일어나 무오사화의 관련자들에게 죄를 추가하여 한훤당은 결국 사사 당했다. 칠년간의 귀양살이 끝에 죽음으로 생을 마감한 것이다. 향년 51세였다.

죽음의 통지를 받은 김굉필은 도학정신으로 안색 하나 변하지 않고 담담하게 죽음을 맞이하였다. 먼저 태연히 목욕을 했다. 의관을 바로 하고 뜰에 내려섰다. 문득 신이 벗겨졌다. 그는 천천히 신을 다시 고쳐 신었다. 칼로 목을 치려하자 "신체발부는 수지부모라. 어버이에게 받은 몸이니 칼날에 다치게 할 수 없다"면서 수염을 쓰다듬어 입에 물고는 죽음을 맞이했다.

죽어서 대접받다

한훤당은 그렇게 허망하게 세상을 떠났지만 중종반정이 일어난 후 1507년(중종 2)에 복권되어 도승지를 증직받고, 1575년(선조 8)에는 다시 영의정에 증직되고 문경공文敬公이라는 시호가 내려졌다. 1610년(광해군 2)에 문묘에 동방오현의 우두머리로 받들게 되었으니 스승 때문에 목숨을 잃고 제자에게서 명예를 회복한 사제 간의 순결한 인연으로 선생은 지금껏 성균관 문묘에 조선시대 인물로는 첫 자리에 배향돼 있다. 생전에 받지 못한 대우를 사후에 더 없는 영광으로 받는 셈이다.

16세기 중반 서원이 곳곳에 세워지기 시작할 때, 퇴계 이황과 한훤당의 외증손이자 예학에 밝았던 한강 정구는 1568년(선조 2) 한훤당을 모시는 쌍계서원을 현풍현 비슬산 기슭에 세웠다. 그러나 임진왜란 때 불타 없어져 1604년(선조 37) 지금의 자리에 먼저 사당을 지어 위패를 봉안하고 이듬해 강당과 서원 일곽을 완공하였다. 선조는 이 서원에 도동서원이라는 사액을 내려주었으니 현재 달성군 구지면 도동에 있는 도동서원이 바로 그것이다.

현풍 못골에 살고 있는 한훤당 선생의 후손들은 고령군 쌍림면 합가에 있는 스승의 후손과 남다른 관계를 유지해 오고 있다. 양 문중은 혼인으로 인연을 이어오고 있다. 어려움을 당하면 먼저 달려가 힘이 되어주는 교분을 500년 넘게 이어오고 있다. 사제지간의 정과 의리가 후손들에게도 이어지고 있는 셈이다.

달성
마을
이야기

12정려가
있는
충효마을
솔례

12정려가 있는 충효마을 솔례

솔례는 자연촌락 명칭이다. 입향조 곽안방 선생이 예의바른 사람이 되라는 뜻에서 지은 마을 이름이 솔례이다. 참 아름다운 이름이다. 이곳 사람들은 마을을 소개할 때는 그냥 소리나는 대로 '소례마을'이라고 부른다. 이 마을을 비롯해 현풍과 창녕, 고령, 의령 등 솔례에서 퍼져나간 현풍곽씨들은 마을 이름을 따서 '소례곽씨'라고 소개한다.

솔례마을은 행정적으로는 달성군 현풍면 대1리라고 부른다. 대니산 밑에 있는 으뜸가는 큰 마을이라는 뜻에서 대리大里라 이름 붙였다고 한다. 마을은 중부내륙고속도로를 타고 가다가 현풍 나들목에서 내려 구지방향으로 조금 가다보면 대니산에서 흘러내리는 낮은 구릉 도로변에 자리하고 있다. 솔례마을 옆 산골짜기에는 한훤당 선생의 종택이 있는 지리못골마을이 있다.

솔례마을 전경

대니산 전경(다음 지도 참고)

도시화 · 산업화되다보니 겉보기에는 역사가 오래된 마을처럼 보이지 않는다. 가까이 대구국가산업단지와 아파트 숲이 보이고 많은 차들이 왕래하는 고속도로가 마을 옆을 지나고 있기 때문이다. 특히 마을 바로 앞으로 대구와 진주 간을 잇는 도로가 지나다 보니 지금은 도로변에 늘어선 마을을 일컫는 노변촌이 되어 버렸다. 도로변에는 그리 번창하지는 않지만 식당과 주유소 등의 상가가 조성되어 있으니 더욱 전통마을의 느낌을 맛볼 수 없다.

도로가 없었을 예전을 그려보면 마을이 배산임수한 낮은 구릉에 자리 잡고 있었다. 마을 앞과 좌우 구릉 넘어 평평하고 넓은 들이 펼쳐져 꽤나 살기 좋은 마을이었다. 더구나 마을 앞에는 연꽃이 만발하는 큰 연못과 정려비각이 즐비하였으니 얼마나 고풍스러운 마을이었겠는가. 그러니 예전부터 솔례사람들은 사람살기에는 일 하회, 이 솔례라 하여, 살기 좋은 마을 첫 번째가 안동 하회마을이고 두 번째가 현풍 솔례마을이라 하였을 것이다.

마을 앞에는 남생이가 사는 연못 용흥지가 있다

구지로 가다가 솔례마을에 못 미쳐 오른편으로 넓은 연못을 만난다. 그 이름이 용흥지이다. 마치 거울을 깔아 놓은 듯 마을을 진풍경으로 만드는 연못이다. 북서쪽 대니산으로 이어지는 산림 생태계와 낙동강 지류인 차천으로 흘러드는 하천 생태계가 합쳐져 습지를 이루는 곳에 조성된 저수지이다.

이곳은 본디 천연기념물 제453호인 토종거북 남생이 서식지였다. 지금부터 30년 전까지 남생이가 떼 지어 살았지만 10여 년 전 멸종되었다. 낚시꾼들이 몰리면서 부영양화가 진행되고 주변 농경지와 축사 등에서 흘려보낸 폐수로 오염됐기 때문이다. 달성군은 용흥지를 다시 남생이 서식지로 복원하였다. 수질정화작업을 벌이는 한편 남생이가 알을 낳을 수 있도록 저수지 안에 모래톱도 설치하였다.

용흥지 전경

남생이란?

냇가나 연못에 서식하며 땅 거북과의 거북류 중에서 비교적 작은 종류이다. 등껍질 길이는 20~25㎝ 정도이며, 드물게 30㎝ 정도인 개체도 발견된다. 등껍질背甲은 짙은 갈색이며 갑판의 가장자리에는 노란색의 가로줄무늬가 있고, 약간 어두운 색의 무늬가 부분적으로 퍼져 있다.

토종 남생이 모습

일반적으로 땅 거북과 동물들은 등껍질이 높게 솟아서 돔dome 모양을 갖는 데 비해 남생이는 비교적 낮게 돌출되어 있으며, 등 중앙의 융기선이 검은색을 띤다. 연갑판은 매끄러운 편이며, 앞쪽은 둥글고 뒤쪽은 깊게 패어 있다. 등껍질과 배껍질은 갑 길이가 거의 같고, 후두부는 작은 비늘로 덮여 있으며, 머리 옆면을 따라 검은 테가 있는 노란색 무늬가 있다. 네 발에는 각각 5개의 발가락이 있으며 발가락 사이에 물갈퀴가 있고, 다리는 넓은 비늘로 덮여 있다. 민물에서 풀·물고기·갑각류 등을 잡아먹는다. 6~8월에 모래 속에 구멍을 파고 한배에 4~6개의 알을 낳는다. 우리나라 외에도 중국과 일본, 대만 등에도 서식하고 있다.

달성군은 용홍지가 하도 아름다워 '솔례 용홍지 수변공원'이라 이름붙여 놓았다. 1만2천 평에 가까운 연못 전체가 온통 백연으로 덮여 있다. 봄에는 푸른 연잎이 연못을 가득 채우고 7월부터는 흰 연꽃이 연못을 가득 채운다. 이밖에도 연못에는 공조팝나무와 금불초, 꽃창포, 부들, 구절초, 부처꽃, 상록패랭이, 황매화 등 수많은 토종 들꽃들이 무성하게 자라고 있다. 제철이 되면 저마다 아름다운 꽃을 피우고 있다. 아름다운 연못 풍경을 편안하게 구경할 수 있도록 황토로 포장한 길을 만들고 군데군데 관찰데크와 목교를 설치하였다. 쉬어갈 수 있도록 안락의자도 만들어 놓았다.

박문수 느티나무와 현풍곽씨 문훈비 앞에 서다

용흥지 수변공원 끝자락쯤에 도로를 사이에 두고 왼쪽과 오른쪽에 수령이 오랜 나무들이 숲을 이루고 있다. 회화나무와 느티나무들로 섞인 숲이다. 보호수로 지정된 것들이니 귀한 자연유산이다. 그 중에서도 왼쪽 숲 속의 큰 느티나무는 어사 박문수에 얽힌 전설이 전해지고 있다. 사람들은 이 나무를 어사 박문수 나무라고 부르기도 한다. 이야기는 매우 간단하다. '암행어사 박문수가 영남지방 민심을 살피기 위해 각 고을을 시찰할 때 마을의 도둑을 잡아 이 나무 밑에서 죄를 다스렸다.'라는 것이다. 무엇을 훔치려했던 도둑인지, 가까운 관아에 이첩하지 아니하고 왜 느티나무 아래서 어사가 직접 신문했는지는 알 수 없다. 그가 솔례에서 도둑을 신문한 때가 어사로 있을 때인지 감사로 있을 때인지도 분명하지 않다. 사유야 어떻든 훌륭한 목민관이 솔례마을과 맺은 인연은 매우 재미있는 일이다.

어사 박문수 느티나무 건너편에는 연못 가장자리를 따라 못골로 가는 길이 시작되고 울창한 숲이 조성되어 있다. 용흥지를 포함한 소공원이다. 여기에는 여러 개의 비석과 표지석, 고목 등이 있다. 곽씨 문중의 인물을 기리는 인물공원인 셈이다. 소헌 곽공 행적비와 곽면우 선생 숭모비, 열부 전의이씨 절명사비, 커다란 자연석에는 충효세업忠孝世業(충효를 대대로 실천하라), 청백가성淸白家聲(청렴결백을 가문의 명예로 삼으라)이라 새겨진 표석과 십이정려 표석이 서 있다.

솔례마을 사람들은 "忠孝世業 淸白家聲"을 새긴 표석을 문훈비라고 부른다. 수많은 충신과 효자효녀, 열녀, 청백리를 배출한 솔례곽씨 문중의 정신적 유산을 대대로 본받기 위해

솔례마을 문훈비

세운 비석이라는 말이다. 문훈비를 마을 앞에 세워 선조들의 유훈을 잠시라도 잊지 않고 실천하려는 솔례마을 사람들의 의지를 읽을 수 있는 기념비이다.

회룡고조혈回龍顧祖血 명당에 자리 잡은 솔례마을

풍수사들은 솔례마을 터를 회룡고조혈이라 말한다. 말하자면 산의 지맥이 용처럼 구불구불 뻗 돌아서 주산과 마주 대하는 지세에 마을이 자리 잡고 있다는 것이다. 솔례마을을 품은 대니산에서 마을을 내려다보면 그럴듯한 설명이다. 실개천이 마을 앞을 지나 대니산을 감돌아 흐르다가 차천과 만나 낙동강에 합류한다. 대니산에서 내려오는 용맥과 반대로 흐른다. 마치 고불고불한 달팽이 속 같은 실개천 물길과 용맥은 서로 감고 돌아 음양이 교구하는 모습을 연상케 하는 지세이다.

반대로 대니산의 용맥은 대니산 뒤쪽으로 흐르는 낙동강과 반대로 남에서 북으로 거슬러 오르다가 크게 봉우리가 솟구쳐 끝을 맺는다. 끝맺음 산이 바로 마을 앞 안산이자 대양정이 자리하고 있는 용두산이다. 그 이름도 용두산이니 대니산 용맥이 흐르다가 마을 앞으로 달려와 용머리가 되어 주산 대니산과 마주하고 있는 것이다. 풍수사들은 이런 용맥의 모습을 위의기복과 박환이 거듭하는 형상으로 표현한다. 용맥이 강하게 출발하나 점점 순화하여 마치 뱀이 구불구불하게 기어가는 모습이라

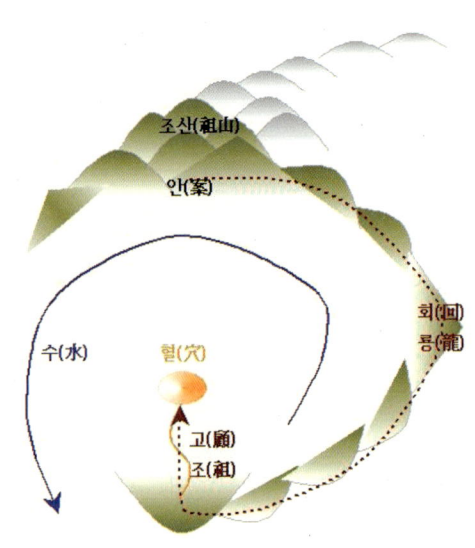

회룡고조혈 지형지세 모식도

는 뜻이다. 이런 형국을 생용生龍이라 하여 길하다고 본다. 그래서 솔례마을 터는 좋은 터란 말이다.

　보통 혈 앞에 있는 안산은 주산보다 작거나 비슷하면서 단정하고 수려해야 하는 것이 일반적인 혈의 결지 방법이다. 그러나 회룡고조혈은 크고 높고 기세가 웅장한 소조산이나 중조산, 태조산 등 조종산을 안산으로 한다. 일반적인 혈에서는 이러한 안산이 있으면 매우 흉한 것으로 보지만 회룡고조혈에서는 안산이 바로 나의 부모나 할아버지가 되므로 비록 높고 험해도 무방하다고 해석한다. 왜냐하면 아무리 엄한 아버지나 할아버지라도 자식 손자에게만은 자상하기 때문이다.

현풍곽씨가 아니라 솔례곽씨라 불러주오

현풍곽씨는 현풍이라는 향촌사회를 지배한 여덟 문중, 즉 현풍팔문 중에서도 서홍김씨와 더불어 현풍을 대표하는 지배 성씨였다. 특히 현풍의 토박이 성씨로 현재까지 지역을 대표하는 지배계층으로 남아 있는 유일한 씨족집단이기도 하다.

　『신증동국여지승람新增東國輿地勝覽』 현풍현玄風縣 인물편人物編에는 고려시대에 곽원진郭元振, 곽충귀郭忠貴, 곽거인郭居仁, 조선시대에 곽종郭宗이 현풍현에 세거하였다고 기록되어 있다. 이는 14세기 초반부터 솔례곽씨들이 현풍에 터전을 잡고 세거해 온 현풍의 토박이 성씨(토성)였음을 뒷받침해 주는 증거들이다.

　현풍곽씨 혹은 포산곽씨는 중국 송나라 관서지방 사람으로 고려 인종때 귀화한 곽경을 시조로 하는 성씨이다. 곽경은 송나라에서 문연각 한림학사라는 벼슬을 지낸 인물로 고려 인종 11년에 학사 7명과 함께 귀화하였고, 인종 16년에 과거에 합격하여 나중에 지금의 국무총리에 해당하는 평장사 문하시중을 지냈고, 당시 종1품 품계인 금자광록대부에 올라 포산군으로 봉해짐에 따라 그 후손들의 본관이 포산이 되었다. 포산은 비슬산의 옛 이름이기도 하다.

팔공산과 함께 지역의 영산인 포산의 이름을 따 행정구역 이름도 포산군이라고 한 것이다.

포산군은 지금의 현풍이다. 조선시대에 행정구역 포산군이 현풍현으로 개편됨에 따라 본관 명칭도 포산곽씨라고도 하고 현풍곽씨라고도 부르게 되었다. 시조 곽 경은 1117년에 출생하여 1179년에 죽었다. 묘소는 경기도 파주군 적성면에 있다.

포산곽씨들은 고려말까지는 개성을 중심으로 경기 일원에 흩어져 살고 있었다. 조선 초에 와서 장남인 5세 곽기정의 후손들은 지금의 중부지방과 호남, 이북으로 세거지를 개척하였고, 차남인 5세 곽한정의 후손들은 관향지인 현풍을 중심으로 영남일대에 세거지를 확대하였다. 이때부터 포산곽씨는 크게 기호파와 영남파로 나누어진다. 영남파는 경상도 현풍, 고령, 영천, 청도, 창녕, 창원, 남해, 전라도 금산, 진도, 완주 등지에 세거하고 있다.

솔례마을이 현풍곽씨들의 본향이 된 연유는 시조 곽경이 포산군으로 봉해지면서 현풍과 연고를 맺게 되었으며, 곽씨들이 14세기 초부터 솔례를 중심으로 600여 년간 살아오고 있기 때문이다. 지금도 솔례마을에는 100여 가구의 곽씨들이 모여 살고 있다. 후손들은 인근 지역으로 분가하여 구지, 유가, 논공과 고령, 청도, 창령 등지에 수많은 현풍곽씨 세거지를 개척하였다. 그 수를 합하면 무려 1천여 가구나 된다.

솔례에서 갈라져 나간 현풍곽씨들은 현풍곽씨 혹은 포산곽씨로 불리기보다는 솔례곽씨로 불리기를 좋아한다. 솔례곽씨라는 호칭에는 남다른 자긍심이 배어 있다. 타성들은 솔례곽씨라는 이름을 부러워하고 있다. 솔례마을 곽씨들은 역사적으로 "忠孝世業 淸白家聲 충성과 효도를 업으로 삼고, 청렴과 결백을 가문의 소리로 삼다."을 실천한 현조들의 자손이기 때문이다.

솔례마을 입향조는 곽안방 선생이다

솔례마을이 현풍곽씨 본향 세거지가 된 시기는 1467년이다. 조선시대 이시애 난을 평정한 원종공신이자 해남현감 및 익산군수를 지낸 곽안방이라는 사람이 처음 입향하여 마을 이름을 예절바른 사람이 되라는 뜻이 담긴 솔례라 지었다. 곽안방은 호가 이양이고 시조 곽경의 13대손이다. 이러한 사실은 『곽안방실기郭安邦實記』, 『가정기문家庭記聞』과 같은 현풍곽씨 문중에서 간행한 문집에 기록되어 있다.

솔례마을에 정착한 현풍곽씨들은 조선시대에 낙동강을 좌우로 한 창녕, 영산, 고령, 합천, 초계, 의령, 삼가, 단성(산청) 등지에 기반을 둔 토착세력들과 중첩적인 인척관계를 맺어 강력한 사회·경제적 기반을 형성하며 향촌사회를 이끌어가는 위치에 있었다. 당시 낙동강 하류의 토착세력들은 김해허씨, 창녕성씨, 창녕조씨, 영산신씨, 고성이씨, 남평문씨, 합천이씨, 담양전씨, 초계정씨, 고령김씨, 성주이씨, 함안조씨, 함안이씨 등이었다. 현풍곽씨는 이들과 인척관계를 맺었고, 당시의 관행대로 자녀균등상속에 따른 경제적 기반을 강화할 수 있었다.

현풍곽씨는 영남사림파의 주류인 김종직, 김굉필 등의 학통을 이어받았으며, 16세기 중엽 이후에는 퇴계와 남명 중 남명의 영향을 크게 받았다. 이러한 곽씨가문의 사회적·경제적·학문적 배경은 임진왜란 때 의병활동의 기반으로 작용하였다.

임진왜란이라는 국난을 거치면서 현풍곽씨는 오히려 족적 기반이 강화되었다. 임난 당시 창의로 국가적 위기를 앞장서 극복하였으며, 이러한 공이 인정되어 일문삼강의 정려를 비롯하여 12정려가 세워진 것은 매우 드문 일로서 현풍곽씨의 위상이 크게 제고되는 계기가 되었다.

청백리로 이름난 솔례마을 입향조 곽안방

솔례마을 곽씨들이 마을 이름을 따 솔례곽씨로 불리기를 좋아하는 그 첫 번째 이유가 청백리가 개척한 마을이자 청백리 곽안방 선생이 지어준 마을 이름이기 때문이다. 청백리는 인품과 치적이 남다르기 때문에 한번 뽑히면 품계가 오르고 그 음덕으로 자손들에게는 벼슬길에 오를 수 있는 특전도 주어진다. 유교적 윤리를 덕목으로 삼은 조선사회에서 청백리 선정이야 말로 당대 최고의 영예이자 가문의 영광이 아닐 수 없다.

솔례마을 입향조 곽안방은 1463년 조선 세조때 선정된 일곱명의 청백리 중 한 사람이다. 보통 옛날 유명인을 호칭할 때는 호와 이름으로 부르는데 곽안방 선생은 호 대신 청백리를 앞에 붙여 청백리 곽안방 혹은 청백선생으로 불린다. 곽안방 선생은 벗을 사귀어도 반드시 어질고 착한 사람과 사귀었으며, 널리 이름이 알려진 사람들과 교류하였다. 관직에 있을 때는 정사를 공정하고 엄중하게 다루었으며 청렴결백하였다. 벼슬을 마치고 돌아 올 때는 한 필의 말을 타고 몸종과 함께 돌아오니 아무도 수령인 줄 알아보지 못했다고 한다.

당시 몸종이 자물쇠 하나를 손에 들고 있었는데 선생께서 그것을 보고 놀라 "이것도 역시 나라의 공물인데 크고 작은 것을 따질 수 있겠느냐? 나를 더럽히게 할 수 없으니 얼른 돌려주고 오라."고 하였다고 한다. 곽안방 선생의 청백리 정신의 일단을 보여주는 이야기이다.

『동국여지승람東國輿地勝覽』에는 곽안방 선생의 청렴결백한 치정을 다음과 같이 적고 있다.

"조선 세종 때 해남현감으로 있을 때 고을 백성들에게는 항상 어질고 용서하는 덕으로 보살피고 정치는 항상 엄정하고 공정하여 아랫사람들로 하여금 부정과 비리를 저지르지 못하도록 단속하여 늘 그를 두려워하였다. 고을 백성들이 곽안방 선생의 덕망있는 치정에 산사람을 모시는 생사당生祠堂을 세워 칭송하였다."

조선 단종 때 무과에 급제하여 벼슬을 하였으나 수양대군이 단종의 왕위를 찬탈하자 벼슬을 버리고 낙향하였다. 단종이 세상을 떠나자 슬픈 마음에 시를 지어 통탄하기도 하였다. 그 후 다시 벼슬길에 올라 이시애의 난을 평정하여 원종공신이 되기도 하였다.

솔례마을에는 곽안방 선생의 청백정신을 기리기 위하여 서원을 건립하였다. 그 이름이 이양서원이다. 이양尼陽은 곽안방 선생의 호이다. 호를 따서 서원이름을 명명한 것이다. 이양이라는 선생의 호는 솔례마을의 뒷산인 대니산에서 따왔다.

솔례마을에는 곽씨 문중 문물이 가득하다

현풍곽씨들은 솔례마을을 중심으로 활발한 씨족활동을 전개하였다. 종가를 중심으로 문중 조직을 가다듬고 정자와 재실, 서원, 사당 등 문중의 위상을 높이기 위한 수많은 기념비적 건물들을 건립하였다.

마을 중심에는 종가가 자리 잡고 있다. 종가는 대니산에서 내려오는 산줄기의 혈전 명당에 위치하고 있다. 종가 옆에는 청백리 곽안방의 재청인 추보당이 있다. 마을 앞에는 곽씨 문중 사람들을 표창하기 위하여 내려진 12정려가 아름다운 단청으로 꾸며져 있다. 마을 좌측 가장자리에는 대구시 문화재자료 제23호로 지정된 이양서원이 있다. 서원은 사당인 청백사와 강당인 경렴당을 비롯하여 동재, 서재, 외삼문, 관리사가 일곽을 이루고 있다. 이 밖에도 곽수의 묘실로서 1932년에 창건한 유연재와 연일당 곽지운의 묘실로 지은 경모당도 대니산 산자락 경관 좋은 곳에 자리 잡고 있다.

배롱나무 숲이 가득한 현풍곽씨 대종가

솔례마을의 전통경관은 6.25한국전쟁 때 크게 훼손되었다. 우선 고가옥과 정자, 재실 등이 불에 타 없어졌다. 그 자리에 개량 한옥이 새로 들어섰다. 새마을운동 이후에는 산업화·도시화에 영향을 받아 국적없는 반양옥집으로 바뀌기 시작하였고 마을길도 옛 모습을 잃어버렸다. 첫 인상으로 남는 마을 앞에는 대중교통로가 뚫리고 상가들이 들어서서 은둔처로서의 양반씨족마을의 모습이 사자져 버렸다.

그나마 대니산에서 흘러내리는 주산 줄기 끝자락에는 현풍곽씨 종가와 몇몇 기념비적 건물이 옛 모습대로 복원되어 토박이 성씨의 연원지 풍모를 지키고 있다. 종가가 대표적이다.

현풍곽씨 종가는 마을입구에서 오르막길로 거슬러 오르면 산 밑에 자리 잡고 있다. 초입부터 종가임을 마음껏 뽐내고 있다. 우선 출입구가 둘이다. 왼쪽이 출입구인가 싶어 돌아 오르니 가파른 계단을 올라 포산제일문苞山第一門이라 현판을 붙인 팔작지붕 일각문이 나온

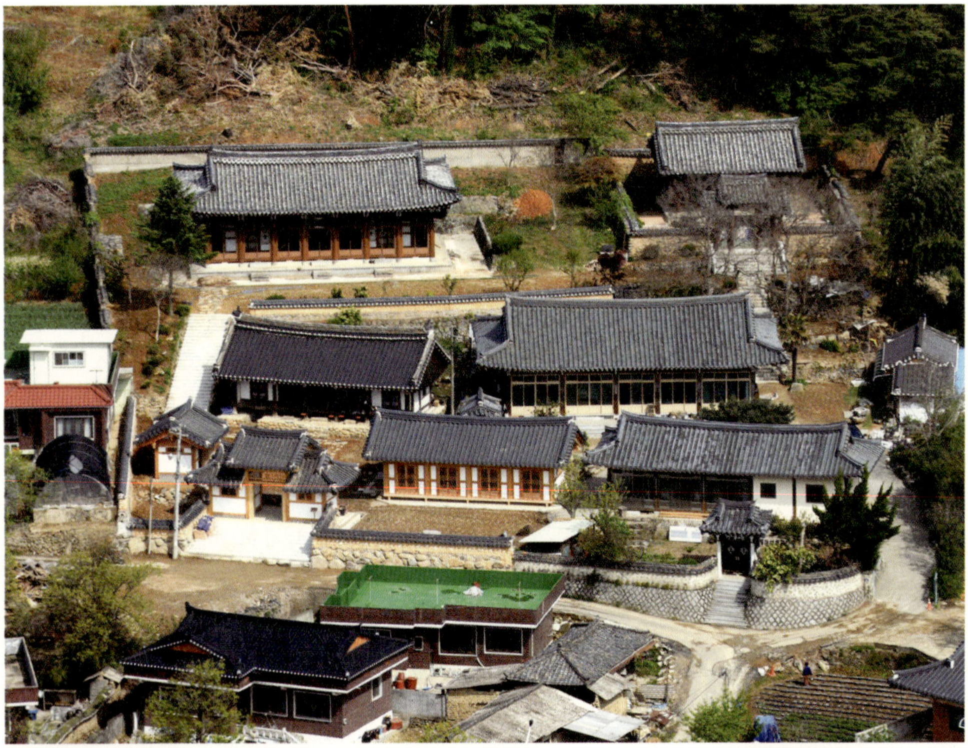

1 포산구택 전경
2 종가 대문 포산제일문
3 포산구택 표지석

1	
2	3

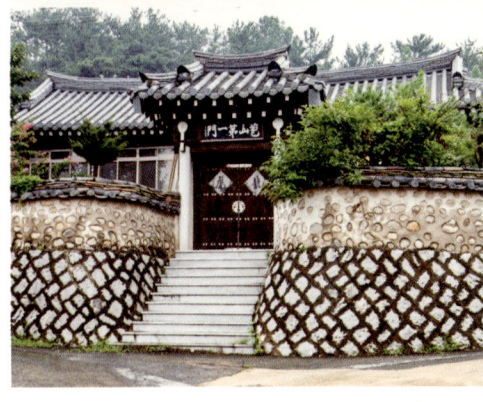

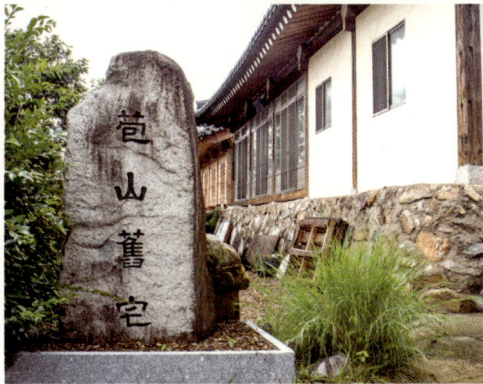

현풍곽씨 종가 불천위사당 원경
배롱나무 숲에 자리하고 있다.

다. 포산은 옛 현풍의 이름이다. 예전에는 현풍곽씨들을 포산곽씨라 불렀다. 포산곽씨 대종가의 대문이라는 뜻의 현판이다. 예부터 있었던 건물은 아니고 최근 조성한 탓에 돌기둥을 사용하였다.

문이 굳게 닫혀있어 오른쪽으로 다시 돌아드니 측면으로 출입문도 없는 골목이 나온다. 골목 입구에는 길다란 바위를 세워 놓고 포산구택苞山舊宅이라 세겨 놓았다. 이 또한 오래된 포산곽씨 대종가임을 알리는 이정표이다.

사내대장부가 대문이 아닌 사잇길로 들어서자니 마음이 좀 거슬리는 참에 갑자기 사나

운 개들이 달려들듯 튀어나오며 짖기 시작하였다. 살살 달래며 들어서니 눈앞에 높은 계단을 올라 우뚝 선 사당 출입 솟을대문이 보인다. 조상의 신주를 모시는 사당이라 눈으로 보기에도 집안에서 가장 높은 곳에 자리 잡도록 하였다. 사당 계단 양 옆과 사당 주변에는 배롱나무가 숲을 이루고 있다. 그래서 솟을대문이 숲 속에서 얼굴을 살짝 내밀며 숨어 있는 모습이다.

종손에게 물어보니 배롱나무는 "입향조 곽안방 할아버지를 기리기 위해 자식들이 심었다"고 하였다. 배롱나무 아래 설명판에는 대구시 보호수라고 적어 놓았다. 수령이 400년 이란다. 곽씨 문중에서는 배롱나무를 수호신으로 여길 정도로 소중하게 여긴다. 절대 제초제를 치지 않고 퇴비로만 관리하고 있다고 한다. 종손은 배롱나무를 볼 때마다 선조에 대한 자긍심을 느낀단다.

배롱나무 밑에서 주변을 살피니 종가 주변에는 배롱나무와 더불어 대나무 숲이 우거져 있다. 배롱나무와 대나무를 왜 이리 많이 심어놓았을까? 배롱나무는 껍질이 없는 나무이

현풍곽씨 종가 불천위사당 본당

다. 말하자면 겉과 속이 같다. 그래서 청렴결백을 상징하는 나무로 통한다. 조선시대 선비들은 청렴결백을 신조로 삼는다. 그래서 서원이나 향교, 서당 등에는 배롱나무를 많이 심었다. 포산구택은 청백리 곽안방선생의 종가이기에 청백리 정신을 표방하는 배롱나무를 심은 것이리라. 대나무 또한 선비정신을 상징하는 나무이다. 곧고 대쪽 같은 선비들이 살아온 집이니 많은 대나무를 심은 것이다.

사당은 3칸 규모의 크기에 기둥 위, 기둥과 기둥 사이에 포를 짜 올린 다포형식의 집이다. 지붕은 보기에 규모가 커 보이는 맞배지붕에 단청으로 단장을 하였다. 사당에는 입향조 곽안방 선생의 불천위를 모시고 있다. 말하자면 보통 사당이 아니라 불천위사당이라는 말이다. 사당 안에 들어가 보니 가운데에 불천위가 있고 양 옆에 4대조의 신위가 각 2위씩 자리 잡고 있었다. 불천위 신주 감실은 세로가 긴 형태로, 앞면에 두 기둥을 세운 난간이 붙어 있다. 4대조 신주는 감실 없이 작은 교의에 주독을 봉안하고 있다. 종손이 말하기를 성주·달성·고령 지역은 중앙에 불천위를 모시는데 점필재 김종직 선생의 불천위사당은 일렬로

포산구택 정침 전경

불천위제사 제청 추보당 전경

되어 있다고 하였다.

  곽안방 선생의 불천위제사는 음력으로 6월 11일에 지낸다. 양위를 합설로 지낸다. 제사를 지내는 장소, 즉 제청은 종택 옆에 있는 추보당追報堂이다. 요즈음에도 불천위제사에는 50여명의 참석자가 운집한다. 그래서 제청이 좁아 근래에 신축하였다.

  종가 안살림을 도맡아하는 종부의 말을 빌리면 "옛날에는 입제일이 되면 4백여 명이 넘는 사람들이 모여 제를 올렸으며, 4백여 명이 넘는 손님이 찾아와 제례를 올리고 나면 제실에서 묵어가는 손님 또한 백여 명에 가까웠으나 종부라고 떠받들어 주는 재미에 고단한 줄도 몰랐다."고 하였다. 요즈음도 집안사람들의 혼사가 있으면 꼭 사당에 와서 고한다.

  사당을 내려와 왼편에 종가 정침이 있다. 정침은 한국전쟁 이후에 지은 와가이다. 난방을 위해 전면에는 미닫이 유리창 출입문을 설치하였다. 정침 처마밑에는 솔례정사率禮精舍란 편액이 걸려있다. 대청에 들어서니 대청에도 포산고가苞山古家와 백인당百忍堂, 시례전가詩

禮傳家 등의 편액이 걸려 있다.

정침 옆에는 별채 형태로 추보당追報堂이 자리하고 있다. 대구광역시 문화재자료 제 56호이다. 집 이름 추보는 추원보본追遠報本의 약자로 "조상의 덕을 생각하여 정성스레 제사를 지내고, 자신이 태어난 근본을 잊지 않고 은혜를 갚는다."는 뜻으로 제청의 기능에 알맞은 이름이다.

추보당에는 많은 편액이 걸려 있다. 중앙에 대청을 두고 양 옆에 방을 설치한 중당협실형의 집 정면 처마 밑에 포산고가苞山古家라는 현판이 걸려 있고, 협실의 인방 위에 충효세업忠孝世業과 청백가성淸白家聲이라는 편액이 각각 걸려 있다. 포산고가란 포산곽씨, 즉 현풍곽씨의 역사 깊은 종가라는 뜻이요, 입향조 청백리 곽안방 선생의 청백정신과 문중에 내려 오는 12정려 충효열 정신을 이어받자는 의미이다.

추보당의 구성수법은 조선 후기의 건축방식을 기초로 단아한 격식을 갖추고 있다. 재실과 문중 강학소로서의 이중적 기능을 갖도록 의도된 점, 종택과 제청이 함께 구성된 점 등은 매우 특징적이다. 사례 또한 흔치 않아 구조적 특성보다 재실건축이라는 측면에서 고건축과 민속학적 연구가치가 크다.

종가 정침 앞에는 겉보기에 종가와 같은 모양의 별채가 있다. 당호는 구거당九居堂이다. 사랑채인 셈이다. 구거당은 현풍 곽씨 19세인 곽경흥의 호이지만, 입향조 곽안방의 적장자가 계승하는 파의 이름이 구거당파이므로 파명을 따 온 것이다. 구거당파의 파시조는 입향조 곽안방 선생의 장남 곽승양이다.

구거당 기둥에는 두 폭의 주련이 걸려있다. 그 내용 또한 현풍곽씨 문중의 문훈을 일깨우는 것이었다.

        九居猶護舊堂名(구거유호구당명) / 百世重瞻新閣貌(백세중첨신각모)

        구거라는 옛당호 아직도 지켜오고 / 백세토록 새 집 모습 거듭 바라보겠네.

        戴尼山下率禮村(대니산하솔례촌) / 淸白吏家忠孝烈(청백리가충효열)

        대니산 아래 솔례 마을에 / 청백리 집안에 충신 효자 열녀 났다네.

이양서원에서 청백리 곽안방 선생을 만나다

이양서원은 솔례마을 서편 골짜기에 자리 잡고 있다. 대동지라는 이름의 연못을 지나 작은 산줄기를 넘어서면 아늑한 곳에 멀리 비슬산을 바라보고 자리하고 있다. 터가 그리 넓어보이지는 않는다. 서원을 왕래하는 길이 산중턱을 돌아 서원 측면에 뚫려있다. 측면에 마련된 주차장을 지나 좁은 길을 따라 누문으로 향하도록 되어 있다. 누문에서 아래쪽으로 눈을 돌리면 대나무 숲이 서원 전면을 가로막는다. 바람이 불면 대나무 가지 부딪치는 소리가 마음을 숙연하게 한다. 서원 주변에 대나무가 많이 심겨져 있지만 이곳의 대나무 숲은 너무나 울창하여 청백리 선생의 맑고 깨끗하며 대쪽같은 선비정신이 용솟음치는 듯하다. 서원은 대구광역시 문화재자료 제32호로 지정되어 있다.

이양서원은 1707년(숙종33)에 문중과 고을 유림의 뜻을 모아 신주를 모시는 사당으로 시작하였다. 사당 이름을 청백사淸白祠라고 명명하였다. 청백리로 녹선된 곽안방 선생의 업적을 기리기 위함이었다. 처음에는 청백리 곽안방 선생과 그의 증손이자 예조좌랑을 지낸 곽지운(1498~1551) 선생 두 사람을 배향하였다. 정확한 시기는 알수 없으나 19세기 말에 서원으

이양서원 전경

로 승격되면서 승지벼슬을 지낸 곽규(1521~1584)와 곽황(1530~1569)선생이 추가로 배향되었다. 비록 고을 유림의 뜻도 반영되었다고 하지만 서원배향인물이 모두 현풍곽씨들이니 전형적인 문중서원의 성격을 갖는다.

이양서원은 1868년(고종 5) 대원군의 철폐령으로 강당 및 외삼문, 관리사만 남기고 훼철되었다. 1954년에 사당 청백사를 복원하고 각 건물을 다시 고쳤으며, 1982년에는 동재와 서재를 건립하였다. 이양서원에서는 매년 음력 2월과 8월 중정中丁에 향사를 지내고 있다.

서원은 모두 8동의 건물로 구성되어 있다. 그런데 서원을 들어서기 전 출입문부터 색다른 느낌을 받는다. 솟을 외삼문으로 구성된 출입문은 바깥쪽에는 읍청루라는 편액을 달았고, 안쪽에는 준도문이라는 편액을 달았다. 일반적으로 서원의 출입문은 누문형태가 많다. 즉 2층에 누마루를 올리고 그 아래 1층에는 3칸의 출입문을 세웠다. 그런데 이양서원의 외삼문은 가운데 칸만 누문처럼 꾸몄다. 누마루는 앞뒤만 터져 있고 양 옆은 벽을 치고 벽에는 다이아몬드형 창을 내어 마치 다락방처럼 꾸몄다. 지붕은 팔작지붕으로 처리하였다. 참 특이한 형식을 가진 집이다.

1 준도문 전경 2 경렴당 전경

청백사 전경

　외삼문을 들어서면 맞은편에 경렴당이라는 편액이 걸린 강당이 자리 잡고 있다. 외삼문에서 볼 때 높은 축대위에 자리 잡아 집의 격을 한층 높였다. 경렴당은 정면 5칸 집으로 일반 서원의 강당처럼 중앙에 3칸의 대청마루를 놓았고 양 옆에는 1칸씩의 방을 넣은 중당협실형 건물이다. 강당 아래 뜰의 좌우에는 정면 3칸 규모의 동재와 서재가 아담하게 자리 잡고 있다. 서원이 예전에 사립학교였으니 강당은 유생들이 공부하는 장소였고, 동·서재는 유생들의 기숙사였다. 지금은 가끔씩 유림이나 문중 사람들의 회합장소로 사용되고 있을 정도로 쓰임새가 줄어들었다. 아름다운 자연경관 속에 자리 잡은 고풍스러운 목조건물, 선비정신이 흐르는 문화재가 즐겁게 활용되었으면 하는 바람이다.

　경렴당에 올라서서 주위를 살피면 다시 한 번 이상함을 느끼게 된다. 서원 강당 뒤에 있어야 할 내삼문과 사당이 강당 옆에 있기 때문이다. 보통은 서원 강당 건물 뒤쪽에 계단을 올라 내삼문을 배치하고 그 안에 사당을 배치한다. 이곳에는 강당과 동일 축선 상에서 우측에 강당보다는 대지를 한 단 높여 내삼문과 사당을 배치하였다. 자세히 살펴보니 지리적으로 강당 뒤쪽은 사당을 배치할 만한 장소로 적당치 않아 보였다. 그러다 보니 선현의 신주를 모신 곳이니 물리적으로나마 격을 높여서 강당 옆에 사당을 지은 것이리라. 이와 같

1 청백사 본당 2 청백사 내부

은 서원배치를 좌학우묘배치법, 즉 왼쪽에 학습 공간을 배치하고 오른쪽에 사당을 배치하는 방법이라고 한다.

사당은 정면 3칸, 측면 2칸 규모의 맞배지붕의 기와집이다. 사당에는 1463년(세조 9) 청백리에 녹선된 7명 중 한 사람인 곽안방을 수위로 곽지운, 곽규, 곽황의 위패가 봉안되어 있다. 2015년 4월에 달성군립도서관 답사팀을 인솔하고 서원을 찾았더니 마침 서원순례를 다니는 대구 청년유도회 회원들이 청백사에서 참배(알묘)하고 있었다. 우리 일행도 사당 안을 들여다 볼 기회와 더불어 옛 예법대로 알묘할 기회를 가졌다. 서원의 오른편에는 장판고가 있고, 근접하여 관리사가 별도의 울타리를 가지고 일곽을 이루고 있다. 이양서원은 2,000평 정도의 서원답을 가지고 운영하고 있다.

솔례마을을 상징하는 12정려각

솔례마을 앞에는 용흥지와 어사 박문수 느티나무, 문훈비 등 많은 문화 경관이 어우러져 있지만 그 중심에는 12정려각이 있다. 정려란 옛날 신라시대부터 국가에서 미풍양속을 장려하기 위해 효자·충신·열녀 등이 살던 동네나 집 앞에 붉은 색을 칠한 문旌門을 세워

12정려각 전경

표창하는 것을 말한다. 유교를 숭상했던 조선사회에서는 특히나 나라에 대한 충성, 부모에 대한 공경과 섬김, 남편에 대한 섬김이 사람의 덕목으로 강조되어, 그 수범이 되는 사람에게 정려를 내려 표창하는 사례가 대단히 많았다.

정려는 선비집안의 경우에는 가문의 영광이었으며, 천민의 경우에는 신분 상승을 가능하게 하였다. 정려는 감동과 교화에 일익을 담당하고, 유교적 통치 이데올로기를 공고히 하면서 마을 사람들에게는 도덕적 행동의 지표가 되었다. 조선사회에서 정려는 당상관 몇 사람을 배출한 것보다 더 영광스러운 상징물이었다.

솔례마을 곽씨들은 조선 제일의 충효열 가문이라 일컬어진다. 그 징표가 12정려각이다. 12정려각은 1598년 조선 선조 31년에 처음 내려진 정려를 시작으로 솔례마을 출신 현풍 곽씨 12명의 충신과 효자, 열부의 정려를 가문별로 1칸씩 따로 구분하여 총 12칸 규모의 정려각을 만든 것이다. 지금은 그 숫자가 늘어 16명의 정려가 걸려있다. 그 중 충신 정려가 1개, 열녀가 6개, 효자 정려가 9개이다.

솔례마을 12정려각은 초등학교 교과서에 나올 정도로 유례 드문 문화유산이다. 한 마

삼강문 전경

을에 십이정려가 세워진 것은 전국적으로도 드문 일이다. 12정려각에는 조선 선조 31년 (1598)부터 영조(1779)때까지 내려진 정려를 모아 놓았다. 영조 임금 이전에는 마을 앞에 각각의 정려문이 서 있던 것을 영조때 모두 모아 12정려각을 세웠다. 오랜 세월을 흐르면서 정려각이 낡아 지난 2012년에 달성군이 본래의 자리에서 50미터 쯤 뒤로 물려 지금의 자리에 이건 복원하였다.

옮겨 놓은 정려각은 석단을 구축하여 나지막한 언덕을 조성하고 멀리 현풍읍이 바라보이는 자리에 얹혀있다. 주심포 팔작지붕을 얹은 건물은 화려한 단청으로 치장하였다. 주변에는 막돌을 섞은 토담을 쌓았다. 담장 위에는 기와를 얹어 격을 높였다.

12정려각에서 주변을 둘러보자. 뒤에는 솔례마을이 펼쳐진다. 앞에는 12,000평의 넓은 용흥지가 명경을 깔아놓은 듯 잔잔하게 펼쳐진다. 그 너머에는 비슬산 아래에 조성된 대구국가산업단지와 현풍읍 아파트 숲이 아스라이 보인다. 정려각은 마을을 드나드는 모든 이의 눈에 잘 보이는 곳에 당당한 모습으로 우뚝 서 있다.

정려각은 예나 지금이나 왜 사람들의 눈에 잘 띄는 마을 앞이나 도로변에 있을까? 겉보기에는 조상들의 훌륭한 업적을 자랑하기 위해서 사람들의 눈에 잘 띄는 곳에 자리 잡았을 것으로 짐작할 수 있다. 물론 그런 면이 없는 것은 아니지만, 그보다는 많은 이들이 정려를 보고 충효열행의 교훈을 본받으라는 의미가 아닐까?

12정려각을 구경하려면 먼저 삼강문三綱門이라는 현판이 붙은 문을 통과해야 한다. 이것이 무슨 통과의례인가 하고 곰곰이 생각하면 의미심장함을 깨달을 수 있다. 유교에서 삼강은 윤리의 근본이 되는 세 가지 뼈대이다. 군신 간의 도리를 말하는 군위신강君爲臣綱, 부자간의 도리를 말하는 부위자강父爲子綱, 부부 간의 도리를 말하는 부위부강夫爲婦綱을 아울러 이르는 말이다. 삼강문은 삼강의 유교적 윤리를 만나는 문이라는 뜻이다.

삼강문을 통과하면 열두 가문의 정려를 모셔 놓은 12칸 규모의 정려각을 볼 수 있다. 오른쪽부터 둘러보자. 맨 오른쪽에서 다른 칸과는 달리 일문삼강一門三綱이라는 현판을 볼 수 있다. 한 집에서 충신과 효자, 열녀가 다 나왔다는 뜻이다. 선조 31년(1598)에 12정려 중에서 가장 먼저 내려진 정려이다. 현풍곽씨들은 일문삼강을 문중의 큰 자랑으로 삼는다.

일문삼강이라는 현판 밑 내부를 들여다보면 忠臣 贈吏曹判書 行安陰縣監 忠烈公 郭䞭之閭(충신 증이조판서 행안음현감 충렬공 곽준지려)이라 적힌 곽준의 정려가 보인다. 곽준은 망우당 곽재우 장군의 7촌 아재(재종숙)다. 임진왜란때는 의병장 김면 장군과 함께 전투에 참가하였다. 정유재란때 안의현감으로 재직하면서 함양 안의에 있는 황석산성 전투에서 순국한 인물이다. 적은 수의 군사로 많은 왜적을 상대하여 싸웠다. 전세가 불리하여 산성을 포기하고 피할 수 있었으나 끝까지 산성을 지키다가 순국하였다.

곽준의 정려 다음에는 孝子 贈戶曹正郎 郭履常 郭履厚之閭(효자 증호조정랑 곽이상 곽이후지려)라고 적힌 곽준의 아들 곽이상과 곽이후의 정려가 보인다. 곽이후는 형 곽이상과 함께 아버지 곽준을 따라 산성에서 싸우다가 순국하였다. 이들은 아버지가 피신할 것을 권유하였으나 "아버지가 나라를 위해 죽으려 하시는데 자식이 아버지를 위해 죽는 것이 불가하오리까" 하면서 끝까지 아버지를 호위하다가 전사하였다.

곽이상과 곽이후의 정려 다음에는 烈婦 贈正郎 郭履常妻 恭人居昌愼氏之閭(열부 증정랑 곽이상처 공인거창신씨 지려)라고 적힌 곽준의 장남 곽이상의 처 거창신씨 부인의 정려가 걸려 있다. 신씨 부인은 시아버지와 남편, 시동생이 장렬히 전사하자 같은 날 "남편의 뒤를 따르는 것이 영혼을 달래는 길"이라면서 성곽의 망루에서 투신하여 자결하였다.

신씨 부인의 정려 옆에는 烈婦 學生 柳文虎妻 孺人苞山郭氏之閭(열부 학생 유문호처 유인포산곽씨지려)라고 적힌 곽준의 사위 유문호의 처 현풍곽씨 정려가 자리 잡고 있다. 말하자면 곽준의 딸에게 내린 정려이다. 현풍곽씨 부인은 친정아버지와 형제의 전사소식에 통곡하다가 남편이 있

사효자각 현판

기에 죽지 못하던 터에 남편마저 산성 전투에서 전사하자 "원통함에 어찌 살아남을 수 있으리오"하면서 자결하였다.

비록 정려는 내려지지 않았지만 곽준의 사위 유문호까지 포함하면 한 가문에서 6명의 충신과 효자, 열부가 나온 셈이다. 곽준과 유문호는 충신이요, 곽이상과 곽이후는 효자이며, 신씨 부인과 곽씨 부인은 열부이다.

12정려각에는 4효자각이라는 현판이 걸려 있다. 현판이 걸린 칸에는 선조 임금때 내려진 孝子幼學郭潔郭浩郭淸之閭(효자 유학 곽결 곽호 곽청지려)라고 적인 정려가 있다. 4효자는 망우당 곽재우 장군의 4촌 동생 곽재훈의 네 아들 곽결과 곽청, 곽형, 곽호를 일컫는다. 임진왜란 때 중병에 걸린 아버지를 자연 동굴에 피신시켰다가 왜병에게 발각되어 4형제가 차례로 아버지 대신 죽임을 당하였다고 하여 조선 선조 임금이 효자의 정려를 내려 표창하였다.

세상 사람들은 병든 곽재훈이 피신하였던 굴을 4효자굴이라 부른다. 4효자굴은 달성군

사효자굴 전경

유가면 음리에 있다. 4효자굴에는 아버지 대신 죽어간 4효자에 대한 효성어린 이야기가 전해지고 있다.

당시 아버지 곽재훈은 지병인 해소병으로 6년 동안이나 병석에 누워 네 아들의 극진한 간호를 받고 있었다. 평화롭던 이 마을에도 임진왜란의 거센 바람이 몰아쳐 왜군들의 노략질을 피해 뿔뿔이 흩어져 피난을 가야 했다. 왜군이 점점 가까이 온다는 소식에 마을 사람들도 대부분 피난을 떠나자, 곽씨 4형제는 어찌할 줄을 몰랐다. 병든 아버님을 험한 피난길로 모시고 가는 것은 위험한 일이었다.

이를 눈치 챈 아버지 곽 선비는 네 아들을 불러 앉혔다.

"너희들은 어찌 피난을 가지 않느냐? 나는 이미 늙고 병들어 자리를 뜰 수 없을 뿐만 아니라 조상 대대로 살아 온 고향과 선영을 두고 갈 수 없으니 너희들은 어서 피난을 떠나거라."

4형제는 무릎을 꿇고 눈물을 흘렸다.

"아버님, 그럴 수는 없습니다. 어찌 저희들이 아버님 곁을 떠날 수 있겠습니까? 아버님께서 피난을 떠나시지 않으시면 저희들도 아버님과 함께 여기에 남겠습니다."

맏아들 '결'이 마루에 엎드려 통곡했다. 그러자, 둘째 아들 '청'이

"아버님, 소자가 아버님을 모시겠습니다. 어서 소자의 등에 오르소서." 하며 간청을 했다. 지그시 눈을 감고 4형제의 간청을 듣고 있던 아버지는 자기가 떠나지 않으면 아들들도 떠나지 않을 것 같아 아들의 등에 업혔다.

아버지를 모신 4형제는 동쪽에 있는 지금의 비슬산으로 들어갔다. 병환 중인 아버님을 모시고 가는 피난길이라 깊숙이 들어갈 수가 없어 산 중턱에 잠시 머무르면서 편안히 모실 장소를 찾아 헤맸다. 얼마 동안을 헤매다가 산 중턱에서 조금 떨어진 곳에 제법 널찍한 자연 석굴을 발견하게 되었다.

아버님을 이 굴 속에 옮겨 모시게 된 4형제는 풀을 뜯어 깔아 잠자리를 만들고, 서로 번갈아 가며 음식을 구해 오는 등 극진히 모시는 바람에 아버지는 그렇게 불편하지가 않았다. 약초를 캐어 잡수시게 하려고 온 산을 헤매기도 하였다. 그러던 어느 날, 굴 속에서 내려다

보이는 마을에 왜적들이 오락가락하는 것이 보였다. 4형제는 걱정이 되었다. 그렇다고 굴을 빠져나와 다른 곳으로 옮기기에는 너무 늦었다. 병환 중인 아버님 때문에 걸음이 늦어지고 얼마 안 가서는 잡힐 것이 뻔했다. 모든 것을 하늘의 뜻에 맡기는 수밖에 없었다.

드디어 왜적들은 산 아래까지 다가오더니 숲 속으로 난 길을 발견하고 왜적 서너 명이 올라왔다. 한참 후에 굴을 발견한 그들은 굴 밖에서 소란스럽게 지껄이기 시작했다. 금방이라도 들어올 것만 같았다. 맏아들 '결'이 "내 잠깐 밖에 나가 보고 올테니 아버님을 잘 모셔라."하며 밖으로 나가려 하자, 둘째 '청'이 형님의 뜻을 알아차리고 자기가 나가려 했다. 셋째와 넷째도 서로 먼저 나가 살펴보겠다고 옥신각신하였다. 이 모습을 지켜본 곽 선비는 4형제의 우애와 용기에 감동하며 속으로 한 없이 울었다.

"얘들아, 내가 나가 보고 오겠다."

"아버님, 아니 되옵니다. 그럴 수는 없습니다."

맏아들 '결'이 밖으로 뛰쳐나갔다. 왜놈들과 마주친 '결'은 "이 동굴 안에는 병든 아버님이 계시니 소란스럽게 굴지 말고 돌아가렷다."하며 호통을 쳤다. 무슨 말인지 알아듣지 못하는 왜적은 결을 한 칼에 베어버렸다. 결의 비명 소리를 들은 아버지와 동생은 분함을 참지 못하여 치를 떨었다. 아버지는 너무 화가 솟구쳐 그만 해수병으로 인한 기침이 발작되었다. 기침 소리를 듣고, 돌아가려던 왜적들은 돌아서서 다시 굴 안으로 들어오려 했다. 그 순간 둘째 아들 '청'이 칼을 들고 나가 왜적에게 달려들었으나 끝내 목숨을 잃었고 셋째도 역시 그랬다.

그 다음 마지막 넷째도 아버지를 보호하기 위해 왜적들이 굴속으로 들어오지 못하도록 나가 힘껏 싸우다가 장렬하게 죽고 말았다. 4형제를 처참하게 죽인 왜적들은 계속되는 기침소리를 듣고 굴 속으로 들어와 보니 백발이 성성한 한 노인이 오랫동안 앓은 모습을 보이며 누워 있었다.

이 때 왜적 한 놈이 칼을 빼들고 해치려하자, 대장으로 보이는 왜적이 앞을 가로막고 중지시켰다.

"이놈들아! 너희 놈들은 부모도 가족도 없느냐, 이 짐승 같은 놈들아!"

처참히 죽어간 아들들의 시체를 향해 기어가는 곽 선비의 모습을 본 왜병 대장은 4형제가 병든 아버지를 살리려고 차례로 나와 죽은 것을 알고는 무릎을 꿇어 잘못을 빌었다. 그리고는 노인의 등에다 "하늘이 내린 4효자의 아버지이니 그 누구도 절대로 해치지 말라."는 글을 남기고 떠났다.

임진왜란이 평정되고 4형제의 죽음이 세상에 알려지자 많은 사람들은 4형제를 하늘이 내린 큰 효자라 칭송을 아끼지 않았고, 이 이야기를 들은 선조 임금은 정려를 세우도록 지시하였다. 세상 사람들은 4효자가 차례로 숨진 석굴을 사효자굴四孝子窟이라 부르고 있다.

4효자각 옆에는 양효자각이라는 현판이 걸려있다. 이 안에는 곽주의 두 아들 곽의창과 곽유창의 효행을 표창하여 孝子 贈別檢 郭宜昌 郭愈昌之閭(효자 증별검 곽의창 곽유창지려)라고 적힌 양 효자 정려가 모셔져 있다. 두 형제는 어릴 때부터 효성이 남달랐다.

곽의창은 어릴 때부터 어머니가 안아주면 울고, 여종이 안아주면 그치니 그것은 벌써부터 어머니를 편안하게 하려는 천성이 무의식중에 싹튼 것이라고 칭송을 하였다. 부모가 병이 들면 음식도 먹지 않으므로 부모들이 "어린애가 왜 그러느냐"고 하면 "부모님께서 식사를 하시면 저도 먹겠습니다"고 대답하였다. 다섯 살에 부친이 병이 드니 밤낮 잠시도 곁을 떠나지 않았다. 어느 날 손님이 문병을 오니 눈물을 흘리면서 "우리 형제는 항상 모시고 있어 병환의 차도를 모르오니 손님께서 보시기에 어떠합니까" 하고 물었다. 부친이 그 말을 듣고 "너는 어린애가 무슨 걱정을 그렇게 해서 내 마음을 아프게 하느냐"고 하니 눈물을 닦으며 "천장에서 떨어진 흙이 눈에 들어가 눈물이 났습니다." 고 대답하였다. 그 후에 상喪을 당하여 어른처럼 통곡하고, 아침 저녁으로 죽만 먹고 어머니가 좋은 음식을 주어도 먹지 아니하였다. 형님이 출타할 때는 혼자서 상식上食을 올리고 조객이 오면 예를 갖추어 맞으니 사람들은 한나라 서유자라는 사람의 고사와 흡사하다고 하여 후에 비석을 세우고 표창하였다.

그런데 곽유창은 겨우 세 살 때 아버지가 별세하였기 때문에 너무 어려 상복을 입지 못하였다. 여덟 살 때 큰형님에게 말하기를 "삼년 상복은 사람들이 다 입는데 나홀로 상복을 입지 못하여 천지 간에 큰 죄인이 되었으니 지금이라도 상복을 입고 3년상을 마치려 합니다"고 하였다. 큰형님은 울면서 "너의 말은 지성에서 나온 것이나 후에 상복을 입는 것은 예에 어긋나니 그렇게 할 수 없는 것이다"고 한즉 "심정은 비록 망극하나 어찌 형님의 가르침을 저버리고 선유의 나무람을 구태여 하리오." 하고 어머니를 받드는데 성심을 다하였다. 그 후 어머니의 상을 당하여 장례와 제사를 모두 주자예법대로 하였으며, 삼년동안 질대를 벗지 아니함은 물론 상시로 빈소에서 거처하고, 음식은 장례 전에는 메밀가루 한 홉을 물에 타서 마시고, 장례 후에는 나물밥 한 그릇을 구운 소금을 반찬으로 조금씩 먹었을 뿐이었다. 상을 마치는 날에 성효를 다하고 초상 때 발인하여 삼십리 험준한 길에 상여대를 잡고 가서 하관할 때는 호곡하는 소리와 벽용擗踊하는 얼굴이 사람의 마음을 감동시켜 조객들은 그의 효성이 지극함을 감탄하고 일꾼들까지도 눈물을 머금으면서 "오늘 조묘는 딴 데와 다르니 어찌 소홀히 하여 효자의 마음을 상하게 하리오." 하였다. 이 사실이 조정에 알려지자 형제에게 지금의 식물원에 해당하는 장원서라는 관서의 별감 벼슬을 증직하고 정려를 내려 표창하였다.

양효자각 옆에는 節婦 啓功郞 郭再祺妻 孺人光陵李氏之閭(절부 계공랑 곽재기처 유인광릉이씨 지려)라 적힌 곽재기의 처 광릉이씨의 정려와 烈婦 學生 郭弘垣妻 孺人密城朴氏之閭(열부 학생 곽홍원처 유인밀성박씨지려)라 적힌 곽홍원의 처 밀양박씨의 정려, 烈婦 學生 郭壽亨妻 孺人安東權氏之閭(열부 학생 곽수형처 유인안동권씨지려)라 적힌 곽수형의 처 안동권씨 정려, 烈婦 學生 郭乃鎔妻 孺人全義李氏之閭(열부 학생 곽내용처 유인전의이씨지려)라 적힌 곽내용의 처 전의이씨 정려가 있다. 정려각에는 이밖에도 곽경성의 효자비와 곽의창과 곽유창 형제의 효자비, 곽재용의 처 전의이씨의 절명사비도 안치되어 있다.

곽재기의 처 광릉이씨는 임진왜란때 왜병으로부터 순결을 지키기 위해 투신하여 익사하였으며, 곽홍원의 처 밀양박씨는 강도가 들어와 남편을 해치려 하자 죽음으로 남편을 보호하여 정려를 받았다. 곽수형의 처 안동권씨는 남편이 병으로 위독하자 자신이 대신 죽기를 원하였으나 남편이 죽자 식음을 전폐하여 따라 죽었다. 곽경성은 부친이 병으로 위독하자 혹한의 추위에도 불구하고 밤중에 얼음을 깨고 가물치를 잡아다가 회로 드려 병을 낫게 하였다.

곽내용의 처 전의이씨 정려에는 유교적 가치에 옥죄어 살아 온 조선여인의 기구한 운명과 희생이 담겨있다. 이씨부인은 23세에 혼례를 치렀지만 신행이라 하여 남편의 집으로 시집가기도 전에 남편이 죽고 말았다. 이에 통곡을 일삼고 식음을 전폐하였다. 견디다 못한 부인은 남편을 따라 죽으려 하였다. 이에 병상에 계신 아버지가 울면서 "네가 죽으면 내 병도 나을 수 없을 것이니 목숨을 부지해라" 하시니 부인은 겨우 연명만 하다가 4달 후 부친이 별세하자 자살하고 말았다. 부인을 부군의 묘 근방에다 안장하려고 상여가 가는데 부군의 묘 앞에 이르니 묘의 봉분이 갈라지는 기적이 나타남으로 부군과 합장을 하였다는 믿기지 않는 이야기도 전해 온다.

자진한 전의이씨 부인의 시신을 염습하다가 이불 밑에서 죽기 전에 쓴 절명사絶命詞라는 가사를 발견하였다. 절명사는 임종할 때 남기는 글이라는 뜻이니 일종의 유서인 셈이다. 12정려각에는 절명사絶命詞를 남기고 죽은 곽내용의 처 전의이씨의 절명사비가 안치되어 있다. 그 내용의 조금을 소개하면 다음과 같다.

슬프다 가을바람은 어느 곳으로 오는고
외로운 마음은 더욱 슬프고 슬프도다
————중략————
원앙은 서로 이별하여 꽃 수풀을 잃었고
짝진 기러기 남으로 날아가니
또한 외롭지 아니한가
————중략————
슬프도다 경물景物이여

바로 나의 목숨을 재촉하는 때로다

더딘 내 목숨이여 어찌 지금에 이르렀는고

자애로운 부모님이 살아계시니

떳떳한 도리가 막히는구나

————중략————

낭군이 다시 돌아오실 때 내가 낭군을 따르리라

세상 이별을 몹시 슬퍼하였더니

저승에서 만날 것을 누가 알까요

————이하 생략————

　면우 곽종석 선생은 전의이씨 부인의 죽음과 절명사 노래를 듣고 비갈문에 다음과 같은 글을 남겼다.

孝經有譽(효경유예) 효경을 통해 봉친하고

崩城遽哀(붕성거애) 출가하자 사별하니

貞沈注薄(정심주박) 그의 정열 지극하사

玄門劈開(현문벽개) 부군의 무덤이 갈라졌다

我顔我語(아안아어) 그의 얼굴 그의 말을

夫子之悅(부자지열) 그 부군이 알아 준 듯

絶命有詞(절명유사) 절명사의 한 폭 글은

萬古凄切(만고처절) 만고에 길이 처절하다.

　전의이씨 부인이 절명사를 지은 때가 1748년(영조 24)이다. 모두 63구로 되어 있다. 내용은 낭군을 잃은 외롭고 가련한 신세가 되어 빨리 목숨을 끊고 죽음으로써 절개를 밝히는 것

전의이씨 부인의 절명사비

이 떳떳한 도리라 생각되나, 부모 앞에 목숨을 끊는 것은 또한 불효를 저지르는 것이 되므로 열烈과 효孝가 부딪치는 갈등 속에서 낭군과의 상봉을 환상적으로 그리다가 마침내는 죽음을 택하게 되는 가련한 처지를 애절하게 호소한 것이다.

절명사는 조선시대 중기의 규방가사로, 지은이가 알려진 많지 않은 예에 속한다. 깊은 정과 사랑을 담은 진정어린 내용의 작품으로, 이 가사에 간직된 열부와 효 사상은 효열문학의 전형이 되었다. 당시의 사람은 이 슬픈 가사를 효열의 표징이라 평하였고, 이 시를 읽고 감동하여 눈물을 흘리지 아니하는 이는 인정이 아니라고 하였다. 현대에 와서도 그 문학적 가치를 크게 평가받고 있다.

현대를 살아가는 우리는 12정려를 통해 무엇을 얻어야 하는가. 권세와 정권을 위한 충심이 아니라 나라와 민족을 위한 정체성이 요구되는 시대이다. 노인 인구는 늘어나는데 노인에 대한 사회보장이 되지 않는 사회라면 자신을 낳고 길러주신 부모에 대한 봉양은 최소한의 도리로 여겨야 되지 않을까. 열부만 강조한 조선시대 유교적 규범은 따르지 않더라도 부부가 서로 아끼고 섬기는 신판 열부열녀시대가 절실할 때라 생각한다.

1 곽안방 선생 묘소   **2** 현풍곽씨 선현들의 묘소

현곽팔주玄郭八走를 배출한 솔례마을 현풍곽씨들

솔례마을 현풍곽씨는 조선시대 36분의 문과 급제자를 배출하였다. 영남 사림 중에 한 집안에서 이처럼 많은 사람이 벼슬길에 오른 경우는 매우 드물다. 곽안방은 곽승양, 곽승화, 곽승문 삼형제를 두었으며, 증손 대에 와서 곽지원, 곽지형, 곽지정, 곽지인, 곽지의, 곽지운, 곽지림, 곽지번, 곽지견 등이 활발한 활동을 벌여나가면서 가세가 번성하게 된다. 현풍 곽씨가 전국적으로 명성을 떨친 것은 조선 중기 인종과 명종, 선조, 광해군 때에 와서다.

　곽안방 선생이 솔례에 정착한 이후 고손대에 와서는 가문이 더욱 크게 번창하였다. 특히 곽안방의 고손자 중 여덟 명이 특출하였다. 솔례마을 곽씨들은 이들을 가리켜 현곽팔주玄郭八走라 부른다.

　현곽팔주는 현풍곽씨 중에서 주走자 항렬을 쓰는 청백리 곽안방 선생의 고손자 여덟 사람을 가리킨다. 고손들은 모두 삼종간이니 촌수로 8촌간이다. 옛말에 같은 고조할아버지同

高祖 밑의 8촌까지는 모두 한솥밥을 먹고 살았다고 한다. 우리가 말하는 대가족 시대의 이야기이다.

곽안방 선생의 고손들을 모두 합하면 스물여덟 사람인데, 이 중에서 특히 여덟 분이 뛰어나다고 해서 붙여진 이름이 '현곽팔주'다. 그 면면을 보면 선무랑 봉촌공 곽초, 황해도 관찰사 정암공 곽월, 호조참의 만심재 곽규, 울산부사 곽익, 강릉부사 곽간, 함안군수 탁청헌 곽황, 초계군수 예곡 곽율, 안음현감 충렬공 곽준이 이른바 현곽팔주이다.

봉촌 곽초 선생은 어려서 사마시에 합격하여 벼슬을 하다가 공주의 남편을 선발하는 행사, 즉 부마간택에 불응하여 파직당한 인물이다. 그 후 평생을 학문에 전념하였다. 정암 곽월 선생, 만삼재 곽규 선생과 형제간이다.

정암 곽월은 조선 중기의 문신이다. 1546년(명종 1)에 사마시에 합격하였고, 1556년 별시 문과에 병과로 급제하여, 승문원정자·영천군수로 있다가 낙향하였다. 1572년(선조 2)에 다시 관직에 복귀하여 지평과 장령, 사간, 1576년에는 의주목사와 호조참의를 거쳐 1578년에는 동지사冬至使로 명나라에 다녀왔다. 그 이듬해 황해도관찰사에 제수되었으나 사직하고 부임하지 않았다. 사후에 남계서원에 배향되었다. 임진왜란 때 의병장으로 이름 날린 망우당 곽재우의 부친이다.

만심재 곽규 선생은 과거에 급제하여 내직과 외직을 두루 거치고 호조참의와 승지를 역임하였다. 사후에 이양서원에 배향되었다. 곽익선생은 남명선생의 문인으로 문과에 급제하여 울산부사를 역임하였다.

곽간 선생은 1546년(명종 1) 증광문과에 병과로 급제하였으며, 1550년 형조좌랑에 임명되었다. 1552년 중국에 사신으로 갔다가 돌아오는데, 총 책임자이자 당대의 권신이었던 심통원의 짐이 너무 많은 것을 보고 모두 뒤져서 불살라버렸다. 청렴해야할 관리가 탐욕을 부렸기 때문에 저지른 일이다. 이 사실이 조정에 보고되어 심통원이 파직당하자 그의 보복이 두려워 미친 사람으로 가장하여 상소를 올리고는 낙향하였다. 그 뒤 10여 년 동안 피신하여 살다가 1566년 다시 성균관 전적에 제수되었다. 그 후 공조·형조·예조의 좌랑과 정랑·

통례원통례·성균관사성·장악원판사·사제감·종부시정·영천군수·공주목사·강릉부사 등을 역임하였다. 임진왜란이 일어나자 의병대장 서사원과 함께 김성일을 찾아가 싸우다가 김성일이 죽고 진영이 와해되어 돌아오던 중 전사하였다.

곽황 선생은 한강 정구 선생의 문인으로 예안현감과 함안군수를 역임한 인물이다. 특히 예안현감으로 있을 때 퇴계 이황 선생과 역동서원을 창건하였으며 소수서원을 중수하기도 하였다. 사후에는 이양서원에 배향되었다.

곽율 선생은 남명의 문인으로 학문적으로 한강 정구 선생과 깊은 교류를 하였다. 1558년(명종 13) 사마시에 합격한 뒤 성균관의 천거로 조지서별제라는 벼슬을 시작하였다. 그러다가 노모의 봉양을 위해 외직을 자원하여 김천찰방으로 전직하기도 하였다. 그 후 홍산현감·군자감판관을 거쳐 예천군수로 있다가 파직 당하였다.

1592년 임진왜란이 일어나자 김성일에 의해 초계군의 임시수령으로 기용되어 경상도 우도지역을 사수하다가 전사였다. 사후 도동서원 별사에 제향되었다.

존재 곽준선생은 임진왜란 때 의병장 김면이 의병을 규합하니 평소에 친히 지내던 교분으로 참가하여 큰 공을 세웠다. 관찰사 김성일이 그의 현명함을 인정하여 자여도찰방에 임명하자 군량을 조달하여 굶주린 병사를 돌보는 일에 힘썼다. 능력을 인정받아 안음현감에 임명되었다.

1597년 정유재란 때 안음현감으로 있으면서 함양군수 조종도와 함께 호남의 길목인 황석산성을 지키던 중 가토 휘하의 왜군과 격전을 벌이다가 아들 곽이상·곽이후와 함께 전사하였다. 나라를 위해 목숨바친 충정으로 일문삼강으로 정려되어 솔례마을 12정려각에 안치되어 있다. 이조판서에 추증되었고 예연서원에 배향되었다.

한 가문에서 동시대에 이와 같이 많은 인물이 배출된 예는 매우 드물다. 이들은 하나같이 고조할아버지 곽안방 선생의 청백리 정신을 계승하였을 뿐만 아니라, 나라가 위태로울 때는 온몸을 바쳐 구국의 대열에 앞장서기도 하였다.

솔례마을 주변의 현풍곽씨 마을들

현풍곽씨는 주지하다시피 달성지역의 대표적인 토성이다. 고려시대에 현풍의 옛 이름 포산으로 성을 받았으니賜姓 그 뿌리 또한 엄청나게 깊다. 뿌리 깊은 나무가 가지도 많듯이 현풍곽씨들은 솔례마을을 중심으로 후손들이 주변지역으로 분가하거나 이주하여 많은 씨족마을을 개척하였다. 대표적인 마을로는 현풍면 대리 솔례마을을 거점으로 현풍면 성하리 아랫물문마을과 지2리 원당골마을이 있으며, 유가면에는 가태리 남통마을과 구례마을, 한정리 안한정마을과 신평마을, 유곡리 예평마을을 들 수 있다. 이밖에도 구지면 평촌2리와 목단2리, 내동 안모정과 내동2리, 화산1리, 수리 안촌마을 등이 있다.

포산사 전경

추원당 전경

달성군의 현풍곽씨 씨족마을들

현풍면	성하1리(아랫물문), 지2리(원당), 대1리(솔계)
유가면	가태2리(남통), 한정1리(안한정), 한정2리(신평)
구지면	평촌2리, 목단2리, 내동1리(안모정), 내동2리, 화산1리, 수리3리(안촌)

불산제를 지내는 현풍곽씨 원당마을

현풍면 지2리 원당마을은 지금도 50여 가구의 현풍곽씨들이 살고 있다. 이 마을은 원래 의령남씨들이 개척한 것으로 알려져 있다. 나중에 현풍곽씨 시조 정의공 곽경의 17세손 곽창도가 현풍 성하리에서 이곳으로 이주한 후에 곽씨들의 세거지가 되었다고 한다. 솔례와 더불어 명문 반촌으로서의 정체성이 대단히 강한 마을이다.

마을 뒷산 기슭에는 포산사苞山祠가 있다. 1960년에 창건하였으며 현풍곽씨 시조 곽경과 곽기정, 곽한정, 곽자의, 곽순종 등 이름난 조상 5위의 위패를 봉안한 사당이다. 매년 음력 정월 7일에 전국 각지의 일가와 유림이 모여서 삼일 간 정성들여 제물을 장만하여 제를 올리고 있다.

포산사 바로 아래에는 추원당이 있다. 추원당은 군수를 지낸 곽정부와 부사를 지낸 곽함, 목사를 지낸 곽순종의 추모 제당으로 1897년 창건하였다. 추원당 밑에는 월계정이 있다. 곽기연과 기준 형제의 강학소로서 1925년 창건되었으나 소실되어 1976년 중건하였다. 이 모두가 명문임을 알리려는 기념비적 건물이다.

원당마을 사람들은 동제 때 특이하게도 대니산에 있었던 옛 귀비사 터에서 불산제를 함께 지내고 있다. 귀비사 터는 원당마을에서 도보로 약 30분 소요되는 해발 408m의 대니산 정상에 있다. 고려 태조 22년(939)에 왕녀 귀비王女 貴妃(옹주라고도 함)가 창건하였다고 전한다. 옹주는 나쁜 일을 저질러 궁궐에서 쫓겨나 전국을 떠돌던 중 대니산 기슭을 지나다가 주변의 경치가 너무나 아름다워 산기슭에 귀비사를 세웠다고 한다.

여승들만 수도하던 귀비사는 매우 번창하였으나 120여년 전에 빈대가 너무 많아 절을 불사르고 스님들도 흩어져 버렸다고 한다. 우리나라 어느 절이든 절이 망가진 곳에는 빈대에 얽힌 이야기가 따라다니고 있다. 그러나 절을 불태운 것은 실은 빈대 때문이 아니라 불교의 쇠퇴 현상에 의한 것으로 추측된다.

절이 불타자 옹주는 원당마을에 내려와 살다가 죽었는데 옹주를 모시고 살았던 여승들은 이곳을 떠나면서 불쌍하게 살다 간 그의 넋을 기리기 위해 해마다 불산제를 지내 달라고 마을 주민들에게 당부하였다. 마을에서는 절에서 받은 논 10여 마지기를 활용하여 음력 정월 14일 자정에 대니산의 부처듬(바위) 밑에서 불산제佛山祭를 먼저 지낸다. 다음에는 마을 앞의 회나무(수령 약 350년)에 금줄을 치고 마을 뒤의 느티나무에서 동제를 지낸다.

예전에는 제관과 축관을 천왕내림으로 지정하였으나 지금은 마을의 웃어른이 깨끗한 사람을 지정한다. 제관으로 선정되면 제사 9일 전부터 궂은일에 가지 않으며 시장에서 깨끗한 바가지 1개, 미역, 삼베 석자, 참깨 반 되, 돼지고기 등을 준비한다. 대보름 전날 밤이 되면 의관을 가다듬고 제사음식을 준비한다. 쌀밥과 고기가 익어도 솥뚜껑을 열지 않는다. 미역과 참깨, 삼베는 불산제에 사용한다.

대니산 귀비사 터에는 약 90년 전까지만 해도 주춧돌이 남아 있었으나 마을 사람들이 가져가고 지금은 평평한 절터에 무성한 나뭇잎만 뒤덮여 있다. 허물어져 아쉬움만 깃드는 절터에는 불상도 신도도 자취를 감췄건만 어디선가 산사의 은은한 향내가 풍기는 것만 같다.

곽월 선생의 불천위사당이 있는 한정리

유가면 한정2리에는 곽재우 장군의 아버지 정암 곽월 선생의 종가가 있는 마을이다. 이곳에는 인근 가태리에서 옮겨온 정암 선생의 사당이 있었다. 오랜 세월의 풍파에 퇴락하여 1997년에 중건하였다. 전면에 높이 솟은 솟을대문이 있고, 대문을 들어서면 종택이 있다. 종택 뒤에는 재실이자 제청인 앙모재와 정암 곽월 선생의 불천위를 모신 사당이 좌우로 자리하고 있다.

종택에는 곽월 선생이 명나라 사신으로 갔다가 황제로부터 하사받은 포도연과 연적, 백자화문 등 선생의 유품들이 소장되어 있다. 집 밖에 나오면 앞에 500년 수령의 느티나무가 무겁게 자리하고 있다. 보호수로 지정되어 있으며, 마을사람들이 동제를 지내는 당수나무이기도 하다.

예연서원이 있는 가태리마을

가태리는 유가면 비슬산 기슭에 자리하고 있는 마을이다. 현풍곽씨들의 대표적인 세거지이기도 하다. 마을에는 망우당 곽재우 장군과 존재 곽준 선생을 배향한 예연서원이 있다. 1618년 광해군 10년 곽재우 장군이 죽은 이듬해에 영남사림과 경상감영이 주도하여 지금의 솔례마을에 충현사를 건립하여 장군의 위패를 모셨다. 그 후 숙종 원년(1674)에 당시 현풍 현감이 가태리에 규모를 확장하여 서원을 창건하고 위패를 옮겨 모셨다. 같은 해 여름에는 함양 황석산성에서 순절한 곽준 선생의 위패를 함께 봉안하였다.

예연서원이라는 편액이 내려진 해는 1677년이고 현재의 가태리로 이전한 해는 1715년 숙종 41년이다. 중간에 훼철되었다가 1986년에 옛 모습대로 복원하였다. 서원은 곽씨 문중 서원이고 곽씨 세거지인 가태리의 상징건물이다. 서원 입구에는 곽재우 장군과 곽준 선생의 신도비각이 있다. 그 옆에는 곽재우 나무라고 명명된 400년 된 느티나무가 위용을 자랑하고 있다.

정암공 종택 전경

앙모재와 정암공 봉천위사당 전경

예원서원 전경

예원서원 앞 곽재우 나무와 신도비각

달성
마을
이야기

사육신이
머무는
묘골마을

사육신이 머무는 묘골마을

묘골마을은 행정구역상 대구광역시 달성군 하빈면 묘리이다. 묘리의 자연촌락 이름이 묘골이다. 대구에서 달구벌대로를 따라 성주를 잇는 국도를 따라 가다 보면 동곡이라는 곳이 나온다. 그곳에서 우회전 한 뒤 안내판을 따라 5분정도 가면 마을이 나온다. 도시철도 2호선 종착역인 문양역에서는 10분정도 걸리는 곳에 위치하고 있다.

묘골은 박팽년 선생의 후손들이 사는 마을이다

묘골은 사육신의 한 사람인 박팽년 선생의 후손들, 즉 순천박씨들이 사는 마을이다. 순천박씨들이 들어오기 전에는 성주이씨들의 마을이었다. 박팽년 선생의 둘째 며느리 성주이씨의 친정 곳이 원래 묘골이었다. 순천박씨 세거지로 바뀐 이유는 박팽년 선생의 유일한 혈손을 임신하고 있었던 둘째 며느리가 아들을 낳고 이곳 친정에 숨어 살면서부터이다.

박팽년 선생은 워낙 유명하여 어른들은 모두 아는 인물이다. 박팽년 선생은 자가 인수, 호는 취금헌으로 1417년에 태어나 1456년 세조 원년에 죽었다. 선생은 성삼문, 이개, 하위지, 유성원, 유응부 등 사육신과 함께 단종 임금의 복위를 꾀하다가 친구 김질의 배신으로 발각되어 1456년에 거열형을 받고 죽은 만고의 충신이다. 거열형이란 팔다리에 네 필의 말

마을 입구의 충절문 모습
이 문을 통과해야 묘골을 볼 수 있다.

을 묶어 달리게 해 팔다리를 찢어 죽이는 가혹한 형벌이다.

　세종대왕과 함께 훈민정음을 연구한 박팽년 선생은 수양대군이 단종을 몰아내고 임금 자리에 오르자 지금의 경회루 연못에 투신하여 자살을 기도하다가 집현전 동지 성삼문 선생에게 발각되어 죽지 못하였다. 죽지 못한 선생은 충청도 관찰사로 근무하는 등 공직에 있었으나 끝내 수양대군을 임금으로 인정하지 않았다. 이런 사실은 훗날 단종 복위 실패 후 국문을 받으면서 수양대군과 나누는 대화에서 고스란히 드러난다.

　평소 그의 재주를 높이 산 세조 수양대군이 조용하게 다가가 "네가 마음을 바꿔 나를 섬긴다면 목숨만은 구할 수 있을 것이다"라며 구슬렸다. 이 말을 들은 박팽년은 아무 말 없이 웃고는 그저 "나으리"라고 부를 뿐이었다.

　약이 오른 세조는 "네가 일전에 이미 신하라고 말한 바 있으니 지금 아니라고 해도 소용이 없다"고 하자 "저는 상왕(단종)의 신하이지, 어찌 나으리(세조)의 신하가 되겠습니까. 충청도 관찰사로 있던 1년 동안 장계와 문서에 스스로 신하라고 일컬은 적이 한 번도 없었습니다."라고 했다. 세조는 그가 올린 장계를 확인해 보았다. 아니나 다를까 신하 신_臣자 대신 거인 거_巨자가 씌어 있었다. 박팽년 선생은 자신을 '신하'가 아니라 '거인'이라고 적은 것이다. 뿐만 아니었다. 원래 장계의 '신_臣'자는 신하를 낮추어 불러 작게 쓰는 법이나 거인 거자를 크게 써 놓았다. 박팽년은 나라에서 주는 급여(국록)도 소비하지 않고 성삼문 선생이 그랬듯이 창고에 고스란히 쌓아두었다.

"가마귀 눈비 마자 희는 듯 검노매라/ 야광명월夜光明月이 밤인들 어두오랴/ 님 향한 일편단심이야 변할줄이 이시랴."

박팽년이 세조의 청을 시조 한 수로 일언지하에 거절했다. 그 시조가 바로 '단심가'이다.

박팽년 선생의 형제들은 아버지 박중림 선생과 죽음을 맞으면서 아버지에게 울며 고하기를 "임금에게 충성하려 하매 효에 어긋납니다."하니, 아버지 박중림 선생은 "임금을 섬기는 데 충성하지 못하면 효가 아니다."라고 태연히 웃으면서 죽음을 맞이했다고 한다. 진정한 충과 효는 별개가 아님을 일깨워 주는 일화이다.

금부도사는 형장으로 끌려가는 박팽년 선생을 보고 말했다. "고집을 잠깐 거두시오면 온 집안이 영화를 누리실 텐데 무슨 고집을 그렇게 부리십니까?" 박팽년은 "더럽게 사느니 깨끗하게 죽는 것이 나으리라"는 말을 남기고 생의 종지부를 찍는다. 선생은 죽기 전에 또 한편의 시조를 남긴다.

금생여수라 한들 물마다 금이 나며
옥출곤강이라 한들 뫼마다 옥이 나랴.
아모리 여필종부인들 님마다 쫓으랴.

금이 물에서 난다 하더라도 모든 물이 금이 될 수 없고, 옥이 곤강산에서 난다하여 세상의 산들이 모두 옥을 낳지 못하며, 아무리 여자는 남편을 따라야 한다 해도 자격없는 남편까지 따를 수 없듯이 임금답지 못한 세조를 따를 수 없다는 뜻을 담은 시조이다.

박팽년 선생은 순천박씨이다

순천박씨의 시조는 박영규이다. 박영규는 신라 제54대 경명왕의 일곱째 아들인 강남대군 언지의 아들이다. 문헌에 의하면 그는 후백제를 세운 견훤의 사위로 태조 왕건을 도와 고려를 건국하는데 공을 세워 개국공신에 책록되었다. 후손들은 박영규를 시조로 받들고 본관을 순천으로 삼아 후손들이 대를 이었다.

중간에 계보를 찾지 못하였다가 고려 충숙왕때 보문각 대제학을 지낸 박숙정을 제 1대 조상으로 삼고 다시 계보를 이어 왔다. 충절의 가문으로 알려진 순천박씨는 일세조 박숙정이 슬하에 아들 5형제를 두어 가문이 크게 융성하기 시작하였다.

묘골의 순천박씨들은 박숙정의 막내아들 박원상의 후손들이다. 박원상은 공조전서라는 벼슬을 지낸 인물로 슬하에 4형제를 두었다. 그 중 셋째아들인 박안생의 둘째아들이 박팽년 선생의 아버지 박중림이다.

박중림은 대제학과 이조판서까지 지낸 인물로 박팽년 선생을 맏이로 5형제를 두었다. 장남 박팽년 선생은 박헌과 박순, 박분 등 3형제를 두었다.

박팽년 선생의 아버지 박중림은 세조가 단종의 왕위를 찬탈하자 아들을 포함한 사육신과 더불어 단종복위를 도모하다가 사전에 발각되어 아들 박팽년·박인년·박기년·박대년·박영년 등 5형제와 손자 박헌·박순 등과 함께 일족이 모두 참살 당하였다.

묘골에 박팽년 선생의 후손이 살아남은 사연

박팽년 선생의 일가가 멸족을 당하였는데 어떻게 후손들이 살아남을 수 있었을까? 여기에는 아슬아슬한 사연이 숨어 있다. 박팽년 선생 일가가 멸족될 때 선생의 둘째 아들 박순의 아내 성주이씨 부인이 마침 임신을 하고 있었다. 당시 남자들은 모두 죽었지만 여성들은 노비 신세가 되었다. 세조는 성주이씨 부인이 아이를 낳거든 아들이면 죽이고 딸이면 노비로 삼으라고 엄명하였다. 이씨 부인 또한 피할 수 없이 대구 관아의 관비가 되었다. 이씨 부인은 데리고 있던 몸종과 함께 관비로 생활하였는데 마침 몸종 또한 임신 중이었다. 이씨 부인의 아버지가 교동현감 이질근이었던 터라 딸을 친정인 지금의 묘골로 빼돌려 아이를 낳게 하였다. 그런데 아들을 낳았다. 이씨 부인은 유일한 혈손을 보존하기 위해 고민을 하던 중 몸종이 낳은 딸아이와 바꿔치기를 하였다. 이씨 부인은 아들을 몸종의 아들로 둔갑시켜 이름을 박비朴婢, 즉 박씨 성을 가진 노비라고 지었다. 박비는 묘골 외가에서 성장하였다.

숨어서 지낸 박비가 장성하여 16세 되던 해에 아버지 박순과 동서지간이자 이모부인 이극균이 경상도 관찰사로 부임하였다. 그때가 조선 성종임금이 통치하던 때였다. 박비가 박팽년 선생의 혈통이라는 사실을 일찍부터 알고 있었던 이극균은 너무나 억울하여 울면서 자수하기를 권하였다. 박비는 이모부의 말을 듣고 서울로 올라가 성종 임금에게 자신이 박팽년의 자손임을 자수하였다. 마침 사육신이 재평가되던 때인지라 임금은 기뻐하면서 특사령을 내리고 이름도 박비에서 박일산으로 고쳐주었다. 박일산, 사육신 중 유일하게 남은 옥구슬과 같은 존재라는 뜻을 가진 이름이다. 뿐만 아니라 정3품 당하관에 해당하는 사복시정이라는 벼슬까지 내렸다.

박일산은 은둔의 세월에 종지부를 찍고 순천박씨 충정공파의 파시조가 되었다. 이때부터 묘골은 충절의 본향으로 세상에 널리 알려지게 되었다. 묘골의 순천박씨는 이런 기막힌 사연 때문에 스스로를 순천박씨 보다는 묘골박씨라 부르고 있다.

박팽년 선생의 후계를 잇게 한 묘골마을 풍수이야기

풍수가들은 묘골마을의 지형이 마치 용이 몸을 틀어 꼬리를 돌아보고 있는 회룡고미형回龍顧尾形이라고 해석한다. 순천박씨들의 족보에도 "묘골은 풍수들이 팔공산에서 볼 때 회룡고미형이라고 한다."라고 기록하고 있어 옛날부터 그리 알고 지낸 듯하다.

풍수가들의 설명을 자세히 들어보자. 동으로는 팔공산이 솟아 있고, 서쪽으로는 낙동강이 흐르며 가야산이 솟아있다. 마을 뒤쪽으로는 용산이라 부르는 높지 않은 산줄기가 길게 뻗어있는데 용의 머리와 꼬리에 해당되는 부분이 골짜기에 의해 떨어져 서로 마주보는 형국이다. 마을은 좌우 산세에 의해 호위됨으로써 보다 아늑한 공간이 형성되고 겨울철의 방풍에도 유리하며, 마을로 들어가는 길이 잘 발달되어 있다. 마을에서는 외부를 조망할 수 있으면서 외부로부터 은신처를 이룬 곳이다.

풍수가들은 마을입지가 완벽한 장풍국을 이루었다고 설명한다. 마을을 감싸는 지세에 의해 분출된 명당 기운은 바람에 흩어지지 않으면서 오래도록 머물 수 있게 됨으로써 지금까지 마을이 존속될 수 있었다고 설명한다.

오늘날 풍수가들은 묘골의 풍수를 마을 역사와 견주어 설명하기도 한다. 하도 재미있어 소개해 보자. 묘골마을의 용맥은 거꾸로 뻗는 맥,

묘골마을 풍수형국도

하늘에서 내려다 본 묘골마을(다음 지도 참조)

즉 역룡에 해당한다. 낙동강을 끼고 강과 함께 흘러내리는 주산 용맥에서 지층들은 물길과 반대로 형성되어 있다. 이런 지형은 임금을 모반한 죄로 형벌을 받는다고 설명한다. 지층들이 물길과 같이 흘러간다면 시류에 편승하여 요령껏 살지만 반대로 형성되면 시류를 거스른다고 해석한 것이다. 사육신 박팽년 선생의 혈육들이 사는 마을이니 그럴듯한 설명이 아닐 수 없다.

  본래 사육신은 3족을 멸하였는데 박팽년 선생의 혈손은 어떻게 살아남았을까. 풍수가들은 묘골의 풍수지리에서 그 이유를 찾는다. 박팽년의 혈손이 지금의 종가 숭절당에 자리잡았기 때문에 절손되지 않았다고 한다. 그 해석이 재미있다. 거대한 양陽의 덩어리인 낙동강과 함께 용맥이 암석 덩어리를 품고 내려오다가 묘골에서 부드러운 흙으로 변하여 혈을 맺었다. 혈처에서 옆을 지나는 낙동강과 부딪친다. 낙동강이 부딪쳐 솟아나는 물이 숭절당 아래에 있는 연못이다. 종가 숭절당을 지당 아래에 지었다면 박팽년의 혈손은 살아남을 수 없었다. 거대한 양 덩어리인 낙동강물의 충격이 워낙 크기 때문이다. 간발의 차이로 이 충격을 피하여 살아남을 수 있었고, 오늘날의 묘골 또한 존재할 수 있었다는 풍수적 설명이다.

묘골에는 큰 장수가 난다는 풍수이야기도 있다. 임진왜란 때 중국에서 원병 온 이여송 장군이 묘골에서 사흘간 머물렀다고 한다. 이 때 풍수가로부터 바위고개에 큰 바위가 있어 큰 장수가 날 것이라는 말을 들었다. 이여송이 즉시 붓을 들어 바위를 내리치니 바위가 쪼개지면서 엉엉 우는 소리가 고개를 진동하였고, 바위고개의 지맥에 쇠창을 박으니 그 자리에서 피가 흘러 낙동강이 붉게 물들었다고 한다.

묘하게 생긴 마을 묘골

묘골은 '묘하게 생긴 마을'이란 뜻에서 붙여진 이름이라 한다. 밖에서는 마을을 볼 수 없고 안에서도 마을 밖을 잘 볼 수 없기 때문에 묘하다는 것이다. 사람들이 전하니 그럴듯하게 들리긴 하지만 마을의 역사와 견주어 왠지 다른 뜻이 숨어있을 법도 하여 상상해본다. 혹시 묘廟가 있어서 묘리 혹은 묘골이라고 부르지 않았을까? 묘란 조상이나 여러 훌륭한 성인의 신주·영정 등을 모신 사당을 통칭하는 말이다. 묘골에는 옛날부터 박팽년 선생을 비롯한 사육신의 신주를 모신 묘가 있었으니 그럴듯한 상상이 아닌가.

지금은 묘골이 도심지와 가까운 곳에 위치하고 있어 그리 골짜기라는 느낌이 들지 않는다. 그러나 이 마을 앞을 지날 때면 약 550년 전 마을이 개척될 당시의 모습을 상상해 보곤 한다. 당시 이곳의 경치는 어떠했을까? 당시에는 집 앞을 지나가는 도로가 없었을 테니, 성주로 향하는 오솔길을 가다가 동곡 쯤에서 약 2㎞를 걸어 들어 왔을 것이다. 마을 앞에는 지금처럼 해발 50미터도 채 안 되는 낮은 산줄기 두 가닥이 굼실굼실 흘러 나가고, 그 사이의 완만한 경사지에 논밭이 개간되어 있었을 것이다. 집 뒤를 둘러 감은 언덕에 자주 올랐으리라. 멀리 왜관 쪽에서 흘러드는 낙동강물이 대구 화원 쪽으로 느릿느릿 빠져나가는 모

묘골마을 전경

습을 한눈에 바라보았을 것이다. 강 유역을 가득 채운 넓은 백사장이 이른 아침에는 뿌연 안개를 머금고, 석양에는 붉은 실타래를 자아내는 듯한 모습이 지금 보다 더욱 장관이었으리라. 짐작컨대 묘골마을은 지금보다 훨씬 산골짜기였지만 빼어난 경관을 갖추고 있었을 것이다. 낮은 구릉들이 몇 겹 감싸 안은, 세상과 고립된 마을이었을 것이다.

    묘리에는 묘골 이외에도 파회마을과 도채마을, 점촌, 까치실, 안곡, 장자암 등으로 불리는 크고 작은 자연촌락이 있다. 이 중에서 묘골이 중심되는 마을이다. 파회마을과 까치실마을은 동곡과 왜관을 연결하는 도로변에 있는 마을이고, 도채 마을은 묘골 북동쪽에 있는 작은 마을이다. 점마는 묘골 남쪽에 있는 마을로, 조선시대에 옹기를 구운 가마와 점포가 있었다고 한다. 안곡은 옛날부터 별다른 일 없이 잘 살아가는 마을이라 하여 지나가던 풍수가 안곡安谷이라 이름을 지었다고 한다. 마을 앞 넓은 들판에서 특수작물을 재배하여 높은 농가소득으로 지금도 잘 사는 마을이다. 장자암 마을은 옛날에 훌륭한 무사가 계속하여 과거에 낙방하자 크게 실망하여 산 속에 숨어살다가 죽은 후 바위가 되었다고 하여 붙여진 마을 이름이다. 마을 뒤편에는 지금도 장자암長子岩이라 부르는 바위가 있는데, 아들 못 낳는 부인들이 이 바위에 정성껏 기도하면 아들을 낳는다는 기자 바위이기도 하다.

묘골마을 문화유산여행

이제 묘골마을에 들어가 보자. 동곡과 왜관을 잇는 도로변에서 마을로 들어가는 입구에 충절문이라는 현판을 단 일주문이 나온다. 박팽년 선생의 충절유적이 있는 묘골마을 입구임을 알려주는 문이다. 그 문을 통과하여 굽은 길을 돌아가면 어렵사리 은둔할 곳을 찾았을 법한 마을 하나가 나지막한 산줄기에 안겨 있다. 이곳이 묘골이다. 일제강점기에는 박팽년 선생의 후손 300가구가 씨족마을을 이루고 살았는데 지금은 이래저래 모두 합쳐서 40여 가구만 살고 있다. 명문 씨족마을의 모습이 급격하게 퇴락하였다.

마을 입구에서 가장 먼저 '사육신기념관'을 만난다. 사육신의 충절을 기리기 위해 2010년 6월 13일에 개관하였다. (사)육신사보존회가 국비와 지방비 등 12억을 들여 한옥으로 건축한 집이다. 기념관 안에는 묘골마을의 내력과 현황, 사육신들의 역사적 사실을 동영상으로 볼 수 있는 영상실이 갖추어져 있고, 각종 자료들이 전시되어 있다. 묘골마을을 알기 위해서는 기념관을 먼저 둘러보는 것이 좋다.

기념관 안으로 들어가면 제일 먼저 보이는 전시자료가 묘골마을의 옛 모습을 찍은 마을전경 사진이다. 꼬부랑 길과 정리되지 않은 농경지 모습이 1900년대 초반의 전형적인 농촌풍경이다. 마을 사진을 지나면 마을 안에 있는 육신사에서 사육신에게 제사를 올리는 모습을 재현한 모형을 볼 수 있다.

사육신기념관 전경

사육신기념관 내부

읍호당 전경

마을 안길에서 본 새로 지은 기와집들

그밖에도 보물 554호인 태고정의 모형과 해설, 육신사의 유래와 건립 경위, 사육신의 충절정신을 요약한 해설자료가 전시되어 있다. 장릉지와 사육신에게 내려진 각종 교지 등의 기록자료들도 전시되어 있다. 장릉지는 지방 유생이었던 여헌 장현광 선생의 현손 장대림 선생이 숙종 임금에게 박팽년 선생의 명예회복을 주장한 상소문이 수록된 문헌이다. 묘골의 현재 모습이나 묘골 고건축물 설명자료, 건축물에 걸린 각종 현판들, 박팽년 선생의 표준 영정도 기념관에서 볼 수 있다.

기념관 뒤에는 충효당이 있다. 넓은 대지 위에 잘 꾸며진 정원 속에 기품있는 기와집 한 채가 앉아 있다. 충효당이다. ㄱ자형 돌출부에 누마루를 설치한 집이다. 누마루에는 난간을 둘렀다.

이 집은 본디 정면 5칸 측면 2칸의 일자형 집으로 다른 곳에 있었다. 조선 인조 22년(1644)에 박팽년 선생의 7대손인 금산 군수 박숭고라는 사람이 별당으로 건립한 것이 전신이다. 그 후 충효당이라 이름을 붙여 충효와 무예 등을 가르치는 교육장으로 활용하였다. 그러다가 1995년에 후손 박우순이라는 사람이 지금의 자리로 옮기면서 누마루가 있는 모습으로 개축하였다.

충효당을 뒤로 하고 마을 안길을 따라가면 길 양 쪽에 한옥들이 줄지어 늘어서 있다. 마을의 가장 안쪽 높은 곳에 종택 숭절당이 자리하고 있고, 그 왼편에 육신사가 있다. 그 아래로 혈연관계의 위계에 따라 가옥들이 배치되어 있다.

예전에는 마을 입구에 들어서면 어느 정도 경사진 마을 터에서 높은 곳에 우뚝 선 육신사와 숭절당이 먼저 눈에 들어왔다. 그 아래로 내려오면서 기와집들이 차례로 자리잡고 있었다. 처음 들어오는 사람들도 높은 쪽에 자리 잡은 집들이 위상이 높거나 소위 '큰집'이려니 하고 짐작할 수 있었다. 그것이 우리네 전통마을의 배치원리이기 때문이다.

지금의 묘골은 그렇지 않다. 마을 안으로 조금 진입하면 마을 안길 왼편으로 최근에 지은 기와집들이 높은 숲을 이루고 있다. 이 숲에 가려 육신사와 숭절당이 잘 보이지 않는다. 전통마을의 배치원리를 고려하지 않고 기와집들을 지은 탓이다. 전통경관의 복원을 염두에 둔 마을정비가 아니라 새로운 창조를 했다고나 할까? 할 수만 있다면 높은 집들의 기단과 기둥을 조금씩 잘라 낮추고 싶은 심정이 들 정도로 답답하다.

묘골에는 고 이병철 회장 부인의 생가도 있었다

일그러진 기와집 숲 속에는 고 호암 이병철 삼성그룹 회장의 부인 고 박두을 여사의 생가터도 있다. 마을 안길에 팻말이 붙어 있어 쉽게 짐작할 수 있다. 그러니까 호암이 박팽년 선생의 후손에게 장가들었다는 말이다. 호암과 그 아들 이맹희씨의 저서에 적고 있는 박두을 여사에 대한 내용을 보면 옛날 묘골마을 순천 박씨들의 위상을 어느 정도 짐작할 수 있다.

호암은 18세에 박두을 여사와 결혼하였다. 서울에서 학교에 다니다가 부친으로부터 "혼담이 이루어져 12월5일(음력)에 혼례를 올리게 되었으니 귀가하라"는 편지를 받고 얼굴 한번 보지 않고 부모가 정해준 대로 박여사와 혼인을 하였다고 한다.

박여사는 호암보다 세 살 연상이었다. 박여사는 1907년 11월 8일 이곳 묘골에서 박팽년 선생의 후손인 아버지와 어머니 손씨의 4녀로 태어났다. 선비였던 아버지 박씨와 '교동댁'으로 불렸던 어머니 손에서 자란 박 여사는 어릴 적에 얼굴도 곱고 마음씨도 착했다고 전한다. 16세 되던 해에 시주 나온 한 스님이 "처녀는 앞으로 왕비가 아니면 일국의 왕 못지않은 갑부가 될 사람을 만나 그 안방마님이 되겠소."라고 하였다고 한다. 스님의 예견이 적중한 셈이다.

호암의 자서전에는 박여사에 대한 내용이 간략하게 소개되어 있다. "처음 본 인상은 건강한 여성이라는 것이다. 슬하에 4남 5녀를 두고 반세기 여를 서로 도우면서 살아왔다. 내자 역시 유교를 숭상하는 가문에서 전통적인 부덕婦德을 배우고 성장해서 그런지, 바깥 활동은 되도록 삼가고 집안일에만 전심전력을 다해왔다. 예의범절에도 밝아 대소사가 두루 화목하다. 지금까지 몸치장 얼굴치장 한번 제대로 해본 적이 없고 사치와는 거리가 멀다. 그처럼 수신제가의 자세에 흐트러짐이 없는 내자에게 언제나 고마운 마음을 가지고 있다."라고 적고 있어 묘골 순천박씨 가문의 가정교육과 박여사의 성품을 짐작할 수 있는 대목이다.

박여사의 아들 이맹희씨는 '묻어둔 이야기'라는 회상록에서 어머니 박두을 여사에 대해 비교적 자세하게 적고 있다. "아버지 집안이 의령 일대에서는 부자라고 했지만 굳이 비교해보자면 당시 경북 달성군에 있었던 외가 쪽이 더 부농이었던 것 같다. 어린 시절, 어머니로부터 '시집이라고 왔더니 집도 좁고 그렇게 가난해 보일수가 없었다.'는 말을 자주 들었다. … 집안 어른들에 따르면 친가 쪽도 물론 3,000석 지기에 가까울 정도의 부를 지닌 집안이었고 서원을 세울 정도의 성리학자셨지만 외가 쪽 지체가 워낙 높아서 '한쪽으로 기우는 혼사'였다는 말들이 있었다. 실제 어머니는 시집 올 적에도 몸종을 비롯하여 몇 명의 하인을 데리고 왔다고 한다."

1900년대 초반 묘골 순천박씨들 모두가 그랬던 것은 아니겠지만 박씨들은 튼튼한 경제

육신사 전경

1 육신사 외삼문의 외부에 걸린 육신사 현판과 안쪽에 걸린 절의묘 현판
2 육신사 외삼문

적 기반을 유지하고 있었던 것으로 짐작된다. 몸종과 하인을 데리고 시집을 왔다니 묘골에는 조선시대 신분제도가 유지되었던 것도 확인할 수 있는 대목이다.

육신사, 본래의 이름은 하빈사였다

이제 마을을 위에서 아래로 내려다보자. 마을의 맨 위에 육신사가 있다. 육신사라는 이름이 붙여진 지는 그리 오래되지 않았다. 1974년 박정희 대통령이 '충효위인 유적 정화사업'을 벌이면서 지금의 모습을 갖추었고 그 이름도 육신사로 바꾸었다.

    육신사의 전신은 이름이 절의묘節義廟였다. 박일산이 가묘, 즉 사당을 짓고 당호를 절의묘라고 한 것이다. 박팽년 선생과 손자 박일산이 복권되자 유일한 후손인 박일산은 그동안

육신사 내삼문

내놓고 제사 한 번 지내주지 못한 증조할아버지 박중림과 할아버지 박팽년, 아버지 박순의 위패를 모시는 사당 절의묘를 지었다. 그 위치는 종택 안에 있었다. 절의묘라는 이름의 사당은 박팽년 선생의 현손이자 박일산의 손자 박계창 대까지 이어져 오다가 하빈사로 이름을 바꾸었다.

이름을 바꾼 데에는 눈물겨운 사연이 숨어 있다. 박계창이 박팽년 선생의 제사를 모신 후 잠을 자는데, 꿈에 박팽년 선생과 함께 일족이 몰살당한 다섯 분의 충신들이 굶주린 배를 안고 사당 밖에서 서성거리는 것을 보았다. "너거 할배는 자손이 있어 제사를 얻어먹을 수 있지만 우리는 자손이 없어 배가 고파 죽겠다. 밥이라도 좀 다오"라는 눈짓을 보냈을 것이다.

깜짝 놀라 일어나 보니 꿈이었지만 그동안 생각이 짧았음을 후회하고 성의껏 다섯 분의 제물도 함께 차려 다시 제사를 지냈다. 다른 충신들은 제사 지내 줄 자손이 없으니 대신

제사를 지내준 것이다. 그 후부터는 좁은 절의묘 대신 새로 사당을 짓고 하빈사라고 이름을 고쳤다. 이때부터 사육신을 함께 배향하게 된 것이다. 이러니 육신사의 전신은 절의묘와 하빈사임에 틀림없다.

절의묘와 하빈사는 지금의 육신사 사당인 숭정사 자리에 있었다. 하빈사는 나중에 낙빈서원으로 승격되었다. 하빈사를 사당으로 하고 지금의 낙빈서원 자리에 강당을 건축하여 서원으로 승격시킨 것이다. 나중에 사액서원이 되었다. 사액서원이 되기까지는 한강 정구선생과 여헌 장현광 선생 등을 중심으로 한 지방 유림의 노력이 크게 작용하였다. 1694년(숙종 20)에 '낙빈'이라는 이름이 사액되어 사액서원으로 승격되었다. 흥선대원군의 서원 철폐령으로 1869년(고종 6)에 훼철되었다가 1982년 지방유림에 의하여 지금의 모습대로 강당 건물만 복원되었다. 서원 강당은 정면 4칸, 측면 1칸으로 된 팔작집이며, 흙으로 구워 만든 훌륭한 기와집이지만, 돌보는 손길이 모자라 우거진 풀숲 속에 버려진 듯이 남아 있다.

1974년에는 옛 묘우였던 하빈사 자리에 외삼문과 내삼문을 갖춘 숭정사를 지었다. 상식적으로는 숭정사 편액 대신 육신사 편액을 달아야 한다. 그런데 출입구로 사용하는 외삼문에 육신사라는 현판이 붙어 있고 정작 사당에는 숭정사崇正祠라는 현판이 걸려 있다. 애초에 사당 안에는 사육신 외에 박팽년 선생의 아버지 박중림 선생의 위패도 함께 모시고 있었기 때문에 육신사라는 이름을 걸지 못하였다고 한다.

육신사의 몇 가지 아쉬운 점

육신사를 찾아가면 육신사라는 현판이 걸린 출입문부터 대단히 육중하다. 현판은 박정희 대통령의 친필이다. 문을 들어서면 잔디와 조경수가 심겨진 넓은 정원이 나온다. 정원의 왼편에 연꽃을 심어 놓은 방지가 있다. 다시 계단을 따라 오르면 홍살문이 나온다. 홍살문 안에는 왼편에 국회의장을 지냈던 박준규씨의 생가터라는 표지판과 우물터가 있다. 예전에는 육신사 경내에도 민가가 있었던 모양이다. 내삼문 가까운 담장 밑으로는 사육신의 사적을 담은 육각비와 송덕사비 등이 놓여 있다. 평소에는 닫혀 있지만 기회를 잡아 내삼문을

1 사당 숭정사
2 사당 숭정사 내부

 열고 안으로 들어가면 숭정사라는 현판을 이마에 단 사당이 있다. 5칸의 규모 큰 집이다.
 육신사가 넓고 웅장해서 좋긴 하지만 갈 때 마다 아쉬움을 갖게 하는 이유는 육중한 건물이 콘크리트로 지어진 건물이라는 점이다. 겉보기에는 나무로 지은 한옥 같지만 위장된 한옥이다. 지붕 위의 기와를 빼면 모두 콘크리트로 조적하였다. 기둥과 서까래도 모두 콘크리트이다. 1970년대 초반에는 콘크리트를 신이 내린 건축재료라고 하였으니 거리낌 없이 육신사에도 사용하였겠지만 미래를 내다보지 못한 처사가 아니었나 싶다.
 또 다른 한 가지 아쉬운 점은 조경이 전통적이지 못하다. 육신사의 건립배경은 절의묘라는 사당과 낙빈서원이다. 서원이나 사당, 특히 충신들의 위패를 모셨다면 그에 걸맞은 전통 조경을 따르는 것이 좋았을 것이다. 대나무와 백일홍, 은행나무, 회나무 군락은 서원의 단골 나무들이 아닌가.

박일산이 지은 99칸 충정공파 종가는 어디에...

순천박씨 충정공파 파시조인 박일산은 유복자로서 성주이씨 외가에서 자랐다. 박일산이 박팽년 선생의 유일한 혈족이라는 사실이 알려진 후에도 열여섯살 박일산은 의지할 곳이라고는 외가 뿐이었다.

박일산은 노후에 복록을 받아 모은 재산과 후손이 없는 외가집의 재산을 물려받아 아흔아홉칸의 충정공파 종택을 짓고 묘골에 정착하였다. 종택의 모양은 한자로 흥興자 형이었다. 경주 양동마을의 여강이씨 소유 향단의 사랑채와 안채, 행랑채를 모두 합해 흥자 모양의 건물이니 비교해 보면 그 모양을 이해하는데 도움이 되겠다.

불행하게도 종택은 선조 25년(1592년) 임진왜란 때 사당과 태고정 일부만 남기고 모두 소실되었다. 임진왜란 후인 선조 29년(1596년)에 다시 세웠으며 광해군 6년(1614년)에 또 한 차례 중건하였다. 그러다가 18세기 말 종손이 충주로 이주한 뒤로 종택을 돌보지 않아 태고정과 관리사만 남기고 모두 훼손되었다. 지금의 충절당은 옛 모습이 아니다. 후손들이 새로 지은 집일 뿐이다.

훼손되기 전 종택의 배치모습을 더듬어 보자. 안채를 기준으로 동쪽에 지금의 태고정을 세우고, 북쪽에 절의묘(하빈사)를 건립하였다. 정자와 절의묘 아래쪽에 안채와 행랑채, 창고, 2층 누각형태의 점화루와 기각루, 피서루, 응방루가 들어서 있었다. 그 바깥으로 홍살문과 이문을 세워 충신의 후손들이 사는 집임을 상징하였다. 홍살문에 이르기 전에 모든 이들은 말에서 내려 걸어서 들어와야 했다. 상상해 보자. 마을의 가장 안쪽 언덕에 99칸 저택이 있다!! 그 안에 4채의 2층 누각이 있다!! 높디높은 누각에서 마을 아래를 내려다보는 그 광경을 상상해 보자. 장관도 그런 장관이 없었을 것이다.

옛 종가터에 남은 충절당 모습
태고정에서 충절당의 뒷모습을 본 광경이다

송절당 측경

왜병도 범접하지 못한 충정공파 종택

묘골 충정공파 종택에는 임진왜란때 왜병도 함부로 범접하지 못하였다는 이야기가 전해온다. 이야기를 요약하면 다음과 같다.

  임진왜란으로 왜병이 묘골에 몰려 왔다. 이들은 다짜고짜 사육신의 위패를 모시고 있는 사당 서북쪽 기둥을 도끼로 찍어 내렸다. 그러자 기둥은 상하지 않고 도끼가 왜병의 발등을 찍었다. 화가 난 왜병이 사당과 태고정에 불을 질렀다. 그때 갑자기 하늘에서 천둥과 번개가 치고 많은 비가 쏟아져 저절로 불이 꺼져버렸다. 갑자기 일어난 신기한 일에 왜병이 놀라 어쩔 줄 몰라 할 때 집안에 갇혀 있던 박팽년 선생의 5대손 박충우와 박충서는 간신히 피신할 수 있었다. 피신한 두 장군은 군사를 수습하여 인근의 마천령 고개에 숨어 있다가 지나가는 왜병을 격퇴시켰다. 그 후 다시는 왜병이 묘골에 범접하지 못하였다고 한다.

  조선 선조 임금 때 재상으로서 임진왜란과 정유재란을 평정하는데 공을 세운 오음 윤두수 선생은 왜병이 육신사당을 해코지한 사실을 시로 적고 있어 위의 전설은 전설이 아니라 사실로 여겨진다. 윤두수 선생의 시는 태고정 대청에 걸려 있다. 선생은 임진과 정유 양난이 끝난 뒤 체찰사 자격으로 직접 이곳 종택 사당에 참배한 일이 있었다. 그 때 왜병이 사당 기둥을 찍은 도끼자국과 불탄 흔적을 보고 감회를 시로 옮긴 것이다. 묘골 태고정을 찾을 일이 있으면 확인하기 바란다. 시를 소개하면 다음과 같다.

    난후인가백부존亂後人家百不存 난리에 인가는 백에 하나 남기 어려운데
    수간사우의산근數間祠宇倚山根 오직 육선생 사당만은 산기슭에 우뚝 서 있네
    신명자시창천우神明自是蒼天佑 육선생의 충절에 신명이 감동하여 하늘도 도와주시니
    노화하능신묘혼虜火何能燼廟魂 오랑캐의 불길이 어찌 혼령을 태우리까

  한편 왜병이 묘골을 비롯한 하빈에 쳐들어와 고을을 쑥대밭으로 만드는 바람에 박충후

의 두 딸이 왜병에 쫓겨 낙동강변 구봉산 바위 위에서 몸을 던져 순절하고 말았다. 당시 박충우의 큰딸은 유부녀로 인근 하산마을의 전의이씨 이종택에게 시집가서 살고 있는데, 작은딸이 언니 집에 놀러간 사이에 왜군들이 들이닥쳤다. 두 자매는 깜짝 놀라 함께 도망치다가 낙동강변 구봉산 절벽에 이르렀다. 더 이상 도망갈 길이 없어 높은 바위에 올라가 그대로 낙동강 물에 뛰어내리고 말았다. 이때 하늘에서 갑자기 벼락이 내리쳐 바위가 둘로 쪼개지니 그 바위를 '자매바위' 라고 부른다.

선조 31년인 1589년에는 명나라 사신 서관란, 진효, 정응태, 양조령 및 우리나라 접반사인 신점, 이호민, 윤국성, 백유함 등 높은 벼슬아치들이 종택을 찾아 육선생 사당을 참배하기도 하였다. 이에 종손 박충우는 화답하여 3일 동안 크게 잔치를 베풀었다고 한다. 당시 사신 서관란은 병사 수백 명에게 명령하여 묘골마을 뒤편 낙동강 늪지대에 깃대를 세우고 넓은 농경지를 개간하도록 하고 종가가 경영하도록 하였다. 지금도 그 들을 둑밭이라 부른다.

종택은 어디가고 태고정만 외로이...

태고정은 조선시대였던 1479년(성종 10) 박팽년의 손자인 박일산 선생이 99칸 집을 짓고 살 때 세운 정자 건물이다. 지금 있는 건물은 1592년(선조 25) 임진왜란 때 불타서 일부만 남았던 것을 1614년(광해군 6)에 다시 지은 것이다. 네모진 기단 위에 앞면 네 칸·옆면 두 칸 크기로 세웠다. 동쪽 두 칸은 대청마루이고, 서쪽 두 칸은 방으로 꾸몄다. 서쪽 방에는 아궁이만 설치한 것이 아니라 정자 건물에서는 보기 드물게 뒤쪽 구석에 자그마한 부엌을 꾸며 놓아 아기자기함을 더해 준다. 국가지정문화재 보물 제554호로 지정되어 있다.

태고정은 덤벙주초 위에 희미한 배흘림이 있는 두리기둥, 곧 배흘림기둥을 세우고 창방으로 기둥머리를 결구한 다음, 그 위에 굽 면이 비스듬히 끊기고 굽받침이 없는 주두를 얹고 기둥머리에서 끝이 날카로운 쇠서 하나를 앞으로 빼내 대들보머리를 받쳤다.

태고정 전경

　조선시대 전기의 건물에 보이는 건실한 초익공계의 구조이다. 대청의 앞면은 아래쪽에 궁판을 받친 나지막한 2층의 평난간을 두어 개방하였으며, 옆면과 뒷면은 널벽을 두른 뒤 칸마다 쌍여닫이 골판문을 달았다. 바닥에는 우물마루를 깔았고 천장은 서까래가 드러나는 연등천장이지만 서까래가 모여드는 오른쪽 눈썹천장은 우물반자로 마무리하였다.

　이 건물의 또 다른 묘미는 지붕에 있다. 지붕을 살펴보면 대청이 있는 동쪽은 팔작지붕이요 방과 부엌이 있는 서쪽은 맞배지붕에 부섭지붕을 달아내어 마감하였다. 그에 맞추어 팔작지붕 부분은 겹처마, 부섭지붕 쪽은 홑처마를 둘렀다. 이렇게 지붕 양쪽의 마무리가 팔작과 맞배로 된 대표적인 사례는 부석사 봉황루에서 볼 수 있고, 맞배지붕에 부섭지붕을 덧붙이는 방식은 가까운 영천·달성·경산 지방의 고건축에서 드물지 않게 사용하는 수법이다. 일반적인 틀을 벗어난 지붕구조로 미루어 애초에는 정면 3칸 측면 2칸이었던 건물이 어느 땐가 부섭지붕을 덧대면서 지금처럼 개조된 것으로 보기도 한다.

1 태고정 부섶지붕의 모습
2 태고정 측경 맞배지붕과 팔작지붕

　부섶지붕이란 서까래의 윗머리를 다른 벽에 고정시켜 퇴를 달아낸 지붕을 말한다. 태고정은 맞배지붕의 합각에 서까래의 윗머리를 고정시키고 지붕을 달아내었는데, 지붕 아래에는 방과 부엌을 꾸며 놓았다. 전체적으로는 단조로우면서도 뜯어보면 아기자기함을 엿보게 하는 건축 방법을 사용하였다.

　태고정은 오른쪽 옆면에서 보면 소박한 아름다움이 한껏 드러난다. 기둥과 널벽과 골판문은 비바람에 씻기고 세월에 바래 빛깔은 부드럽고 나뭇결이 그대로 드러난다. 일시루 현판 글씨가 뜻하듯 건물 역시 군더더기 없고 반듯하면서 우아함을 지니고 있다. 방문들은 대부분 창호지를 바른 띠살무늬가 아니라 문짝 넷이 잇따라 달린 넌출문을 사용하고 있는 것이 특이하다.

　집의 벽이 아름답다. 하얀 회벽에 어울린 나무 판문이 부드럽고 따뜻한 인상을 준다. 백골집의 멋이다. 흘러내리는 기둥과 창방, 인방 등 목재가 꾸밈없이 간결하여 보는 이의

1 현판 일시루와 태고정
2 태고정 옆 관리사, 단순 담백한 백골집의 멋이 돋보인다.

마음을 차분하게 만든다. 지붕을 쳐다보면 크게 원을 그리는 추녀선은 떠오를 듯 가뿐하면서도 점잖다.

정자에는 '太古亭(태고정)'과 '一是樓(일시루)'라는 편액이 나란히 걸려 있다. 태고정은 그 유명한 한석봉 선생이 쓴 글씨라고 전하며, 일시루는 조선 제일의 명필가인 안평대군이 쓴 글씨라 한다. 일시루가 안평대군의 글씨라는 증거는 현판에 대군의 호인 비해당匪懈堂이라는 관지가 있기 때문이다. 조선 초기 예림을 이끌던 송설체의 대가 안평대군의 글씨가 틀림없는데, 그는 이 집이 처음 지어진 해보다 훨씬 앞선 1453년 계유정난으로 사사되었으니 그대로 믿기는 어렵다. 전하는 말로는 안평대군이 쓴 이 편액을 임진왜란으로 나라가 어지러울 때 한 지관이 감추어두었다가 되돌려준 것이라고 한다. 일시루는 박팽년 선생의 굳은 지조를 표현하듯 항상 바르고 올곧게 살고자 하는 뜻이 담긴 현판이다.

태고정 아랫집, 청렴한 선비의 집 도곡재陶谷齋

태고정과 육신사를 뒤로 하고 마을 안 길을 내려오다 왼쪽 편에 도곡재라는 설명판이 세워진 집이 있다. 대구광역시 유형문화재 제 32호로 지정된 도곡재이다.

도곡재는 본디 1778년 조선 정조 2년에 성균관의 최고 벼슬인 대사성을 지낸 서정공 박문현의 살림집으로 지었다. 1800년대에 와서 도곡 박종우朴宗佑의 살림집 겸 재실로 사용되면서 그의 호를 따서 도곡재라 부르고 있다.

이 집은 조선시대 남부지방 양반 가옥의 실례를 잘 보여주며 안채, 사랑채, 대문채 등이 3개 권역으로 분리되어 일곽 안에 잘 보존되어 있다. 좌측으로 낸 대문채를 들어서면 남

도곡재 솟을대문

향하여 사랑채에 해당하는 도곡재가 자리하고, 사랑채 우측에 이어진 중문채를 들어서면 'ㄱ'자형의 안채와 우측의 고방채가 자리하여 튼 'ㅁ'자형의 배치를 이루고 있다.

도곡 박종우는 박팽년 선생의 후손으로 조선 중기의 문신이자 대학자이다. 선생은 대구지역의 유명한 유학자 서사원과 정구의 문하에서 수학하였다. 1636년 인조 14년에 병자호란이 발발하여 남한산성이 포위되었다는 소문을 듣고 싸움에 참여하려고 하였으나 90세 된 양친 때문에 뜻을 이루지 못하자 청군을 물리칠 열가지 대책을 경상도관찰사 심연에게 전하였다. 이듬해에 인조 임금이 항복하였다는 소문을 듣고 궁궐이 있는 북쪽을 보고 통곡하면서 평생 동안 지어 모은 글들을 태워버렸다고 한다. 요새 말하는 이른바 절필을 한 것이다. 이후 스스로 숭정처사라 칭하면서 세상에 나아가지 않았다고 한다. 달성 10현 중의 한 사람이다.

도곡재는 솟을대문을 가진 집이다. 가마나 말을 타고 출입할 수 있도록 좌우 행랑보다 높게 설치한 대문을 솟을대문이라고 부른다. 조선시대 양반관료들은 주로 가마나 말을 타고 다녔다. 특히 이 중에서도 종2품 이상이 타는 초헌軺軒은 외바퀴가 달린 수레형식의 가마로 보통 6~9인이 한 조를 이루어 움직였으며, 가마가 높고 바퀴가 달려있어서 솟을대문을 설치하였을 뿐만 아니라 바퀴가 통과할 수 있도록 문턱도 없앴다. 솟을대문은 대개 2짝 판문을 달았고, 문이 높기 때문에 문설주 머리를 좌우로 연결하는 문상방 위로는 공간이 남아 여기에는 홍살로 마감하고 편액을 다는 경우가 많았다.

도곡재 솟을대문은 문턱은 있지만 문상방 위 공간에 홍살문과 비슷하게 살창을 설치하였다. 살창을 가만히 살펴보면 가시가 달린 묶은 나무를 달아 놓았다. 엄나무 가지이다. 여기서 민속신앙을 볼 수 있다. 민간에서는 출입구에 엄나무를 매달아 놓으면 잡귀신이나 부정이 들어오지 못한다는 믿음이 있다. 엄나무에는 크고 예리한 가시가 달려 있으니 찔릴까 무서워서 잡귀와 부정이 집안으로 들어오지 못할 것이라는 일종의 모방주술과 같은 것이다. 안으로 들어가 솟을대문을 살펴보면 한쪽 행랑은 외양간을 설치하였다. 외양간 위에는 다락을 놓아 필요한 연장을 보관할 수 있도록 하였다. 다른 한쪽 행랑은 방을 설치하였다.

2~3평도 되지 않는 작은 방이다. 옛날 노비나 머슴들이 거처하던 방이다.

대문을 거쳐 집안을 보면 재실 도곡재 측면이 보인다. 지붕을 쳐다보니 일반 팔작지붕 추녀 끝에 다시 지붕을 덧대어 퇴를 빼내었다. 보통 집에서는 보기 드문 구조를 가지고 있다. 물어보니 원래는 정면 5칸, 측면 1칸 반 규모의 일반 가정의 사랑채 형태였다고 한다. 나중에 재실로 사용하면서 왼쪽에 툇간 1칸을 달아내고 대청을 넓혀 다락집처럼 꾸몄다. 재미있는 것은 툇간 1칸을 달아내면서 툇마루 끝에서 한 칸의 기둥 간격을 맞추기 위하여 마루 끝을 접어 기존의 건물 규모를 조정한 점이다. 우리 한옥의 증축기술의 묘미를 잘 보여주고 있다.

도곡재를 지나 정면으로 향하면 연접한 행랑채 사이에 안채로 들어가는 중문이 나온

솟을대문 문상방에 달아 놓은 엄나무가시

1 도곡재 전경
2 도곡재 측면 누마루 부분

1	2
3	

1 도곡재 안채 좌측 부섭지붕
2 도곡재 안채 우측 부섭지붕
3 초가를 인 도곡재 광채

다. 안채는 'ㄱ'자 형태에 가운데를 대청마루로 하고 동쪽에 건넌방을, 부엌이 있는 서편에 안방을 만들어 놓았다. 부엌으로 들어가는 입구가 특이한데 부엌문이 아닌 안채의 남쪽 벽을 없애고 부섭지붕을 달아 초가를 이었다. 일종의 퇴를 빼내어 공간을 확대하는 한옥건축 기술이다. 기와지붕 끝에 초가지붕이 매달려 있는 모습이 더욱 운치를 더한다. 동쪽 측면 지붕에도 기와로 된 부섭지붕을 달고 그 아래에 다락, 다락방 아래에는 아궁이를 설치하였다. 도곡재 안채는 태고정의 건축 수법을 흉내내려고 노력한 건물이다.

　도곡재는 전체적으로 보았을 때 전통 한옥에서 사랑채나 안채의 외형 등을 집 주인의 필요에 따라서 융통성 있게 변형시켜 사용하는 사례를 보여 주는 주목할만한 건물로서 가치 높은 문화유산이라 할 수 있다. 태고정과 더불어 우리네 한옥은 퇴를 빼고 칸을 달아내어 변화를 주어도 또 다른 아름다움을 안겨주는 미완성의 건축이라는 사실을 새삼 일깨워주고 있다.

묘골 양반들은 가양주 삼해주와 송순주를 즐겼다

삼해주三亥酒와 송순주松筍酒는 기구한 운명으로 태어나 하늘의 도움으로 대를 이어 온 박팽년 선생의 후손들에게 전해 오는 가양주이다. 가양주란 집에서 빚는 술을 말한다. 우연인지 모르지만 충정공 박팽년 선생과 술은 잘 어울리는 감성이 있다. 선생의 호가 취금헌이니 "술과 가야금을 좋아하여 술에 취하고 가야금에 취하였다."는 뜻이다. 이러한 가문에서 이와 같은 명주가 전해 오는 것 또한 당연한 일이 아닐까.

삼해주는 떡을 쪄서 솥 밑에 가루 누룩을 넣고 소주를 조금 첨가한다. 정월 첫 해일이 되면 여기에 소나무 새순을 조금 넣어 발효하였다가 다음 달 2월 해일에 먹는다고 한다. 삼해주라는 이름은 술이 익는데 3해일(12×3) 즉, 36일이 걸리므로 붙여진 이름이다.

송순주 또한 삼해주와 비슷한데 송순松筍이 많이 나는 3월 초에 송순을 쪄서 가루를 만들고, 여기에 떡을 바탕으로 소주를 조금 첨가한다. 가루 누룩을 삼해주보다는 두 배 가량 넣어서 달포나 두 달쯤 지난 후에 술을 빚어 마신다.

묘골박씨들은 예전에 설과 추석 등 명절에는 반드시 송순주와 삼해주를 담았다. 평소에도 귀한 손님을 접대하기 위해 향기로움이 은은히 풍기는 삼해주와 송순주를 마련해 두었지만 요즈음은 시판하는 술이 흔하니 옛 술들은 점점 사라져 가고 있다.

묘골의 새끼마을 파회

묘리에서 왜관으로 넘어가는 고개에 못미처 도로변에 파회(바위, 바휘, 물굽이) 마을이 있다. 파회는 언덕이 물굽이 치듯 둘렀다고 언덕 파坡를 붙여 지어진 이름이다. 마을의 지형지세를 살펴 지은 이름이다.

마을은 칠곡군과 달성군의 경계지점 쯤이다. 묘골마을과는 낮은 산 하나를 경계로 하고 있다. 행정적으로는 육신사가 있는 묘골의 한 자연촌락이다. 이 마을은 박팽년의 11대손으로 벼슬이 이조참판에 이른 박성수가 1769년(영조 45)에 묘골에서 이곳으로 분가하여 살림집을 지으면서 생겼다.

해방전후만 하더라도 20여 가구가 옹기종기 모여 사는 작은 마을이었다. 지금은 4-5가구만 남아 마을 구실을 제대로 하지 못하고 있다. 20년 전쯤 '동곤'이라는 호를 가진 도예가가 이 마을에 살고 있었다. '동곤요'라 이름 붙인 도자기 가마를 운영하고 있어서 가끔 찾아 차를 얻어 마신 적이 있다. 선물로 찻잔과 찻사발을 주어서 지금도 보관하고 있다. 소박한 토담집에 사는 동곤 선생은 자신이 만든 투박한 찻잔에 손수 만든 차를 건네주곤 하였다. 가마에 불을 넣을 때면 골짜기에 하얀 연기가 땅바닥에 가라앉아 마을을 두둥실 하늘로

파회마을 전경

떠어 올리는 듯하여 달리던 차를 세운 적이 한 두 번이 아니었다. 나중에 어느 사찰로 들어가 작품활동을 하려한다는 말만 남기고 떠난 동곤요 자리에는 아직도 도자기 파편들이 이리저리 뒹굴고 있다.

조선시대 가족생활을 담은 삼가헌의 배치원리를 더듬어 보다 ...

파회마을 하면 역시 삼가헌과 하엽정이다. 이 집의 공식명칭은 '묘동 박황가옥'이다. 규모가 커서 삼가헌의 건평이 45평이고 하엽정은 약 15평이다. 전체 대지의 넓이가 1,951평이나 된다. 중요민속자료 제104호로 지정된 조선시대 후기의 대표적인 상류주택이다. 파회마을에서 최초로 생긴 집으로 중심축을 이룬다.

이 집들은 도로변에서도 잘 보인다. 도로변에서 30m 정도 마을 안길을 들어서면 삼가헌과 하엽정이 오래된 참나무와 탱자나무에 둘러싸여 있다. 네 가지로 자란 탱자나무는 높이가 4m나 되어 관상수로서는 보기 드물게 큰 키를 자랑하고 있다. 탱자나무는 중국이 원산지이다. 우리나라에서도 경기도 일부 지역과 충청, 전라, 경상도 지방에서 담장 대신에 탱자나무를 즐겨 심었다. 그 열매는 지실이라 하여 한방의 약재로 쓰이기도 한다.

아름드리 참나무는 하엽정 옆 나지막한 언덕에 서 있다. 하엽정 연꽃을 내려다보는 참나무들은 키가 20m나 족히 되어 보인다. 삼가헌과 하엽정의 주변 경관을 보면 집안에 아기

삼가헌 정면

삼가헌 행랑채

삼가헌 사랑채

자기한 정원을 꾸미지 않는 대신 담 밖의 자연경관을 정원으로 삼은 전통조경의 한 수를 보는 것 같다.

삼가헌은 박팽년의 11대손으로 벼슬이 이조참판에 이른 박성수가 1769년(영조 45) 지금의 정침터에 살림집을 짓고 자신의 호를 따라 '삼가헌'이라 명명한 데서 비롯되었다. 처음에는 초가로 지었으나 박성수의 아들인 박광석이 1826년(순조 26)에 초가를 헐고 안채와 사랑채를 지었다.

사랑채 안에 걸린 「삼가헌기三可軒記」에서 이 집의 이름 삼가헌의 뜻을 알 수 있다. '삼가三可'란 중용 제3장에서 나온 말로서 '천하와 국가를 바르게 할 수 있고, 벼슬과 녹봉을 사양할 수 있으며, 날카로운 칼날을 밟을 수 있다'는 뜻으로 선비의 기상을 담고 있다.

하엽정荷葉亭은 별당이다. 박광석의 손자 박규현이 파산서당巴山書堂으로 사용하던 건물에 누마루를 달고 연못을 만든 것을 1874년 현재의 모습으로 건축하였다.

삼가헌과 하엽정은 단번에 지은 집이 아니다. 무려 100년이라는 긴 세월에 걸쳐 오늘의 모습을 갖추었다. 초가 살림집을 지은 지 40년 후에 현재의 별당자리에 연못을 파서 정원을 꾸미고 서당을 지으니, 그 이름을 파산서당이라고 하였다. 그로부터 13년 후인 1826년에 초가였던 삼가헌을 현재의 사랑채로 고쳐 짓고, 이후 43년이 지난 1869년에 와서야 지금의 안채를 완성하였다. 그 후 1874년에 파산서당 건물을 개축하여 현재의 별당채인 하엽정을 마련하였다. 하엽정은 박성수의 증손자인 박규현의 호이다. 100년을 거쳐 완성된 삼가헌은 넓은 터에 대문채, 사랑채, 중문채, 안채, 별당채, 연못을 갖추고 있다. 부속 건물로 2채의 화장실과 도장간도 있다.

대문은 4칸 규모의 행랑채에 달려 있다. 평대문이다. 밖에서 보면 왼쪽에서 3칸째에 대문을 달았다. 중인방 위까지 냇돌을 섞은 두툼한 회반죽 담을 쌓았다. 회반죽을 한 켜 쌓고 냇돌을 올려 벽을 완성하여 대단히 정갈해 보이는 담이다. 대문을 들어서서 행랑채를 보면 오른쪽 2칸은 곡식을 넣어 두는 곳간이다. 왼쪽 1칸은 청지기가 거처하는 방이다. 안에서 행랑채를 보면 밖에서 보는 두툼한 회반죽 담을 쌓은 이유를 추측케 한다. 혹시 도둑이 벽

미수 허목 선생이 쓴 편액

을 헐지 못하도록 한 것이 아닐까?

　사랑채는 대문을 들어서면 가장 먼저 보이는 ㄴ자 모양의 건물이다. 삼가헌이라는 당호가 걸려 있다. 대문채를 들어서면 눈앞에 바로 모습을 들어 낼 정도로 외부로부터 개방되어 있다. 4칸잽이 넓은 사랑대청은 속살을 다 들어내고 있으며, 2칸의 온돌방은 #자형 불발기 분합문을 달아, 문만 열면 속이 훤히 들여다보인다. 온돌방 앞에는 툇마루를 두었다. 다만 사랑대청 안쪽에 있는 1칸의 마루방과 그 뒤에 있는 1칸의 온돌방은 안채와의 연결공간이기 때문에 안채 쪽으로 내밀하게 숨어 있다. 여기에는 책을 보관하거나 필요에 따라 상청을 차리는 곳이기도 하다. 이 연결 부분에 조선시대 명필가 미수 허목이 쓴 예의염치禮義廉恥·효제충신孝悌忠信이라는 글이 걸려 있어 집의 위용을 더해준다.

　예의염치禮義廉恥·효제충신孝悌忠信은 예의와 의리, 청렴과 부끄러움을 알아야 하며, 부모님께 효도하고 형제 간에 우애 있고 나라에 충성하며 친구와 이웃에 신망을 쌓으라는 뜻

1 **삼가헌 중문채** 초가로 된 중문채는 와가와 앙상블을 이룬다.
2 중문채에서 바라본 안채
3 안채에서 바라본 사랑채 뒷모습
4 안채 대청마루에서 바라본 하늘

이다. 특히 예의염치를 사유라고 한다. 옛 선인들은 사유 중에 하나가 없으면 나라가 기울게 되고, 둘이 없으면 나라가 위태롭게 되며, 셋이 없으면 나라가 뒤집어지고 모두 없으면 그 나라는 파멸을 면하지 못한다고 하였다. 예의염치는 나라를 존재케 하는 가장 중요한 기본 덕목이라는 뜻이다.

　우리가 흔히 쓰는 염치란 청렴하고 수치를 아는 마음을 뜻한다. 염치와 반대되는 뜻으로 잘못을 범하고도 도무지 부끄러움을 느끼지 못하는 짓을 파렴치라고 하지 않는가.

　사유인 예의염치에 효제충신을 합쳐서 여덟 가지 덕이라고 하는데, 앞서 말한 사유가 나라를 다스리는 데 지켜야 할 네 가지 기본 덕목이라면, 팔덕은 인간관계에서 반드시 지켜야 할 기본 덕목이다. 중국에서는 예로부터 이 팔덕을 망각한 자를 망팔忘八이라 하여 인간 취급을 하지 않았다. 다시 말하여 성품이 막돼 먹어서 예의와 염치를 모르며 일정한 직업없이 불량한 짓을 하며 돌아다니는 사람을 망팔 또는 무뢰한이라 하였던 것이다.

　사랑채는 사랑을 출입하는 외부인에게 집의 품위와 위용을 자랑하고자 대청 전면에는 두리기둥을 세웠다. 대청 천정을 올려다보면 기둥과 퇴보가 결구되는 부분에 사다리꼴의 보아지가 받혀지고 퇴보는 쇠꼬리모양으로 곡선을 주어 아름다움을 추구하고 있다.

　사랑채의 오른쪽에 사랑채의 측면 벽채와 연이어 안채로 출입하는 중문채가 있다. 중문채는 측면 1칸에 정면 2칸 규모의 초가이다. 1칸은 안채로 들어가는 전실 봉당이고 다른 1칸은 옛날 디딜방앗간이다. 중문을 들어서서 180도 회전해야 안채가 보인다. 나름대로 위용을 갖춘 기와집 사랑채 옆에 안채로 들어가는 초가지붕의 중문채는 상류주택인 삼가헌 주인의 소박한 정서가 담겨 있는 듯하다. 어울리지 않을 것이라는 생각을 일거에 떨쳐버리게 하는 멋진 앙상블이 현실로 보인다.

　중문채를 들어서 목을 빼고 꺾어 돌면 ㄷ자 모양의 안채가 사랑채의 뒷모습을 쳐다보고 서 있다. 안채는 대문을 들어서도 보이지 않을 정도로 은폐시켜 놓았다. 중문을 들어서도 ㄷ자형 안채의 날개채 측벽만 눈앞을 가릴 뿐 안방은 보이지 않는다. 몇 발자국 더 걷다가 왼쪽으로 돌면 드디어 안방과 대청이 눈에 들어온다.

　안채는 'ㄷ'자형으로, 정면 6칸 측면 2칸 규모의 집으로 2009년 4월 화재로 소실되었던 것을 근래 다시 지었다. 두 칸의 안방과 두 칸의 대청마루를 가운데 두고 우측으로 부엌을 두었는데, 이 부엌의 상부에는 다락을 두어 이곳에 주로 건어물을 비롯한 먹거리를 보관한다.

안채 대청마루에 앉아 사방을 둘러보면 정면으로 환기창만 뚫린 사랑채 뒷벽이 눈앞을 가리고, 양 옆에는 날개채가 막혀 있다. 여성들의 활동을 안채에 한정시키기 위해 안마당 주위에는 온통 여성들의 역할공간을 배치시켜 놓았다. 부엌은 아예 안채의 날개채에 붙여 놓았고, 그 뒤쪽에 온갖 부엌살림을 저장하는 도장채를 세웠다. 도장채 옆 내밀한 곳에는 여자들만 사용하는 화장실이 있다. 남자화장실은 사랑채 앞에 있다. 방앗간조차도 중문채에 만들어 여성들의 동선을 안채에 한정시켜 놓았다. 안채는 온통 여성들만의 생활영역이다. 하지만 얼마나 답답했을까?

안채와 사랑채 좌측 부분에는 우물과 큰 곳간이 있는데, 곳간은 대개 안주인이 관리하는 곳으로 벽체는 돌과 흙으로 쌓았으며, 아래쪽이 위쪽보다 두껍게 되어 있어 안정감을 주고 있다. 이 곳간은 삼면이 막혀 있고 전면에만 출입을 위한 판장문이 있으며, 위쪽 좌우에 각 한 곳씩, 가운데 두 곳에 조그마한 봉창을 뚫어 자연스러운 통풍을 배려하였다. 벽체 두께가 2자(60㎝정도)라고 하는데 벽체를 두껍게 한 것은 단열을 위해서이다. 이런 구조는 인접한 성주 한개 마을의 곳간과 비슷하여 이 지역의 특징이라 할 수 있다.

삼가헌의 건물 배치와 평면구성에는 나름의 이유가 있다. 여건이 주어지는 한 가족의 '편리한 삶'을 위한 배려가 반영되어 있다. 그래서 흔히 집을 그릇에 비유한다. 그릇은 담는 것이 기능이라면 집은 우리네 가족의 삶을 담는 것이 본질적 기능이다.

삼가헌은 남자들의 공간과 여자들의 공간을 철저하게 구분시켜 놓고 있다. 가족생활에서조차 남녀유별의 규율을 반영하기 위해서다. 여자들이 거처하는 안채와 남자들이 거처하는 사랑채가 실제로는 서로 붙어 있지만 심리적, 물리적으로는 철저히 격리되어 있다. 사랑채는 외부로부터 개방되어 있는 데 반해 안채는 외부로부터 차폐되어 있다.

4계절 철철이 새 옷 갈아입는 하엽정

하엽정은 별당답게 살림집 서편 담장 울타리를 사이에 두고 따로 남향하고 있다. 사랑마당 왼편에 하엽정으로 출입할 수 있는 일곽문이 하나 있고, 안채에서도 하나의 문이 있다. 안채 및 사랑채와는 담을 사이에 두고 떨어져 있어 사랑채보다 더욱 개방적이다.

하엽정은 원래 파산서당이라는 이름의 서당으로 4칸 규모의 一자형 건물이었다. 지금도 파산서당이라는 현판이 하엽정이라는 현판과 같이 걸려 있다. 1874년에 현재의 누마루를 증축하여 ㄱ자 모양의 정자로 개축하고 하엽정이라 이름 붙였다. 정자 주변에는 국화를 심고 정자 앞에는 방지원도형 연못을 만들고 연꽃을 심었다. 연못은 삼가헌 안채를 지을 때 흙이 필요하여 파낸 구덩이를 손질하여 만들었다고 한다.

앞으로 쑥 빠져 나온 하엽정 누마루에서 아래를 보면 네모진 연못方池이 내려다보인다. 연못 가운데에는 둥근 돌섬圓島을 앉혔다. 예전에는 둥근 돌섬까지 외나무다리가 있었다. 누마루 정면으로는 나지막한 산야가 펼쳐진다. 봄부터 수련이 올라와 푸르름을 더해 주고 여름부터는 연꽃이, 가을에는 국화꽃이 만발하여 별당의 운치를 더해 준다. 겨울에는 하얀

하엽정 전경

1 하엽정 방지
2 하엽정 방지안 둥근 섬

눈이 대지를 덮는다. 4계절 다른 옷을 갈아 입는 집이 하엽정이다.

방지원도형 연못은 우리나라 전통조경 수법이다. 네모난 못은 땅을, 둥근 섬은 하늘을 상징하는 것으로 하늘은 둥글고 땅은 모나다는 동양의 우주관이 반영된 것이다. 하늘과 땅의 조화로 만물이 창조되듯 모든 것이 번창하기를 기원하는 의미를 담고 있는 조경수법이다. 경우에 따라서는 연못 가운데 섬을 봉래산이라 하여 도가적으로 설명하기도 한다.

불가가 아니더라도 유가에서도 연못에 연을 심는 일은 흔한 일이었다. 중국의 주돈이는 그의 애련설愛蓮說에서 연을 이렇게 상찬하였다.

"내 이르노니 국화는 꽃 가운데 은일자요 모란은 꽃 가운데 부귀자요 연꽃은 꽃 가운데 군자로다. 아, 국화를 사랑한다는 말을 도연명 이후로는 듣기가 어려우니 나와 더불어 연꽃을 사랑할 사람이 뉘 있을까. 모란을 사랑하는 사람은 당연히 많으리라."

불가에서는 연꽃을 만다라화라 하여 아주 귀한 식물로 취급하면서 다음과 노래하였다.

"진흙 속에서 살지만 더러움에 물들지 아니하였고, 맑은 물에 씻어도 요염하지 않고, 속이 통하고 줄기가 곧아 화통하지만 소신이 뚜렷하며, 덩굴져 있어도 엉킴이 없고, 가지가 없어 의견이 나누어짐이 없다. 향기는 멀수록 많아 연은 꽃 가운데 으뜸이다."

알고 보면 전통주택의 문화적 질서가 알차게 담긴 곳이 삼가헌과 하엽정이다. 이 집은 우리 고장 상류주택이면서 예술적 품격까지 갖추고 있는 보기드문 문화유산이다. 그런데도 육신사에 와서도 그냥 지나치는 사람들이 많다. 짬이 나면 계절마다 찾아보라. 고택이 자연경관과 어우러져 '계절옷'을 갈아 입는 집이다.

육신사 육선생을 배향하는 낙빈서원에 오르다

삼가헌 북쪽 산기슭에는 낙빈서원이 있다. 묘골에서는 서북쪽 산기슭이다. 당초 묘골에서는 박팽년 선생을 봉안하기 위해 절의묘를 세우고 제사를 지내다가 나중에 육선생 모두를 제사지내는 하빈사河濱祠를 세웠다. 그 후 1691년(숙종 17)에 지역 유림들이 뜻을 모아 사육신을 위한 별묘와 강당을 건립하면서 낙빈서원을 세웠다. 1694년에는 사액서원이 되었

낙빈서원 전경

다. 1866년(고종 3) 훼철되었다가 1924년 문중에서 다시 현재의 건물을 세웠는데, 원래의 위치는 현재보다 아래쪽의 논들 부근으로 추정된다. 따라서 위치도 다르고 별묘도 못 세운 재실 형식의 간단한 건물이 되었다.

평면은 전툇간을 둔 정면 4칸, 측면 1칸 반 규모로, 중앙의 2칸 우물마루를 중심으로 양측에 온돌방을 둔 중당협실형中堂挾室形이다. 가운데 마루 2칸의 칸살을 좌우 온돌방보다 작게 잡았으며 좌우 온돌방과 마루 사이는 4분합 들어열개문을 달았다. 온돌방 뒤편에 벽장을 만들고, 전면 출입문 위에 환기창을 둔 것이 이색적이다. 자연석으로 기단을 낮게 조성한 후 정면 기둥만 원기둥을 사용하였고, 상부 구조는 5량 구조에 홑처마 팔작지붕을 얹었다.

연엽주가 유명한 파회마을

　삼가헌에는 오래 묵은 민속자료가 많지만 큰 술독이 유난히 많다. 어떤 것은 8대째 보존되어 내려온 것이라 전한다. 이 집을 지키는 후손은 어릴 때 보았던 술독을 추억하곤 한단다. 술독 옆으로 지나가면 키보다 큰 술독 안에서 이상한 소리가 나서 호기심에 나무등걸을 받치고 술독을 기어오르곤 했단다. 술이 익는 소리에 혼이 나가 술독에 빠져 본의 아니게 술을 많이 마시기도 하였단다. 당시에는 매실이나 연잎을 넣은 술을 많이 빚었다고 한다.

　연엽주는 담는 방법이 특이하다. 연잎이 가장 싱싱하고 건강할 때 잎을 따서 누룩과 고두밥을 알맞게 물로 비벼서 연잎에 싼다. 가는 새끼를 꼬아 연잎의 끝을 묶어 햇빛이 들지 않는 처마 밑에 주렁주렁 달아 놓는다. 약 3일 정도 지나면 술이 익기 시작한다. 술을 짜서 먹지만 술꾼들은 재미로 연잎 안으로 빨대를 꽂아 빨아먹기도 하였다.

달성
마을
이야기

하빈
전의이씨들의
마을

하빈 전의이씨들의 마을

달성군에 있는 전의이씨들의 마을들

전의이씨들이 영남지역 최초로 들어 온 마을은 달성군 하빈면 하산리이다. 이곳에 살던 전의이씨 자손들이 이웃에 분가하여 새로 씨족마을을 이룬 곳이 하빈면 동곡리와 기곡리, 다사읍 부곡리, 고령군 다산면 상곡리 등이다. 모촌에서 멀리 가지 못하고 낙동강 좌·우안에 벌족으로 세거하였다. 이들 마을에는 지금도 전의 이씨들이 씨족을 이루어 오순도순 살아가고 있다.

전의이씨 시조는 고려 개국공신 중의 한 사람인 이도라는 인물이다. 그의 본디 이름은 도가 아니라 치이다. 이치는 지금의 금강 유역에서 주름잡던 호족이었다. 금강 유역은 고려와 백제가 자주 충돌하던 군사적 접경지역 이었다.

고려 태조가 백제를 정복하기위해 군사를 일으켰을 때 금강 물이 범람하여 강을 건너지 못하고 허송세월을 보내고 있었다. 이 때 지역 호족이었던 이치는 향후 고려국이 삼국을 통일할 것을 예견하고 고려 태조를 돕기로 하고 귀의한다. 그는 고려 군사들이 금강을 건너도록 돕는 등 백제정벌에 큰 도움을 주었다. 그 후 고려 태조는 이치에게 도라는 이름과 함

달성군 전의이씨 마을 분포도

께 높은 벼슬을 하사하였다. 이도에게 내려진 벼슬은 응양군대장군, 삼중태광태사, 통합삼한개국익찬 2등공신, 산산후 등 고려시대 고위직을 두루 하사하였다.

    이도는 금강 유역 공주에서 전의 이성으로 근거지를 옮겨 세거지로 삼으니 전의라는 본관명이 여기서 연유된 것이다. 전의는 지금의 충청남도 연기군 전의면으로 세종특별자치시 전의면이다.

    전의이씨들은 훌륭한 인물을 많이 배출하였다. 전의이씨 중시조 이천 또한 훌륭한 인물이다. 그는 몽골이 고려를 침입하였을 때 수군을 이끌고 전투를 벌여 공을 세운 사실이 고려사에 기록되어 있다. 그 공으로 이천은 응양군대장군 지예부사 중서시중 문하평장사라는 벼슬을 지냈다. 우리 기술로 진수한 해군 잠수함 제1호 이천함의 이름이 전의이씨 중

하산리 전경(다음지도 참조)

하빈 전의이씨들의 마을

시조 이천의 이름을 따온 것이다.

　　이천은 슬하에 이자원과 이혼, 이지화 3형제를 두었다. 이 3형제가 파시조가 되어 그 아래에 많은 지파가 생겨났다. 대구지역 전의이씨는 이천의 막내아들 이지화에서 갈라진 파로서 파이름을 예산공파라고 한다. 예산공파의 파시조는 이필이다. 대구지역에 들어온 최초의 사람이기도 하다.

전의이씨가 대구에 들어온 사연

전의이씨 대구지역 입향조는 이필이다. 이필은 낙동강변인 달성 하빈 하산리에 낙향한 것으로 전해진다. 그는 전의이씨 15대손으로 1511년에 서울에서 태어나 예산현감을 역임한 인물이다. 대구에 연고가 없는 이필이 어떻게 대구에 낙향한 것일까?

　　대구 입향과 관련된 구체적인 이유는 알려진 바 없다. 그가 대구에 입향한 시기는 조선 중기 명종 임금 때 경기도 부평, 지금의 인천광역시 부평구에서 대구로 내려 온 것으로 짐작된다. 이필이 한창 활동할 무렵이 4대사화로 세상이 시끌시끌할 때이다. 당시는 선비들이 벼슬을 버리고 연고지에 낙향하여 은둔하는 일이 빈번하였다. 이필 역시 광풍의 세월에 염증을 느끼고 풍광 좋은 경상도 달성 하빈 낙동강 가에 낙향한 것이 아닐까 짐작만 할 뿐이다.

　　전의이씨는 이필의 아들 이경두와 손자 낙포 이종문, 이종택에 이르러 향촌사회에 널리 알려지기 시작하였다. 증손대에 와서는 향촌사회를 넘어 영남일대의 명문으로 자리매김한다. 이필의 증손자는 수월당 이지영과 다포 이지화, 부용당 이지발, 임하처사 이지시 등 4명이다. 이지영과 이지화는 문과에 급제하여 벼슬을 한 인물이다.

　　이필의 증손자들은 지금의 하빈면 하산리에서 인근지역으로 분가하여 새로운 세거지를 마련하게 된다. 그 분포가 낙동강 연안이다. 장남 이지영의 후손들은 대구 최초 입향지인 하빈 하산을 중심으로 동곡과 기곡 등에 분가하여 세거지를 마련하였다. 차남 이지화의 자손들은 하산에서 볼 때 강 건너인 고령군 다산 상곡에 분가하여 씨족마을을 개척하였고, 이지발과 이지시의 자손들은 달성군 다사 부곡리에 새 터전을 마련하였다.

대구에 낙향한 이필의 후손들은 대구지역에서 많은 족적을 남겼다. 특히 낙동강 연안에 아름다운 정자 하목정을 남겼고, 금호강가에 부강정을 경영하여 대구 사림들이 강안 문화를 꽃피우게 하는 역할을 하였다. 하빈 기곡리에 선영을 조성하고 재실 이유재를 지어 전의이씨들의 뿌리를 심어 놓았다.

하목정이 있는 하산마을

예산공파 파시조인 이필 선생 이후 토박이 사족들이 여론을 주도하던 대구에서 처음으로 두각을 나타낸 전의이씨는 낙포 이종문李宗文이다. 낙포는 임진왜란 당시 망우당 휘하에서 화왕산성을 지킨 아버지 이경두와 어머니 파평윤씨 사이에서 1566년(명종 21)에 태어났다. 1588년(선조 21) 생원이 되고, 임진왜란 때 대구의 유학자 서사원, 손처눌, 이주 등과 팔공산에

형제암 절벽
끝자락에 하목정이 앉아 있다.

1 하목정 전경
2 하목정의 丁자형 평면구성
3 하목정 방구맥이 처마

서 창의하여 하빈 서면대장으로 활동하여 원종공신이 되었다. 이후 벼슬길에 나아가 사헌부 감찰에 올랐으며, 외직으로 1610년(광해군 2) 삼가현감, 1612년(광해군 4) 비안현감, 1620년(광해군 12) 양성현감, 이듬해 군위현감을 지냈다.

임진왜란이 평정된 후에 낙포는 벼슬을 그만두고 하빈면 하산에 지금의 하목정을 포함한 살림집을 짓고 강산의 풍경에 묻혀 말년을 보냈다.

하산리는 전의이씨 세거 집성촌이지만 하목정과 이익필 장군 불천위 사당이외에는 옛 흔적이 없다. 도시화 바람 탓이기도 하지만 6.25한국 전쟁때 많은 문물이 훼손되었기 때문이다. 그러나 아직도 30여 가구의 전의이씨들이 씨족마을을 지키고 있다.

하산마을에서 전의이씨 씨족 세거지를 상징하는 문물은 하목정과 이익필 장군 불천위 사당이다. 하목정은 조선 선조 37년인 1604년에 살림집의 사랑채로 지었다. 대구광역시 유

형문화재 제36호로 대구시 달성군 하빈면과 성주군 선남면의 경계를 이루며 흐르는 낙동 강변에 자리잡고 있다.

　낙동강이 북에서 남으로 흐르다가 동으로 틀어 흐르고 2km나 되는 형제암 석벽이 병풍처럼 뻗쳐 있는 명승지를 골라 하목정을 지었다. 하목정 주변은 옛날부터 하산 유원지로 알려진 곳이다. 예전에는 하목정 바로 아래에 십리명사名沙가 펼쳐지고 그 너머 멀리에는 가야산과 비슬산이 푸른 그림자를 이루며 둘러싸여 있었다. 해질녘에는 저녁노을이 낀 명사십리에 창공을 나는 철새들의 모습이 장관을 이루었던 곳이 하목정이다.

　지금은 도시화 바람에 정자 바로 앞까지 러브호텔과 국적 없는 카페들이 무질서하게 들어차 있다. 굽이쳐 느릿느릿 흐르던 낙동강도 제방을 쌓아 강폭이 줄어드는 바람에 풍치 좋았던 모래사장도 사라진 지 오래다. 옛 모래사장은 참외밭 비닐하우스로 뒤덮여 깜깜한

밤이면 그 옛적의 낙동강으로 착각하게도 한다. 그래서 마음 설레기도 하지만 사실을 알고 나면 왠지 씁쓸한 기분이 남는다.

하목정은 본래 살림집의 사랑채 겸으로 지은 건물이다. 정자 이외에도 안채와 사당, 행랑채, 중사랑채, 도장채 등으로 구성되어 있었다. 지금은 하목정과 안채, 사당만 남아 있다. 안채도 본래는 대청만 여섯 칸이요 합해서 열한 칸이나 되는 큰 집었으나 허물어져서 최근 규모를 줄여 신축하였다. 겉보기에는 말끔하니 보기 좋으나 정자의 규모에 비해 작아 왠지 조화롭지 않아 보인다.

하목정은 다른 정자와 비교할 때 공간 구성이 특이하다. 누와 방이 앞뒤로 덧달려 전체적으로 곰배정자T자 모양의 평면을 이루며, 여섯 칸짜리 넓은 누마루 대청 앞이 개방되어 시원한 느낌을 준다. 누마루 뒤쪽인 정T자의 날개 쪽에는 세 개의 온돌방과 한 개의 마루방이 나란히 붙어 있는데, 두 개의 가운데 방에는 퇴를 빼 내어 2단짜리 벽장을 설치하였다. 원래는 대청과 방 사이에 4분합문이 설치되어 있었으나 현재는 한쪽만 남고 뒷방에는 문짝 겉에 덧다는 미닫이 덧문만 남아 있다.

하목정에서 눈여겨봐야 할 건축적 진수는 처마와 부연이다. 일반적으로 처마 곡선은 안으로 오목하게 곡선을 이루지만 이 집의 경우 그 반대로 밖으로 약간 볼록한 느낌이 들도록 곡선을 주었다. 그래서 처마 곡선이 마치 부채 모양의 선을 닮은 꼴이다. 이런 지붕 처마를 소위 방구매기처마라고 하는데, 경북 청도에 있는 선암서당과 더불어 우리나라 건축물에서는 쉽게 찾아볼 수 없는 희귀한 처마 양식이다.

방구매기처마는 처마에 안 허리 곡선을 주는 대신, 반대로 추녀를 짧게 하여 둥근 처마를 이루는 기술을 말한다. 처마 아래에서 모서리 쪽으로 눈길을 돌리면 금방 펼친듯한 부채살 하나가 허공에 떠있는 것처럼 착각하게 한다. 위용을 자랑하며 하늘로 치솟는 여느 처마와는 다르다는 점을 금방 느낄 수 있다.

하목정은 다른 정자가 달지 못한 부연을 달고 있어 또한 차별화된다. 원래 조선시대에는 사대부가 짓는 정자라도 부연을 달지 못하도록 금지되어 있었다. 그러나 하목정에는 지붕 서까래 끝에 부연이라 하여 네모진 짧은 서까래를 설치하였다. 부연은 처마를 위로 들리게 하여 날아갈듯한 곡선을 이루게 하는 구실을 하는 것으로 삼국시대 이래 고급 건축에만 사용하던 건축기법이다.

  이 집이 부연을 단 데는 뜻깊은 사연이 있다. 조선시대 인조 임금이 왕손이던 능양군 시절에 이곳 하목정을 지나다가 경치가 너무 아름다워 하룻밤 유숙한 일이 있었다. 훗날 임금의 자리에 오른 후에 이 정자를 지은 낙포 이종문 선생의 맏아들 이지영이 임금에게 강론하던 벼슬자리인 경연관으로 입시하였다. 임금이 옛 일을 잊지 않고 "너의 집 하목정은 강산 경치가 좋은데 부연을 달지않은 까닭이 무엇이냐?" 물으셨다. 이지영이 대답하기를 "일반 평민의 집에는 감히 부연을 달수가 없습니다." 하였다. 그러자 임금이 "정자는 사가와 다르니 개축하여 부연을 다는 것이 옳다."라고 하명하면서 내탕전(임금이 사사로이 쓰는 돈) 200냥을 하사하였다. 이에 이지영이 또 상계하여 이르기를 "하명을 하시니 부연을 달고 뒤로는

인조임금의 친필 하목정 현판

자물쇠를 달아 출입을 금하고 감히 사사로이 사용하지 않겠습니다."하니, 임금이 "그 거처는 폐지하지 말고 내가 유숙한 표적을 그냥 남기면 되지 않겠느냐?"라고 지혜롭게 하명하면서 친히 하목정霞鶩亭이라는 정자 이름을 써 하사하였다고 한다.

하목정의 하목은 당나라 왕발이 지은 「등왕각서」에 '지는 노을은 외로운 따오기와 가지런히 날아가고落霞與孤鶩齋飛 가을 물은 먼 하늘색과 한 빛이네秋水共長天一色'라고 쓴 데서 따온 것이라 한다. 왕발이 등왕각서를 쓴 데는 특별한 사연이 있다.

당 고조의 아들인 이원영이 중국 홍주자사로 재직할 때 높고 화려한 누각을 지었는데 그는 당시 등왕滕王에 봉해져 있어서 그 누각 이름을 '등왕각'이라고 했다. 그 후 홍주태수로 염백서라는 사람이 부임해서 등왕각을 중수하고 연회를 베풀었다. 그에게는 제법 글을 잘 쓰는 사위가 있었는데 이 자리에서 그 사위를 자랑하고 싶어서 미리 등왕각 중수 서문을 지어 놓으라 하고 연회가 열리는 날 초대한 손님들에게 즉석에서 서문을 지어보라며 제법 연회 분위기를 띄웠다. 태수의 의중을 눈치 챈 선비들은 아무도 글을 지어 낼 생각을 하지 않고 있었다. 그때 마침 그 자리를 지나가던 왕발이가 술 한잔 얻어먹으려고 자리에 앉았다.

왕발은 당시 글을 하나 잘못 쓰는 바람에 왕에게 미움을 받아 벼슬자리를 잃고 울분 가득한 마음으로 멀리 있는 아버지를 찾아가던 길이었다. 술도 한잔 먹었고 속에 울분도 찬 터라 단숨에 글을 써내려갔다. 그것이 그 유명한 왕발의「등왕각서」이다.

연회를 베푼 염백서는 사위자랑을 하려고 했는데 웬 어중이 떠중이 같은 놈이 일필휘지로 글을 써내니 불손한 행동에 노기가 일어서 그만 자리를 박차고 나가버렸다. 한참 후에 그래도 궁금하여 노비에게 시켜서 던져 버린 그 글을 다시 갖고 오라고 하여 읽어보고는 무릎을 치며 경탄하였다. 그 글 중에서 염백서의 마음을 사로잡은 글귀가 '낙하여고목제비落霞與孤鶩齋飛 추수공장천일색秋水共長天一色'이라는 구절이다. 여기에서 따온 정자 이름이 바로 하목정이다.

인조 임금은 중국 강서성에 있는 등왕각이라는 정자의 풍경과 하목정의 그것이 많이 닮았다고 생각한 모양이니, 자연 경관이 그대로 유지되었던 당시 하목정의 풍치가 어떠했

하목정 근경

는지 감히 짐작이 간다. 풍경이 좋은 정자에 임금의 하명으로 부연까지 달아 그 품격을 높였으니 하목정이 정자 중의 정자가 아니겠는가.

하목정에는 아름다운 풍광 때문에 당대의 유명했던 문필가와 정치인들이 다녀간 흔적들이 남아있다. 하목정 누마루 네 벽에는 한음 이덕형과 미수 허목 선생 등이 이곳에 들려 아름다운 풍광에 시를 읊고 시판을 남겼다. 김명석과 남용익, 채제공, 이건창, 김택영 등의 현판도 눈에 보인다.

하산에서 살리라. 수월당 이지영 선생

수월당 이지영은 하산에서 태어나 하산에서 공부하고 하산에서 생을 마감한 문신이자 대학자이다. 선생은 부친 낙포 이종문과 모친 계동 전경창 선생의 딸 경산전씨 사이에서 태어났다. 전경창 선생은 대구에서 단 2명 밖에 없는 퇴계 선생의 문인으로 임하 정사철, 매암 이숙량, 송담 채응린 선생 등과 함께 대구지역 성리학 계보 1세대에 속하는 인물이다.

이지영 선생은 대구의 사림을 이끈 한강 정구 선생의 문인으로 1617년에 증광시 병과에 합격하여 여러 벼슬을 두루 거쳐 예조좌랑과 성균관의 종5품 벼슬인 직강을 역임하였다. 광해군 말기에 벼슬이 내려졌으나 정치가 혼란에 빠지자 고향 하산에 낙향하였다. 그 후 인조 1년인 1623년부터 북청판관을 지내다가 부모를 봉양하기위해 해직을 청하여 귀향하였다. 인조 임금이 재임 당시 이지영 선생을 보고 하목정에 잠시 머문 인연을 토로하면서 내탕금을 내려 정자를 리모델링하도록 한 일화가 있다. 인조 임금의 총애를 받은 선생은 다시 벼슬을 제안 받으나 병으로 사양하고 하산에 살다가 55세의 나이에 세상을 떠난다.

미수 허목은 수월당 이지영 선생의 사람됨을 묘갈명에 다음과 같이 밝히고 있다.

"수월당은 광해군 시절에 어두운 시국을 박차고 일어나 하목정에서 세상을 잊고 지냈다. 평생동안 명예와 권세를 피하며 구차한 벼슬살이를 기뻐하지 아니하였다. 올바르지 않은 일을 보면 벼슬을 버리고 떠났고 이로 인해 낙오되어도 부끄러워 하지 않았다. 그래서 명예를 드날리지는 못하였으나 그의 품행은 완전무결하였다."

다산 상곡마을을 개척한 부강거사 이지화

이지화는 낙포 선생의 둘째아들이다. 당대의 대학자인 여헌 장현광과 서사원, 손처눌 선생의 제자이다. 훌륭한 선생을 둔 이지화는 나중에 사마시에 합격하고 1613년에는 일성문과에 병과로 급제하여 벼슬을 하다가 1621년에 이이첨을 탄핵하다 파직당하였다. 1623년에 인조반정이 일어나자 다시 등용되어 예천군수와 파주목사, 요즈음 차관보에 해당하는 병조참의와 예조참의 등을 지냈다. 정묘호란 때는 의병장 장현광의 휘하에서 군량미를 조달하였고, 병자호란 때에는 의병을 지휘하여 왕을 호종하기도 하였다. 나중에 함양군수로 있을 때 상부의 지시로 유배되었다가 풀린 뒤로는 벼슬에 나가지 않고 고령 다산에 머물며 학문을 즐겼다.

이지화는 고령 다산에 살면서 낙동강과 금호강이 합류하는 강정마을에 있던 부강정 경영에 남다른 관심을 보였다. 부강정은 달성군 다사읍 문산리 파평윤씨 가문에 장가간 할아버지 이경두의 처남 윤대승이 건립한 정자이다. 말하자면 진외가 소유의 정자였다. 부강정이 자리 잡고 있던 곳은 신라시대에 왕들이 이곳에 와서 유람을 즐길 정도로 경승이 빼어났었다. 조선시대에 와서는 한강 정구 선생이 칠곡 사수동에 머물면서 후학들과 뱃놀이를 할 때 자주 이용했던 곳이고 진주목사를 지낸 이우와 관찰사를 지낸 권문해 등 당대의 명사들이 찾아와 시문을 짓던 곳이기도 하다.

임진왜란 전에만 해도 두 개의 강이 합하는 지점에 노송들에 둘러싸인 부강정의 아름다운 경관은 향촌의 문인들을 찾아들게 하였다. 송계 권응인은 부강정의 아름다움을 두고 다음과 같이 노래하였다.

> 사방에 장애물이 없어 바람을 타고 하늘을 자유로이 훨훨 나는 기사의 기세고
> 또한 칼을 집고 엄연히 선 장부의 늠름한 모습과도 같고
> 하늘을 가르는 듯한 그 장대한 기상은 보는 사람으로 하여금 스스로 떨게 하고
> 갑옷과 투구를 걸치고 누구에게도 굽힐 수 없는 무리같다.

(매일신문 2012.1.18 기사 참조)

부강정은 임진왜란으로 훼손되고 방치되었다. 주인마저 세상을 버리고 고아신세가 되

었다. 1601년 서사원의 강학소였던 완락재 낙성 기념으로 영남 거유 23명과 함께 낙동강 부강정에서 뱃놀이를 했던 여대로는 당시 훼손된 부강정의 모습을 다음과 같이 묘사하였다.

  땅거미가 지자 배를 부강정에 댔다. 정자 용마루 기와는 병자호란때 불에 탔는데, 정자를 지은 윤대승이 죽은지 10년도 되기 전이었다. 황량한 높은 바위는 홀로 저녁비에 젖고, 소나무와 국화의 그림자가 빈 뜰에 얽혀 있어 사람들로 하여금 산양의 감회를 일으키게 한다.
                   (매일신문 2012.1.18 기사 참조)

1636년 인조 14년에 이지화는 허물어진 부강정을 인수하여 옛 명성을 되살리려 노력하였다. 선생은 스스로 부강처사라고 부르며 당대 조선 문단의 거물이었던 이식과 이민구에게 부탁하여 부강정의 중창 상량문과 기문을 부탁할 정도로 부강정 복원에 심혈을 기울였다.

 이지화가 언제 부강정을 중수하였는지 기록에는 없지만 병자호란쯤으로 추측된다. 이식이 쓴 부강정 상량문에는 중수 당시 부강정의 경관과 이지화의 열성이 잘 묻어난다.

  팔공산에서 북쪽으로 방향을 돌리면 멀리 대류의 언덕이 펼쳐지고
  낙동강은 남쪽으로 흘러 금호나루에서 만난다.
  그 가운데에 물길을 가로막고 우뚝 선 푯돌처럼 푸른산이 서 있다.
  그곳에 예부터 화려한 정자가 있어 마치 뗏목을 타고 은하에 오른 느낌을 불러낸다.
  그 터가 오래토록 방치된 채 버려져 있었지만 그래도 아름다운 그 이름만은 도도히 전해진다.
  태평시대나 어지러운 시대나 그 땅은 항상 열려 있었지만
  그곳의 주인이나 찾아들었던 손님들은 보이지 않는구나.
  그러나 야성에서 멀지 않은 곳에 산음의 별장이 있고
  낙동강 물가의 전원으로 물러나 반령이 살아있는 것처럼

이곳에다 새로 정자를 짓고 다시 명승의 이름을 드날리게 되었다..

(매일신문 2012.1.18 기사 참조)

지금 부강정은 없어졌다. 이지화가 부강정을 중수하고 수백 년이 지난 지금 마치 물 위에 뜬 정자 같다는 부강정의 이름처럼 물 위에 떠 있던 정자는 그 흔한 기와조각 하나 남김없이 흔적을 감춰버렸다. 하지만 『금호선사선유록』이 말하듯 부강정 일대는 아름다운 경관을 바탕으로 선유문화를 화려하게 꽃피운 곳이라는 흔적을 남기고 있다. 부강정이 그러하였듯이 인근에는 뱃놀이와 강학으로 부강정과 연계된 유명한 강변명소 누정이 많았다. 부강정에서 금호강으로는 한강 정구의 관어대와 조어대, 낙재 서사원의 선사재가 있었으며, 부강정에서 낙동강으로는 아암 윤인협의 영벽정, 임하 정사철의 아금정, 낙포 이종문의 하목정, 여헌 장현광의 부지암정사 등이 있었다. 선비들의 놀이문화를 꽃피웠던 강변 누정들이 현대인들의 놀이문화의 공간으로 활용되길 고대해 본다.

하산에 충절의 꽃을 피운 이익필 장군의 국불천위사당

이익필은 하목정을 지은 이종문 선생의 현손이다. 1703년에 무과로 등과한 조선시대 후기의 무신이다. 이익필 장군은 조선 영조 때인 1728년에 이인좌가 난을 일으키자 금위우별장으로 토벌에 나선 인물이다. 이인좌는 당시 과격한 소론파의 한 사람으로 영조 임금을 몰아내고 새로운 정권을 세우려 한 사람이다. 장군은 임진왜란 이후 누렸던 태평성세에 병사들의 군기가 빠진데다가 이인좌 무리의 군사력도 만만치 않아 병사들이 적진으로 나가려 하지 않자 항상 선두에 서서 군사들의 사기를 진작시켰다. 장군은 드디어 죽산전투에서 난을 평정하여 문무 삼등공신이 되었고, 전양군에 봉하여졌다. 그가 죽자 나라에서 불천위를 내려 사당에 모시고 자자손손 기제사를 지내도록 하였다. 하목정 뒤에 있는 사당이 이익필 장

하목정 이익필 장군 불천위 사당 전경

하목정 이익필 장군 불천위 사당과 배롱나무 숲

군의 불천위사당이다.

사당은 지금으로부터 약250년 전의 건물로서 비교적 규모가 큰 편이다. 단청 색채도 아직 옛 모습을 그대로 보존하고 있다. 높은 곳에 자리 잡고 있어서 시야가 좋다. 경관이 변하여 하목정에서는 잘 보이지 않는 낙동강과 비슬산, 가야산이 확 트인 시야에 들어온다. 문명의 이기들이 섞여 있긴 하지만 아직도 강과 만나는 산들이 한 폭의 풍경화를 연상케 한다.

사당 앞에는 수백 년은 되어 보이는 배롱나무가 여러 그루 서 있다. 가관인 것은 수백 년 세월의 자태인지 가지가 바닥을 기어가면서 사방으로 뻗어 사당 앞마당이 온통 배롱나무로 가득 찬다. 어떤 놈은 서로 엉켜 꽈배기가 되어 흥미로움을 더한다. 여름에는 100일 동안 핀다는 빨간 꽃들이 사당을 온통 뒤덮어 감싼다. 그리움이라는 꽃말을 가진 배롱나무 꽃, 갑자기 동해안에 전해오는 배롱나무 전설이 생각이 난다. 그 내용은 다음과 같다.

옛날 어느 어촌에 목이 세 개 달린 이무기가 나타나 매년 처녀 한 명씩을 제물로 받아 갔습니다. 어느 해에 힘센 장사가 나타나서 제물로 선정된 처녀 대신 그녀의 옷을 갈아입고 제단에 앉아 있다가 이무기가 나타나자 칼로 이무기의 목 두 개를 베었습니다. 처녀는 기뻐하여 "저는 죽은 목숨이나 다름없으니 죽을 때까지 당신을 모시겠습니다."고 하자 장사는 "아직은 이르오. 이무기의 남아있는 목 하나를 더 베어야 하오. 성공하면 흰 깃발을 달고 내가 실패하면 붉은 깃발을 달 것이니 그리 아시오."하고 배를 타고 이무기 목을 베러 떠났습니다.

처녀는 백일기도를 드렸습니다. 백일 후 멀리 배가 오는 것을 보니 붉은 깃발이 걸려 있었습니다. 처녀는 실망하여 그 자리에서 자결하고 말았습니다. 장사는 이무기가 죽을 때 뿜은 붉은 피가 깃발에 묻은 줄 몰랐던 것입니다. 그 후 처녀의 무덤에서는 붉은 꽃이 피어났는데 그 꽃이 백일간 기도를 드린 정성의 꽃 배롱나무 꽃, 즉 백일홍이라고 합니다.

불천위사당에는 이익필 장군의 영정 두 점과 갓, 큰 칼, 갑옷 등이 보존되어 있었다. 아

이익필 장군 영정

직도 있다면 동산문화재로 등록될 만큼 가치 있는 유물이다. 큰 영정에는 영의정 귀록 조현명이 그림을 찬사한 글이 적혀 있어 귀중한 자료로 취급받았다. 그러나 지금은 영인한 영정 한 점만 걸려 있을 뿐이다. 도난당하였다는 말도 있고, 아는 이가 가져갔다는 말도 있으니 행방이 묘연할 따름이다.

전양군 이익필 장군은 하목정에 머물면서 하목정 16경, 즉 열여섯 가지 풍광을 적어놓았다. 혹여 하목정에 머물 일이 있으면 한번쯤 느껴보라는 의미에서 옮겨본다. 그 옛날 하목정에서 볼 수 있었던 풍경을 떠 올릴 수 있을 것이다.

제1경 : 떨어진 노을과 외로운 따오기 洛霞孤鶩

제2경 : 맑은 바람과 밝은 달 淸風明月

제3경 : 먼 개에 돌아오는 돛 遠浦歸帆

제4경 : 긴 들 목동의 피리소리 長郊牧笛

제5경 : 가야산 개인 안개 伽倻晴風

제6경 : 금오산 푸른 멧부리 金鰲翠岑

제7경 : 비슬산 새벽구름 琵瑟曉雲

제8경 : 구봉산 저녁 볕 九峰夕照

제9경 : 십리의 밝은 모래 十里明沙

제10경 : 한 구비 창파 一仙滄波

제11경 : 동호의 연밥 따기 東湖採蓮

제12경 : 형제바위 고기낚기 兄岩釣漁

제13경 : 단풍 숲 고기잡이 불楓林漁火
제14경 : 버들 물가 저문 연기柳洲暮煙
제15경 : 관가나루 건너는 나그네官津渡客
제16경 : 작은 마을 가랑비小村細雨

전의이씨 성소 이유재履有齋가 있는 기곡리

기곡리는 하빈저수지를 끼고 있는 마을이다. 묘골마을과 인접하였다. 이곳에는 전의이씨 예산공파 문중의 선산이 자리하고 있다. 선산에는 전의이씨 대구 입향조인 이필과 그의 아들 이경두, 손자인 이종문, 이종택 형제, 증손인 이지영, 현손인 이전에 이르기까지 직계 5세대의 산소가 있다. 이렇게 많은 산소가 있으니 묘제를 지내기 위한 재실이 있는 것은 당연하다. 그 재실이 이유재이다.

대구의 젊은 유학자이자 문화관광해설사인 송은석씨는 기곡리 이유재를 전의이씨 성지라고 쓰고 있다. 전의이씨 선대의 묘소를 지키는 재실이니 붙여진 이름일 것이다.

이유재가 처음 지어진 시기는 알 수 없다. 1917년 세월의 풍파에 쇠락한 이유재를 중수하였는데, 당시 상량문 간지에 1897년이란 년대가 표기되어 있어 지은 지 오래되었을 것이라 짐작하고 있다. 1917년 이후 1967년에 다시 중수가 있었지만 현재의 모습은 1997년부터 시작하여 10여 년 간 대대적인 정비를 한 결과이다.

전의이씨마을 기곡리 1

전의이씨마을 기곡리 2

이유재 전경 1

이유재 전경 2

달성
마을
이야기

매운탕 먹으며
문산마을의
역사를 더듬다

매운탕 먹으며 문산마을의 역사를 더듬다

문산마을은 대구에서 성주로 가는 국도를 따라가다가 대구지하철 2호선 종착역이 있는 문양리 맞은편에 있다. 마을입구의 버스 정류소 있는 곳이 문산리 '자발이'이고, 조금 들어가 모선재라는 재실이 있는 곳이 문산리 '대배미'이다. 그 옆쪽 마을회관 있는 곳이 마을 중간이라 하여 '중마'라 부르는 곳이고 낙동강과 접하여 영벽정이 있는 곳이 '나룻가'이다. 예전부터 90여 가구나 되는 큰 마을이다 보니 마을 안에서도 이곳저곳을 구분지어 부르는 지명이 여럿 있다. 그 이름들이 순수한 우리말이라 뜻을 새겨 보면 참 재미있다.

잉어고기를 금기하는 파평윤씨 마을에 들어선
수많은 민물고기 식당들

문산리는 잉어고기를 금식하는 파평윤씨들의 씨족마을이다. 그보다 더욱 새겨 두어야 할 점은 파평윤씨들이 대구에 처음 들어 온 마을이 문산리이다. 대구 최초의 입향지이자 세거지이다. 그래서 대구-성주 간 도로변의 마을 입구에는 坡平尹氏汶山世居地(파평윤씨 문산세거지)라는 글씨를 새긴 석비가 서 있다.

　참 재미있는 현상은 석비 주변에는 온통 매운탕과 어탕식당들을 홍보하는 현수막과 입간판들이 너부러져 있다는 점이다. 매운탕이나 어탕하면 여러 가지 민물고기가 들어가지만 그 속에는 잉어도 들어가기 마련이다. 문산리는 낙동강을 끼고 있는 경치좋은 마을이자 민물고기 식당이 많은 곳으로 유명하다. 이곳과 가까운 대구 강창마을과 금호강변에도 예로부터 잉어매운탕이 유명하였다. 파평윤씨네들은 시조에 얽힌 성씨신화 때문에 예로부터 잉어고기를 먹지 않는다. 그런데 오늘날 문산리에는 크고 작은 매운탕집이나 어탕집이 즐비하다. 이 마을에 사는 윤영호씨의 말로는 두어 집을 제외하고 모두 파평윤씨들이 경영한다고 하니 아이러니하다.

파평윤씨들이 잉어를 먹지 않는 이유

파평윤씨 시조는 고려 개국공신인 윤신달이다. 윤신달의 탄생신화가 잉어와 관련 있어 파평윤씨들은 잉어고기를 먹지 않는다고 전한다. 시조신화를 챙겨보자. 다양한 스토리로 소개되지만 내용은 거의 엇비슷하다.

경기도 파평(파주)의 파평산에 용연龍淵이라는 연못 하나가 있었다. 그런데 어느 날 이곳 연못에 난데없이 구름과 안개가 자욱이 서리면서 천둥소리와 함께 벼락이 몰아쳤다. 마을 사람들이 놀라 향불을 피우고 기도를 올리자, 사흘째 되는 날 부터 다시 잠잠해지기 시작했다. 얼마 후 이곳에서 빨래를 하던 윤씨란 성을 가진 할머니가 문득 연못 한 가운데를 바라보자 금빛으로 장식된 궤짝이 떠 있는 것을 목격하고 그 금궤를 건져 열어 보니 찬란한 금빛 광채와 함께 아기가 누워 있었다.

금궤 속 아기의 어깨 위에는 붉은 사마귀가 돋아 있었고, 양쪽 겨드랑이에는 81개의 잉어 비늘이 나 있었으며, 또 발에는 일곱 개의 검은 점이 북두칠성의 형상을 하고 있었다. 할머니는 이 아기를 거두어 기르면서 그 할머니의 성을 따서 아기의 성을 윤씨로 정하였는데, 그 아기가 파평윤씨의 시조 윤신달이라고 한다.

1 파평윤씨 문산 세거지 석비
2 파평윤씨 시조가 탄생한 연못 용연

파평윤씨 시조신화의 전개과정을 단순화시켜서 의미를 분석해 보면

a. 고려시대에 경기도 파주군 파평면에 혈육이 없는 윤씨 부인이 못가에서 빨래를 하다.→신화의 도입단계로, 보편적인 민담이나 설화에서도 동원될 수 있는, 혈육이 없는 과부가 자식을 얻으려는 모티브에서 신화가 도입된다.

b. 못에 찬란한 빛이 비치고 안개가 자욱하게 끼다.→ 시조의 경이성을 표현한 구성단위이다. 신비한 서기 속에서 신비하게 출현하는 시조의 출현상황을 그린 것이다.

c. 안개가 걷히고 물 위에 상자가 뜨다. 상자 속에서 옥동자가 나오다.→ 시조의 탄생을 그린 구성단위이다. 시조는 물속에서 출현하였으며, 용의 자손이다. 따라서 파평윤씨 시조의 본향은 물의 세계水界이며, 씨족들이 붙여준 용연이라는 이름으로 보아 물의 세계는 용의 세계이다. 말하자면 시조는 용의 세계에서 왔으며, 용의 세계는 혼란스러운 세계라기보다는 성스러운 세계이다. 그런데 여기서 용은 용인데 겨드랑이에 잉어 비늘을 달고 있었으니 용인지 잉어인지 혼돈스럽다. 그 이유는 용은 상상의 동물이기 때문이다. 잉어 비늘이 달렸다고 용이 아니라 할 수 없고, 그렇다고 잉어라 할 수 없다. 그래서 용과 잉어가 무관하다고 주장하지 못하는 것이고 왠지 잉어고기를 먹기가 꺼림칙한 것이다.

d. 이 아이가 파평윤씨 시조가 되고 후손들은 그 연못에 파평윤씨 용연龍淵이란 비를 세우고 해마다 제사 지내다.→ 성씨시조의 완결을 그린 구성단위이다. 용연이라는 비를 세워 매년 제사 지낸다고 하는 대목으로 보아, 시조를 용왕의 자손으로 믿고 있으며, 시조를 보내준 용왕의 세계를 향해 감사하는 의례를 행한다고 보아야 할 것이다.

잉어고기를 금기하는 보다 직접적인 이유는 시조 윤신달의 고손자인 윤관 장군 전설에서 찾을 수 있다. 요약하면 다음과 같다.

(생략)윤관 장군이 함흥에 있던 선덕진 광포에서 거란군의 포위망을 뚫고 탈출하여 강가에 이르자, 수많은 잉어 떼가 몰려들어 잉어 떼를 다리로 삼아 무사히 강을 탈출할 수 있었다. 적병들이 뒤 쫓아와 강가에 이르자 다리로 삼았던 잉어 떼는 어느 틈엔가 온데간

데없이 사라졌다. 이 때부터 윤씨들은 선조에게 은혜를 베푼 잉어에게 보은하고자 잉어를 먹지 않았다고 한다.

문산리는 파평윤씨 대구 최초 입향마을이다

문산리는 예나 지금이나 90여 가구 정도가 살고 있다. 이 마을은 겉보기에는 농촌 같지만 경관이 뛰어난 낙동강변에 자리한 마을이자 대구 근교라서 일찍부터 유원지로 각광받아 왔기 때문에 인구유출이 거의 없다.

문산리에 살고 있는 90여 가구는 식당 영업을 하는 2거구를 제외하면 모두 파평윤씨들이다. 윤씨들이 이 마을에 들어 온 시기는 약 450여년 전으로 거슬러 오른다. 파평윤씨 시조 윤신달의 21세손인 아암 윤인협(1541~1597)이 문산에 들어와 살게 된 것이 파평윤씨 대구

문산리 전경

입향의 시초이다.

아암 선생은 1541년 지금의 서울인 한성에서 태어났다. 선생은 어릴 때부터 자기수양에 마음을 쏟아 출세에는 별로 관심이 없었다. 어려서 할아버지가 상주목사로 재직할 때 상주에 머물다가 빼어난 경치를 둘러보고 영남에 살 뜻을 굳혔다.

1568년에 진사에 오른 것을 끝으로 대구 하남면 지금의 다사읍 문산에 은거하였다. 마을 이름을 문산으로 붙였다. 전하는 이야기에 의하면 한성에 살던 마을 이름을 따서 문산이라 이름하였다고 한다.

선생은 문산에 은거하며 아름다운 정자를 지었다. 그 정자의 위치는 낙동강 여울이 있는 아금암이라는 벼랑 위였다. 선생은 정자 이름을 처음에는 영홍정이라 하였다가 나중에 영백정, 마지막으로 영벽정으로 고쳐 부르며 정자 경영에 힘을 쏟았다. 영벽은 하늘의 빛과 구름의 그림자가 같이 배회하는 곳이라는 의미를 지니고 있다. 선생은 정자 위에서 자연을 벗삼아 소요하면서 늙어가는 것을 큰 즐거움이라 여겼다. 선생의 이러한 생각은 그의 여러 가지 시에 잘 베어있다.

"남으로 내려와서 경치 좋은 곳이 이 강가이니.
늙어서 천천히 쉴 작은 정자를 지었네.
홀로 책을 안고 한가로이 누운 지가 오랜데
세상 많은 뜻이 여기에 머무는구나."

"거문고와 책으로 십년을 쉬었는데
늘거막에 은거할 곳을 인연함이 있었네.
가히 사랑하는 예전부터의 달
다정하게 나의 주변을 비추네."

아암 선생은 문산에 머물면서 향촌에 강학소를 두고 학문을 연구하였던 대구 성리학 1세대 임하 정사철, 송계 권응인 선생 등과 활발히 교유하였다. 선생은 1597년 10월 3일 겨우 57세에 세상을 떠났다. 선생은 첫 부인에서 아들 윤경로를 낳았고, 재취부인으로부터 또 다른 아들 윤경민을 두었다. 두 아들은 모두 5명의 아들을 두었다.

낙동제일강산 영벽정에 오르다

문산리의 역사 유적인 영벽정은 마을 안에서도 나룻가라는 지명이 붙어있는 낙동강변에 자리하고 있다. 요즈음은 강변을 따라 자전거 도로가 정비되어 있고, 도로변에는 낙동강을 쳐다보고 민물고기 식당이 늘어서 있다. 이 정자는 처음에 강가의 갈대꽃이 붉게 물든다 하여 영홍정이라 이름 지었다가 그 후 백구가 무리지어 노닐자 영백정이라 고쳐 불렀다. 백구가 날아가고 푸른 물결만 넘실거리자 마침내 지금의 이름인 영벽정으로 다시 고쳐 오늘에 이르고 있다.

영벽정은 아금암이라고 부르는 제법 높은 벼랑 위에 자리하고 있다. 자전거 도로에서 자연석으로 쌓은 돌계단을 타고 오르면 평평하게 닦은 석축 위에 정자를 세웠다. 정면 4칸에 겹처마 팔작지붕을 이고 있다. 가운데 2칸은 대청이고 좌우 한 칸씩은 방이다. 정자 정면에는 경상감사의 친필 현판이 걸려 있고, 임제 서찬규와 심석 송병순, 전양군 이익필, 낙애 정광천 등 많은 시인 묵객들이 이곳에 시문을 남겼다. 지역 유림에서는 매년 7월 16일 입향조의 기망일에 정자에서 계회를 하고 있다. 마당에는 수령 300년이 넘었다는 회화나무 4그루와 향나무가 있다. 모두 대구시 달성군의 보호수로 지정되어 있다.

마을사람이 전하는 바에 의하면 향나무가 워낙 큰지라 굽은 가지가 낙동강물 위에까지 뻗어 장관을 이루었었다고 한다. 그도 그럴 것이 예전에는 정자 울타리 바로 밑까지 낙동강물이 밀려왔으니 말이다. 아금암 높은 절벽 아래에는 여울이 넘실넘실 흐르고 작은 오솔길

영벽정 전경

영벽정 회화나무와 향나무

하나가 절벽을 따라 나 있었다. 오솔길 따라 마을 아낙네들이 빨래하는 빨래터가 늘어져 있었다. 그 위로 향나무가 가지를 뻗어 작은 숲을 이루었다.

영벽정이 얼마나 아름다웠던지 고장의 이름난 선비들이 영벽정에서 본 풍광에 이름붙인 영벽정팔경이나 다사팔경이 오늘날까지 전해진다. 먼저 성주에 거주한 윤종대라는 유생이 18세기에 영벽정을 보고 지은 영벽정 팔경을 소개해 보자.

제1경 : 행탄풍범杏灘風帆 행탄의 돛대

제2경 : 다림연류茶林烟柳 다림의 안개 낀 버들

제3경 : 연포호월蓮浦晧月 연포의 맑은 달

제4경 : 운정취벽雲亭翠壁 백운정의 푸른 절벽

제5경 : 비슬선하琵瑟仙霞 비슬산의 신선노을

제6경 : 아금어화牙琴漁花 아금암의 고기잡이 야경

제7경 : 마천조람馬川朝嵐 마천산의 아침안개

제8경 : 봉산석조鳳山夕照 봉산의 저녁노을

윤종대보다 후에 영벽정을 포함하여 다사 8경을 노래한 선비들도 있다. 금호강 위를 지나가는 철교를 좋은 경치라고 노래한 것을 보니 1900년대 초에 비정한 것으로 보인다.

제1경 : 선사정에서 낚시 놓기

제2경 : 멀리서 보이는 마령의 푸르스름한 기운

제3경 : 낙동강에서 해질녘에 돌아오는 돛단배

제4경 : 마천산 봉화대의 저녁불빛

제5경 : 금오강에서 들려오는 어부들의 피리소리

제6경 : 방천리 금호강 위를 지나가는 경부선 철교

제7경 : 문산의 달그림자

제8경 : 강정의 버드나무 숲

아름다운 경관을 자랑하는 영벽정 앞 낙동강은 예로부터 이름난 선비들의 뱃놀이 터로 유명하였다. 음력으로 매년 7월 17일에는 지역의 선비 수백명이 모여 3일간 먹고 자면서 뱃놀이를 즐겼으니 그 놀이 이름을 '적벽강유회赤壁江遊會'라고 하였다. 7월 보름이 지난 때에 영벽정 앞 행탄의 흐름에 따라 달그림자가 기둥이 흔들리듯 아름다움을 자아내니 선비들은 이것을 월주月柱, 즉 달기둥이라 하였다. 월주의 신비한 풍경에 취해 2박 3일 동안 풍광을 즐겼다고 한다.

선현들이 본 영벽정의 아름다움을 이제 볼 수 없다. 일제시대에 낙동강 강안에 제방공사를 하고 뚝길을 만들어 강폭이 턱없이 좁아졌다. 정자는 자연히 낙동강과 멀어져 버렸다. 4대강 공사는 옛 선비들이 찬사했던 자연풍광을 앗아가버렸다. 자연풍광 대신 영벽정 옆에는 거대한 강정고령보가 강을 막아섰다. 보막이에 막힌 낙동강은 바다를 이루고 말았다. 이제 옛 선현들의 노랫말에서 옛날을 더듬어 볼 수 밖에 없다.

문산리에 민물고기 식당이 많이 생긴 이유

문산마을은 낙동강을 끼고 있기 때문에 예전부터 민물고기가 풍부하였다. 영벽정 나룻가에는 고령 논설을 오가는 나루터가 있었다. 문산 사람들은 배를 타고 외지로 나가기도 하지만 물고기를 잡는 일에도 익숙하였다. 문산 사람들은 아름다운 낙동강이 생명줄이자 벗이었다. 배를 타고 물고기를 잡아 모자라는 단백질을 섭취하였고, 물고기를 많이 잡으면 이웃과 나누거나 다른 물건과 바꿔 먹기도 하였다.

문산 사람들은 예전부터 민물고기를 접하다 보니 다양한 요리법에도 익숙하다. 마을 사람들에게는 민물고기의 종류에 따라 양념을 달리하는 매운탕과 어탕, 조림 등 각종 요리가 전승되었다. 아름다운 강을 끼고 있는 문산마을에 주말이면 도시 사람들이 놀러오는 장소가 되었다. 문산 사람들은 그냥 자신들이 먹었던 민물고기 요리를 도시 구경꾼에게 맛보이니 의외로 감탄한다. "아!! 팔면 되겠네!!"라고 생각하여 시작된 것이 오늘날의 문산 민물

문산리 민물고기 식당가 모습

고기 맛골목이다. 낙동강변에서 민물고기 매운탕을 먹는 재미에 주말이면 많은 사람들이 몰려온다. 요즈음은 자전거 길을 따라 운동하는 사람들이 희한한 패션으로 식당을 들리니 이색적이다.

문산리 산성에서 문산마을의 역사를 생각하다

문산리는 금호강을 동쪽에, 낙동강을 남쪽에 두고 있다. 그래서 경관이 좋을 뿐만 아니라 비옥한 토지와 풍부한 수량으로 일찍부터 사람살기에 좋은 터전이었다. 삼국시대에는 대가야와 국경을 마주한 신라의 군사 요충 지역이기도 하였다. 문산마을에는 그 흔적들이 고스란히 남아있다. 문산리 산성과 문산리 고분군이 그것이다.

문산리 산성은 대구시 달성군 다사읍 문산리에 있다. 금호강 강창교를 지나 대구~성주 구간 30번 국도에서 3km 정도 가면 문산리에 이른다. 여기서 남쪽 마을 진입로를 따라 1

문산리산성

km 정도 가면 일명 '나루터 마을'이 나온다. 이곳에서 서쪽으로 대구상수도정수장이 위치한다. 정수장과 취수장 사이 농로를 따라 오르면 남북으로 돌출된 능선에 산성이 나타난다. 이 산성은 5~6세기 삼국시대 때 축성한 것으로 추정된다.

문산리 산성은 해발 250m의 마천산자락 구릉에 조성된 테뫼식 산성이다. 해발 40m선을 따라 성곽이 둘러져 있다. 성의 둘레는 약 0.8km로 흙과 돌을 섞은 혼축성이다.

남서쪽은 낙동강과 인접하는 낭떠러지이고, 성 안은 다소 평평하며 망대로 보이는 구조물이 있다. 산성 서쪽으로 약 2km 떨어진 곳에 봉촌리 고분군과 문양리 고분군이 있다. 문산리 산성을 쌓은 사람들은 현재 문산정수장 내에 있는 문산 고분군에 매장된 집단으로 보인다. 문산정수장 안에 4개의 대형고분이 있다.

2000년도에 문산정수장을 만들면서 문산 고분군이 발굴되었다. 그 결과 5-6세기에 걸친 많은 유물들이 쏟아져 나왔다. 금동관과 관모, 은제허리띠장식을 비롯하여 장신구와 굽다리접시, 긴목항아리, 네귀달린항아리, 시루 등 생활용구들이 많이 출토되었다. 이 중에서

도 금동관과 관모, 은제허리띠 등의 고급 장신구는 고분의 주인공이 이 지역 수장임을 말해주는 것이다.

문산 고분군 출토 유물은 5-6세기에 이 지역이 신라 영역에 속하면서도 독특한 문화권을 가지고 있었음을 짐작케 한다. 2단 투창 굽다리접시나 무투창 굽다리접시 등은 다사 문양과 대구 신당동, 화원, 옥포 등으로 한정된 영역에서 출토되기 때문이다.

한참 후대이지만 문산에 입향한 아암 윤인협 선생은 택리에 뛰어난 안목을 가진 것 같다. 고대부터 사람들이 살기 좋은 곳으로 점찍은 곳을 단번에 알아보고 입향하였으니 말이다.

달성
마을
이야기

계획마을
남평문씨
세거지
인흥

계획마을 남평문씨 세거지 인흥

인흥마을은 대구 월배에서 달성 화원읍 화원초등학교를 지난 다음 천내교 바로 앞에서 왼쪽으로 굽어 들어가 천내천을 따라 3km 정도 가면 왼쪽에 있는 한옥마을이다. 인흥마을의 행정구역은 달성군 화원읍 본리 1리이다. 이 안에서도 남평문씨 세거지라고 불리는 곳은

남평문씨 세거지 전경

'등넘어'라고 부르고, 마을의 안쪽을 '웃마을'이라 부른다. 웃마을을 중심으로 한 인흥에는 처음에 성산이씨들이 먼저 들어와 살았고 다음에 동래정씨와 남평문씨들이 입향하였다고 전한다.

인흥마을 남평문씨 세거지 앞에 다다르면 세련된 고급 한옥들과는 잘 어울리지 않을법한 두 가지가 눈에 띈다. 조산과 석탑이다.

인흥마을 풍수지리와 조산造山이야기

마을 입구에 돌을 쌓아 올려 원추형으로 조성한 돌무덤이 조산이다. 마을 사람들은 '조산모데기'라고 부른다. 조산이라는 한자를 풀면 '사람이 만든 산'이라는 뜻이다. 언제 만들었는지 마을사람들은 잘 모른다. 막연히 100년은 넘었을 것이라 추측한다. 돌무더기 위에는 비석 같은 돌을 세웠다. 물리적으로는 낮지만 무한대로 높다는 것을 상징하는 것이다.

인흥마을 앞 조산모데기

정월 대보름에는 마을 사람들이 마을의 수호와 안녕을 기원하는 제사를 이곳에서 지낸다. 소위 동제이다.

왜 조산을 만들었을까? 풀어야 할 숙제이자 풀면 재미있는 숙제이기도 하다. 조산은 풍수지리적으로 형국을 보완하기 위한 비보수단으로 만든다. 마을이 황량한 들판처럼 외부에 완전히 개방되어 있으면 무엇인가 썰렁하고 부족한 느낌을 받는다. 이런 허전함을 채우기 위하여 인위적으로라도 조산 혹은 조산숲이라 하여 숲을 조성하거나 담, 울타리 등을 조성하여 좋은 기가 일거에 빠져 나가지 못하도록 한다. 외형적으로는 마을을 다소 폐쇄시켜 안팎이 구분되고 한결 안정된 공간을 만드는 것이다.

사람들은 마을 앞이 터져 있으면 "허虛하다"고 말한다. 조산은 지세의 허전함을 방비

남평문씨 세거지 회화나무

하거나 보충 혹은 변경하여 마을사람들에게 감응되어야 할 기를 보전하려는 비법이다. 이것을 비보풍수라고 한다. 가장 흔하게 보이는 예가 마을 앞이 허전해서 마을 안의 재복이 바깥으로 흘러나가고, 마을 바깥의 재액은 무방비 상태로 침입하는 지형에 조산이나 조산 숲을 조성하는 것이다. 예전에는 수구막이 입석이나 장승, 솟대를 세우기도 하였다.

인흥마을에는 조산 뿐만 아니라 조산 숲도 조성하였다. 마을에서는 송림이라 부르는데, 마을의 서쪽에 지금은 몇 그루 밖에 남지 않은 노송들이 서 있다. 풍수에 조예가 깊은 입향조 문경호 선생이 입향 당시 소나무 300그루를 심어 마을의 형국을 보완하였다고 한다. 그러나 현재는 많은 소나무들이 말라죽어서 그 형태가 빈약한 모습이라 최근 마을에서 소나무 묘목을 심어서 다시 가꾸는 중이다.

하필이면 왜 그 자리에 조산과 마을 숲을 조성하였을까? 이 물음에는 풍수지리가 답을 말해준다. 먼저 인흥마을의 지형지세를 풍수로 풀어보자. 인흥마을은 배산임수의 길지이다. 마을을 들어서면 주택들은 산 밑의 양지바르고 아늑한 장소에 자리 잡고 있으며 마을 앞으로는 천내천이 흐르고 있어 명당의 기본적인 요건인 배산임수의 조건을 갖춘 마을임을 알 수 있다.

대구의 주산인 비슬산은 굽이굽이 작은 산맥을 뻗어 내리고, 그 사이와 기슭에 촌락이나 읍이 이루어져 넓은 비슬산권을 형성하고 있다. 인흥마을 안의 골짜기는 대구 앞산으로 이어지는 비슬산의 주능선이 펼쳐 있고, 앞쪽으로는 옥포면과 분계를 이루고 있는 한 지맥이 화원의 주산인 함박산을 거쳐 설화동과 명곡동까지 내려갔으며, 뒤쪽으로는 삼필봉에서 북서쪽으로 한 소맥을 형성, 천수봉을 거쳐 구라리에 이르고 있다.

천수봉 기슭에 양지바른 서남향으로 자리 잡고 있는 인흥마을의 앞산과 뒷산의 지맥은 유순하면서도 생동감이 넘치는 모습이고, 마을 앞으로는 인흥천이 부채꼴처럼 감싸 흐르고 있다. 인흥천은 비슬산에서 발원하여 작은 골짝 골짝의 실개천이 모여 생긴 하천으로 본리리의 인흥 마을과 읍 소재지를 지나 낙동강으로 유입되는, 화원의 유일한 준용 하천이다.

인흥마을의 지형지세에서 조산은 비슬산이고 주산은 천수봉이다. 조산에서 주산으로 이어지는 용맥의 흐름을 산의 형태에 따른 오행론으로 따져보면 오성五星을 두루 갖춘 용맥이다. 조산인 비슬산이 역룡逆龍하여 낙동강을 거슬러 마을의 안쪽에 솟아 있는 까치봉까지 지맥이 흘러들었다. 까치봉에서 이어지는 용맥의 흐름은 곧게 죽순처럼 뾰족한 원통형의 형태로 우뚝 솟은 듯한 목성, 불꽃이 타오르듯 암석들이 드러나 있는 듯한 화성, 산 정상이 일자모양으로 산의 형태가 전체적으로 평평한 토성의 봉우리를 만들었다. 삿갓같은 모양으로 산의 윗부분은 둥글고 아랫부분이 넓게 퍼져 있는 천수봉은 금성이다. 마을은 천수봉을 주산으로 삼아 형성되었다.

비슬산 맥인 까치봉에서 마을의 주산인 천수봉까지의 거리는 약 2㎞ 정도인데 비교적 부드러운 산세로만 내려온 점이 눈에 띈다. 안산을 비롯한 주변 지세도 살기가 보이지 않는다. 조산인 비슬산이 강한 기운을 품은 장군과 같은 기세인 반면, 인홍 쪽으로 내려온 지맥들은 부드럽게 내려와서 강한 기운이 거의 보이지 않는 지점에 터를 형성했다. 외곽은 강한데 안은 부드럽다. 그 부드러움이 좋게 보인다. 그래서 선인들이 이곳 절터와 지명에 어질 인仁자를 넣었는지도 모른다.

세거지 중심의 인홍마을은 좌측에 있는 산을 좌청룡이라 하며, 우측에 있는 산을 우백호라고 한다. 우리는 이것을 사람의 형상에 비유하여 청룡은 좌측의 팔이고, 백호는 우측의 팔이라 부른다. 풍수에서는 명당주변을 보호해주고 마을 거주자에게 심리적으로 안정감을 주는 좌청룡과 우백호는 명당의 좋은 기운이 바람에 노출되는 것을 방지하는 역할을 하게 된다.

인홍마을의 좌청룡은 주산인 천수봉의 주맥에서 흘러나온 왼쪽 산줄기이다. 이것을 풍수에서는 본신청룡本身靑龍, 즉 주산에서 뻗어 나온 청룡이라고 한다. 청룡은 마을 주변에 근접해 있다. 단지 흠이라면 청룡의 끝자락이 마을의 뒤편을 찌르는 듯하다. 현재 광거당은 마을의 뒤편을 찌르는 청룡의 끝자락을 완충해 주는 역할을 하고 있다. 광거당의 입지는 인홍마을을 가꾼 남평문씨 옛사람들의 풍수적 안목을 엿볼 수 있는 장소이다.

인홍마을의 우백호는 천수봉의 주맥에서 흘러나온 오른쪽 산줄기이다. 이것을 풍수에서는 본신백호本身白虎, 즉 주산에서 뻗어 나온 백호라고 한다. 그런데 백호등에 흠결이 보인다. 백호가 마을의 오른쪽을 감싸 안아야 하는데 제대로 감싸주지 못하고 있는 것이다. 허술한 형국이다.

또 한가지의 흠이 마을 앞이다. 인흥마을 안에서 앞을 바라보자. 마을의 안산案山이 될 만한 뚜렷한 산이 보이지 않는다. 마주하는 산 중에서 조산으로 볼 수 있는 산이 함박산이다. 함박산의 모양새는 탐스럽고 좋으나 산이 눈높이 보다 높아서 다소 높은 느낌을 준다. 함박산이 바가지를 엎어 놓은 노적봉의 형태이다. 이러한 모양의 산은 부富를 상징한다. 그런데 인흥마을에 조산은 있으나 안산이 뚜렷하지 않다. 그러다보니 마을 앞이 확 터져 '허하다.', '부족하다.' 라고 말한다. 결국 좋은 삶터로 약간 모자란다는 뜻이다.

인흥마을 사람들은 우백호 줄기의 부족과 안산의 부족함을 매우기 위해 비보를 하였다. 인위적으로 길한 형국을 만들기 위해서이다. 먼저 열려있는 서쪽의 백호줄기가 마을을 감싸도록 하기 위해 입향조 문경호는 소나무 300그루를 심어 숲을 조성하였다. 안산이 두드러지지 않아 마을 앞이 허전한 것을 보완하기위해 마을 앞에 조산을 조성하였다.

달성 뿐만 아니라 우리나라의 전통마을에서는 흔히 '조산造山' 이라 부르는 돌무덤이나 '조산숲' 이라는 마을 숲을 많이 볼 수 있다. 때로는 '조산백이', '조산터' 등의 지명으로 보아 옛적에 조산이 있었다는 것을 짐작케 하기도 한다.

달성에도 인흥마을 말고도 가창골 대일리와 노이리 갈실, 연화정 마을에 '조산' 이라고 부르는 돌무덤이 있다. 조산을 풀어보면 만들 조造와 뫼 산山, 즉 인공으로 만든 산을 의미한다. 외부인들의 눈에는 단순히 작은 돌무덤처럼 보이는 조산이 마을 사람들의 마음에는 마을을 위해 만들어 놓은 거대한 산인 셈이다.

조산 이야기가 나왔으니 인흥마을보다 유명한 조산을 하나 소개하자. 대일박이라고도 부르는 가창 대일리의 조산이 그것이다. 냉천자연원을 지나면 만나는 대일리(대일박)는 최정산 밑을 흐르는 신천 상류의 중앙에 있는 마을로서, 옛날에 옹기와 기와를 굽던 점촌店村을 거쳐 청도로 가는 팔조령의 길목이다. 가창초등학교와 버스정류소가 있는 대일리에는 중촌과 1941년의 홍수로 옮긴 새마을, 원정마을 등의 자연촌락이 있다.

최정산에서 가까운 원정 마을에는 절에서 쓰던 우물이 있었다. 이 샘에서는 처음에 더운 물이 나왔었다. 그런데, 어느 날 동네 부인이 물을 긷고 있던 중 갑자기 털이 더부룩한 손이 나와서 부인에게 물을 청하였다. 그 부인은 너무나 놀라서 물을 주지 않았더니 찬물이 나오게 되었다고 한다. 그 후 김대덕이라는 사람이 마을 이름을 원정元井이라 고쳤다고 한다.

조산과 입석은 대일리 버스 정류소 건너편 대일교 옆에 있다. 이곳 버스정류소에서는 오동나무 동네(오동원)와 대일박을 거쳐 단산리로 가거나 치마고개를 넘어 상원리나 행정리로 갈 수 있다. 조산이 있는 곳에는 작은 공원이 조성되어 있다. 조산을 둘러싼 당나무 숲과 숲 주변에는 60여 평의 공터가 마련되어 있다. 이곳에는 보호수 표지판과 시멘트 평상 2개, 인조목 의자 2개가 놓여 있다.

수령이 오래된 당나무 아래에 두 손 모아 절하면서 소망을 기원했던 조산이 있다. 작은 돌로 쌓은 높이 2m, 둘레 3m 정도의 돌탑이 있고 그 앞에는 제단으로 쓰인 넓은 돌이 감실을 대신하여 놓여있다. 이밖에도 대일리에는 중촌과 새마을에도 조산이 남아 있다. 중촌의 조산은 타원형으로 직경 8.2m, 높이 2.3m로 인근 조산 유적 중에서 가장 규모가 크다.

인흥사의 추억들

인흥마을 남평문씨 세거지 앞에는 또 다른 낯선 물건 하나가 있다. 마을 앞 밭에 허술하게 서 있는 석탑이 그것이다. 인흥마을 남평문씨 세거지는 본디 인흥사라는 절이 있었던 절터였다. '인흥'이라는 마을 이름도 절 이름에서 붙은 것이다.

『대구읍지』폐사조에 의하면 인흥사는 일연스님이 한때 머물렀던 절이다. 본래는 절 이름이 인흥사仁弘寺였는데 고려 충렬왕 1년(1275년)에 일연스님이 중수한 후 인흥사로 고쳐 부르게 되었다. 충렬왕은 친필로 인흥사라는 현판을 내리기도 하였다. 이 절은 일연스님이 포항 오어사의 주지로 있다가 이 절의 주지로 와서 『삼국유사』의 역대연표와 불경을 편찬

인홍마을 앞 석탑

한 이름 높은 절이었다고 전한다. 그 후 임진왜란 때 절이 소실된 뒤에는 절터만 남게 되었다. 절이 있던 자리에서 하나의 석탑 이외에는 옛 인홍사의 흔적을 찾아보기 어렵다.

 탑은 수봉정사 앞쪽 밭에 있다. 원래 2기의 탑이 있었는데 서로 붙어 있었던 것이 아니라 하나는 지금의 탑과는 2km떨어진 천내리에 있었다. 천내리에 있었던 온전한 탑은 경북대학교 박물관으로 옮겨가고, 온전치 못한 것은 이곳에 남겼다. 남아 있는 탑은 기단부와 일부 탑신부만 있던 것을 하대갑석과 상층기단 면석, 상대갑석 일부를 새로 만들어 세워 놓았다. 조잡하기 짝이 없는 복원 수법이다. 기단부는 2층 기단이다. 하층기단에는 면석마다 2구씩의 안상무늬가 있고, 하대갑석 윗면에는 얕은 3단의 받침이 있다. 상층기단에는 면석마다 1개의 가운데기둥과 모서리기둥이 있다. 상대갑석 위에는 별석으로 된 1층 몸돌 받침이 있다. 몸돌에는 면석마다 모서리기둥이 있고, 그 가운데 한 면에는 자물쇠가 있는 문비

장식이 남아 있다.

　1층 지붕돌의 층급받침은 4단이다. 지붕돌 위에는 2층 몸돌로 보이는 깨어진 탑재 하나가 놓여 있다. 탑은 그 양식으로 보아 고려 초기의 탑으로 추정된다. 따라서 인홍사는 적어도 고려 초기 그 이전부터 있었던 것으로 보인다. 옛 절의 모습은 흔적도 없이 사라졌고, 만신창이가 된 석탑 하나만이 옛 터를 지키고 있다.

　남평문씨 세거지가 인홍사 절터라고는 하지만 정확한 위치는 아직도 오리무중이다. 남평문씨 세거지를 정비하기 전에는 종택에 당시 절에서 사용했던 우물이 석조유구와 함께 남아 있었다. 세거지 일대에는 수많은 기와조각이 출토되었고, 광거당을 지을 때 기단으로 사용한 판석들도 절터에서 건진 것들이었다.

인홍마을은 본디 성산이씨 세거지였다

인홍마을은 대구근교 마을관광지로 유명하여 마을 이름을 부르지 않고 본리세거지로 통한다. 임진왜란 직후인 500여 년 전에는 남평문씨 세거지가 아니라 성산이씨 세거지였다. 1600년대 초반에 성산이씨 이랑李琅(1562~?)이 이곳에 입향하여 세거하였기 때문이다. '이랑'은 성산이씨 시조인 이능일의 18세손으로 통정대부에 이른 인물로, 성산이씨 인홍파의 파조이다. 아버지 이대웅과 어머니 밀양박씨의 차남으로 태어났다. 그는 문과를 거쳐 조정에서 일하였지만 임진왜란으로 노모와 헤어지게 되었다. 결국 홀로 가족들을 거느리고 인홍리에 입향하였다.

　인홍리 성산이씨 문중에서 배출한 많은 인물이 있다. 먼저 영조 때 국가의 의식을 전담했던 통례원이라는 기구에서 인의라는 벼슬을 했던 통정대부 이광국(1738-1828)'과 정조때 비슬산과 팔공산에서 불교에 정진한 고승 인악대사(1746-1796)가 인홍 성산이씨이다. 인악대사는 한학에 특히 밝았으며, 정조임금으로부터 홍제弘濟라는 시호를 받기까지 하였다. 그의

동화사 인악대사비

속명은 이의소이며, 현재 팔공산 동화사 경내에 인악당仁岳堂과 인악대사비를 세워 크게 기리고 있다. 용연사 적멸보궁 옆 부도밭에 대사의 부도가 자리하고 있다. 현대 인물로는 국회의장과 공화당 의장을 지낸 한솔 이효상이 유명하다.

인흥마을 남평문씨들은 누구인가

남평문씨의 시조는 문다성이라는 사람이다. 그는 전남 나주군 남평면 풍촌리에서 태어났다. 유명 성씨들이 다 그렇듯이 남평문씨 시조의 탄생신화도 전해지고 있다. 남평문씨 족보에 기록된 시조신화를 추려보자.

"아득한 옛날 전라도 남평현 장자못가에 솟은 천길 높이의 바위에 오색영롱한 구름이

남평문씨 시조를 배향하고 있는 장연서원 모습

일더니 갓난아이의 울음이 울려 퍼졌다. 신기하게 여겨 이곳 군주가 올라가 보니 붉은 글씨로 '문' 자가 새겨진 돌상자 속에 살갗이 백설같이 하얀 사내아이가 들어 있었다. 군주는 신이 내린 아이라 여겨 거두어 길렀다. 아이는 자랄수록 영특해 사물의 이치를 스스로 깨닫고 무략에 뛰어난지라 '문'이란 성을 내리고 이름을 다성이라 지었다. 지금도 시조가 태어난 장자못가에는 전설 속의 문암이 우뚝 솟아 있고, 가까운 곳에 시조를 모시는 장연서원이 자리하고 있다."

남평문씨들은 시조의 15대손인 문익에 와서 세상에 이름을 날리게 된다. 문익은 고려시대인 1098년(숙종 3)에 좌찬선대부·급사중으로 임명되었으며, 1099년에 직문하성으로 승진되었다. 그 후 서북면병마사를 지냈다. 문익의 시대에 그의 아들 3형제를 포함하여 8명의 재상과 조계종 대선사를 배출하였다. 문익은 남평문씨를 명문 반열에 올렸고 중흥조가 되었다.

인홍의 남평문씨는 현 종손 문정기의 24대조인 문익점을 중시조로 모시고 있으며, 문익점의 손자로 물레를 만든 문래의 자손이기도 하다. 문씨들이 대구로 진출한 시기는 문익점의 9세손인 문세근 때였다. 그는 경기도 파주에 살다가 약 450년 전인 임진왜란 직후 대구로 이주하였다. 왜 대구로 이주하였는지는 정확히 밝혀지지 않았으나 부인이 달성서씨인 점으로 미루어 처가 곳으로 온 것이 아닌가 짐작할 뿐이다. 대구에 온 문세근과 그의 후손들은 지금의 평리동과 성당동 일대에 세거하였다.

철저한 계획마을 남평문씨 세거지의 완성과정

인홍에 터를 잡은 인산제 문경호文敬鎬(1812~1874)는 문익점의 18세손이며, 대구에 이주한 문세근의 9세손이다. 그는 아버지 문무일의 4째 아들로 태어났다. 장자가 아니기 때문에 분가하여 인홍 '웃마을'에 터를 잡았다. 당시 웃마을에는 성산이씨와 동래정씨들이 먼저 들어와 살고 있었다. 그때가 지금으로부터 170년 전쯤이다. 문경호는 이곳에 정착하여 4형제를 두었다. 맏아들 문철규는 아들을 두지 못하여 차남의 아들을 양자로 들여 적통을 이었다. 장남 문철규의 후손들은 모두 외지로 나가고 인홍에는 없다. 이곳 인홍에 살고 있는 문씨들은 문경호의 차남 문달규(1832~1905)의 둘째아들 문봉성의 후손들이다. 문봉성은 형이 큰집에 양자 갔으니 실제로는 장남인 셈이다. 오늘날 인홍을 일으킨 인물이기도 하며, 종손 문정기의 8대조 할아버지이다.

　문봉성은 3형제를 두었는데, 맏이는 일찍 죽었고, 차남 문영박과 삼남 문영환은 인홍에 살면서 많은 업적을 남겼다. 특히 문영박은 높은 학덕을 쌓아 향촌사회의 대학자로 이름을 날렸다. 그는 5남 2녀를 두었는데, 아들은 모두 인홍에 집을 지어 분가하였다. 손자들은 장남만 이곳에 남고 외지로 분가하였다. 문영환은 5형제를 두었는데 위로 삼형제는 인홍마을에 분가하여 살았고 나머지 두 아들은 외지로 분가하였다.

남평문씨 세거지 돌담길

인흥 웃마을에 터를 잡은 문경호는 문씨들만의 마을을 개척하기로 마음먹고 주변을 살피던 중 인흥사 절터가 길지라 여기고 주목하였다. 그는 당대에 천석꾼이라 불릴 정도로 재력이 막강하였다. 인흥사 절터 법당 자리로 알려진 곳에 정전법에 따라 구획을 정리하고 집터와 도로를 반듯하게 하여 크고 작은 집을 지을 수 있는 토대를 마련하였다. 오늘날 도시계획을 하듯이 계획마을을 꿈꾼 것이다.

이 터에 최초로 지은 건물은 1834년에 지금의 광거당 터에 지은 용호재라는 재실이다. 용호재는 문봉성(1854~1923)이 자제들의 학문과 교양을 쌓기 위한 교육장소로 지은 건물이다. 그후 1856년에 지금의 종가 문정기의 집터에 살림집을 지었다. 초가집이었다. 이 집은 문경호의 차남인 문달규가 지었다. 이때는 문경호의 장남은 사망하였고 차남 문달규의 자손들이 마을을 주도하였다. 1873년에는 현재 문대갑의 집터에 두 번째 초가 살림집이 들어선다. 1910년에는 용호재를 헐고 광거당을 지었고, 3번째 주택으로 문승기의 가옥을 지었다. 이때부터 모든 건물이 기와집으로 지어졌다.

그 후 약간의 시간이 지나 1924년에 문시갑의 가옥을, 1925년에는 문영갑의 가옥을 지었고, 1927년에는 처음 초가로 지은 문정기의 살림집이자 종가를 헐고 기와집을 지었다. 1933년에는 6번째로 문보갑의 살림집을 지었다.

일제강점기인 1936년은 문씨 세거지에 1개의 재실과 3가구의 살림집이 건립되는 중요한 해였다. 당시 건립된 재실이 수봉 문영박을 기리기위해 지은 수봉정사이다. 살림집으로는 초가였던 문대갑 가옥이 기와집으로 중건되고, 문근만, 문유만 가옥이 새로 지어졌다. 이듬해인 1940년에는 문희지의 살림집이 완성되었다.

1982년에는 광거당과 수봉정사에 보관되어 있던 도서를 일괄 관리하기 위하여 서고인 인수문고와 열람실인 거경서사를 지었다. 한옥모양이지만 철근 콘크리트로 지은 것이 흠이다. 1984년에는 1950년대에 훼손된 문영갑의 살림집이 같은 자리에 중건되고, 1993년에는 늘어나는 도서보관을 위해 인수문고 옆에 중곡서고를 지었다.

이로서 2개의 재실과 3개의 도서관, 9가구의 살림집이 완성되었다. 1834년에 용호재를 시작으로 건설된 남평문씨 세거지는 159년만에 오늘날의 모습으로 완성된다. 그 면적은 주택지가 13,810㎡이고 인접한 도로를 합하면 약 14,000㎡나 된다. 넓은 세거지에 입향조 문경호가 계획한 우물 '井(정)자 형 마을이 완성된 것이다.

한옥궁성처럼 보이는 우물 '井(정)자형 세거지

세거지를 이리저리 살펴보면 사람이 거주하는 아홉 채가 우물 정자처럼 가로와 세로로 줄을 맞춰 자리 잡고 있다. 거기에다 광거당과 수봉정사라는 중심축을 갖고 집들이 질서 정연하게 배치되어 있어 한국 건축사 연구의 좋은 자료가 되기도 한다.

처음부터 배치가 계획된 인흥마을은 멀리서 보면 한옥으로 성을 쌓은 것처럼 웅장하다. 밖에서 보면 마을이 하나의 거대한 주거처럼 보인다. 그러나 그 안에 들어서면 재실과 문고, 그리고 대소가의 집들이 각기 다른 기능을 하면서 조화를 이루어 안정감을 준다.

세거지는 빼어난 주변 경관 속에 100년을 넘긴 소나무, 회화나무, 은행나무 등 노거수와 담 너머로 볼 수 있는 매화나무, 석류나무, 감나무 등이 잘 어울려 풍치를 한결 드높이고 있다.

인흥마을 비하인드스토리

남평문씨 본리 세거지 아홉 채의 주택에는 희한하게도 장남 부부들만이 살고 있다. 재산 중에서 인흥仁興의 아홉 채 주택만큼은 현행 법률에 상관없이 반드시 장남에게 상속하고 있기 때문이다. 문중 내규에는 외부인에게 집을 파는 것이 금지되어 있다. 남평문씨 본리 세거지에는 남평문씨 직계 자손만이 살수 있도록 장치를 마련한 것이다.

죽헌종택 전경

　우리나라에서도 찾아보기 힘든 문중 제도이다. 이러한 문중 규율 때문에 1840년 전후 입향조 문경호가 이곳 인흥에 터를 잡은 이래로 남평문씨 적장자들이 대를 이어 살아오고 있는 집성촌이 이룩된 것이다.

　세거지에는 기와집만 있다. 기와집이라도 더 이상 신축을 허용하지 않는다. 전통마을로서 품위를 지키기 위함이다.

수봉고택 전경

남평문씨 세거지의 찬란한 문화유산들

남평문씨 세거지에 있는 조선 후기의 전통가옥 아홉 채와 정자 두 채를 포함하여 총 70여 채 250칸 전부가 대구광역시 민속자료 제3호로 지정되어 있다. 보기 드문 예이다.

    세거지의 살림집들은 모두 남서향을 취하고 있다. 기존의 전통 마을에서는 찾아볼 수 없는 특이한 경우라 할 수 있다. 이렇듯 한 방향으로 향을 취하는 것은 '정#'자형 마을 배치법이기에 가능한 것이다. 정자형 배치법으로 인해 마을의 길은 곧은 모양을 하고 있다. 다만 마을의 진입로와 방향(정남향)이 다른 광거당을 향한 길만이 틀어져 있다. 따라서 마을의 살림집들은 서로 붙어 있고 담으로 연결되는 특징을 가진다.

수봉정사 솟을대문

수봉정사 정면

살림집들의 배치 형태는 안채와 사랑채가 따로 떨어진 튼'ㅁ'자형(4호), 튼'ㄷ'자형(4호), 튼'ㄱ'자형(1호) 3가지 유형으로 나누어진다. 평면 구성은 안채의 경우 모두 부엌, 큰방, 대청, 작은방 순으로 되어 있으며, 사랑채는 전면을 개방하는 것이 일반적이나 세거지의 사랑채에서는 전면 못지않게 배면의 툇마루나 쪽마루가 발달했다. 사랑채가 없는 경우는 튼'ㄱ'자형의 문보갑 가옥만이 유일한 예이다.

아름다운 고택과 어울리게 남평문씨 본리 세거지의 흙돌담도 무척이나 아름답다. 흙돌담에 사용된 자연석은 모두 비교적 작은 크기로서 무척이나 아름다우며, 마치 작은 돌들을 사용하여 꽃담을 만든 것처럼 보인다. 흙돌담은 부분별로 담장 상단에 기와를 활용하여 아름다운 문양을 넣은 곳들도 있으며, 군데군데 위치한 꽃담과 굴뚝 꽃담은 남평 문씨 본리 세거지의 아름다움을 더욱 극대화시킨다.

남평문씨 본리 세거지는 마을의 조성 시기와 그 규모나 형태면에서 기존의 전통 마을과는 차별화가 된다. 문중의 정신적 유산을 담아온 전통 건축의 정형성과 시대의 흐름에 따른 주거 공간의 근대적 변용 현상이 잘 나타나 있다. 따라서 남평문씨 본리 세거지는 마을의 공간구성 및 근대 한옥의 건축적 특성을 이해하는 데 좋은 자료가 된다. 특히 신앙·의례·생활 도구 등 다양한 유물들이 잘 보존돼 있어 역사적·학술적 가치가 매우 크다. 또한 세거지는 기존 전통 마을의 풍수 지리적 정서와 민속 풍습을 간직하고 있으면서도 20세기 초 민족의식을 고취하면서 근대화를 지향했던 철학을 엿볼 수 있는 곳이기도 하다.

마을사람들의 사랑방 수봉정사

세거지에서 대표적인 문화유산이라면 수봉정사와 광거당·인수문고를 들 수 있다.

수봉정사는 본리리 남평문씨 세거지 입구에 있다. 1936년 수봉壽峯 문영박文永樸(1880~1930)의 품성과 학식을 기리고 후손들의 학문과 교양을 쌓기 위한 교육 장소와 문중의 행사 및 손님을 접대하기 위해 자제들이 건립한 정사이다.

배치는 솟을대문을 들어서면 마당을 사이에 두고 일자형의 수봉정사가 대문과 일직선

상에 배치되어 있다. 마당 우측 담장에는 인수문고仁壽文庫, 중곡서고中谷書庫, 거경서사居敬書舍로 가는 일각문이 나 있으며, 뒤편 담장 우측에도 마을 안길로 통하는 일각문이 있다.

정사는 정면 6칸, 측면 2칸 규모의 일자형 건물로 중앙에 2칸 온돌방과 2칸 대청, 1칸의 온돌방을 두었는데, 중앙의 5칸 주위에는 벽과 창호로 꾸몄다. 중앙 5칸의 전후에는 반 칸 규모의 툇간을 두었으며, 좌측에는 쪽마루를, 우측 칸에는 통칸 마루를 두었다. 우측 칸의 마루는 전후로 단을 달리하였는데, 후면 칸에는 단을 조금 높이고, 주위에는 난간을 설치하였다. 집안에서도 공간의 격을 높인 것이다. 기단은 장대석 두벌대에 가공 초석을 놓고 외진주는 원기둥, 내진주는 네모기둥을 세워 7량가의 상부 가구를 받도록 했다.

외지에서 찾아오는 관광객들이 즐겨 찾는 곳이 수봉정사壽峰精舍이다. 앞마당에는 야트막한 인조산을 만들어 놓고 소나무, 배롱나무, 모과나무, 매화 등으로 조경했다. 인조산에는 거북 문양이 조각된 귀석이 있다. 마치 상형문자처럼 생긴 이 귀석은 옛 인홍사 터에서 발굴한 것이라고 한다. 거북은 솟을대문 간에도 있다. 거북 두 마리를 좌우 문짝에 둔테로

1 광거당 정면 2 광거당 헛담 3 광거당 누마루 모습

달고 큼지막한 빗장을 비녀처럼 찔러놓은 것이다. 이 거북 빗장은 문중의 번창을 기원한다.

수봉정사에는 멋진 글씨들이 여러 점 걸려 있는데, '쾌활快活' 편액은 추사 김정희의 글씨이고, '수백당守白堂' 편액은 유창환의 명작이며, '수봉정사壽峰精舍'라고 쓴 전서 현판은 오세창이 남겼다.

남평문씨 사람들의 마음을 읽을 수 있는 광거당廣居堂

본리리 남평문씨 세거지 맨 우측편에 동남향으로 위치하고 있다. 1834년(순조 34)에 재실인 용호재가 건립되었으나 없어지고, 그 터에 후손들의 공부장소로 문봉성文鳳成이 1910년에 건립하였다. 재실의 용도보다는 조선 선비사회에서 유명한 사랑방 역할을 했다. 이 곳 툇마루에 앉아 밤잠 설쳐가며 사시사철 시도때도 없이 문사철을 논하며 풍류를 즐긴 곳이라 전한다.

'광거'는 『맹자孟子』「등문공장구하滕文公章句下」의 '천하의 넓은 땅에 살며, 천하의 바

수석노태지관(壽石老苔池館) 현판

른 자리에 서며, 천하의 큰 도리를 행한다居天下之廣居 立天下之正位 行天下之大道'에서의 '광거'를 따온 것이다. 한마디로 '넓게 살아보자'는 뜻이다.

집의 면면을 살펴보면, 대문채를 들어서면 광거당 본채가 보이지 않도록 살짝 차면담을 두었다. 차면담은 '헛담'이라고도 한다. 시각적으로 또는 심리적으로 내외를 구분짓기 위한 한옥 고유의 건축기법이다. 건축을 공부하는 사람들은 광거당의 백미로 차면담을 꼽는다. 의성 산운마을 점곡당에도 이와 유사한 담이 있다.

차면담 우측으로 살짝 비껴 돌면 앞쪽의 넓은 마당 너머에 동남향한 광거당이 자리 잡고 있다. 대문채 옆에는 우물이, 광거당 서편 담장 곁에 변소가, 우측 편 일대는 대나무 밭이 자리 잡고 있다.

광거당의 평면은 '정丁'자형이다. 가운데 4칸 대청을 중심으로 좌우에 2칸 온돌방이 배치되고 앞쪽으로 툇간 마루가 설치된 중당협실형中堂挾室形 평면을 기본으로, 우측 온돌방 뒤편으로 2칸 온돌방을 첨가하였고, 앞쪽으로는 툇간 마루보다 높게 2칸 정도의 누마루를 설치하고 전면과 측면에 계자난간을 돌려 다락집 형상으로 꾸몄다.

광거당은 굴도리를 사용한 소로수장집인데, 정면 부분은 5량가이고, 우측 부분은 3량가이다. 건물에 사용된 화강암 기단석과 초석은 인홍사지에서 가져온 것이라 하며, 목재는 봉화 춘양목이다.

광거당 누마루에는 수석노태지관壽石老苔池館이라는 현판이 있다. '수석과 묵은 이끼와 연못이 있는 집'이란 뜻이다. 당시 광거당을 다녀간 문사들의 고풍스런 정취와 격조가 묻어 있는 현판이다. 현재는 연못이 사라지고 없으나 연못의 그 빈자리를 대나무 숲과 수백 년 된 소나무들이 남아 광거당의 문향을 전하고 있다. 현판글씨는 추사 김정희의 글씨이다.

광거당은 고풍스런 분위기가 있어 드라마나 영화 촬영장으로 많이 활용되기도 한다. 1980년대 장미희가 주연한 영화 〈황진이〉를 이곳에서 촬영하였고, 강수연이 주연한 〈씨받이〉는 수봉정사와 문씨 종가 죽헌종택이 촬영 무대가 되었다.

남평문씨 정신문화의 산실 인수문고

인수문고는 근래(1982년)에 조성되었으나 1910년 후은 문봉성(1854~1923)과 수봉 문영박(1880~1930) 부자가 세운 광거당에서부터 시작되었다. 이들 부자는 1910년 자제들의 학문과 교양을 쌓기 위해 광거당을 지어 책을 수집하고 선비와 후손들이 공부할 수 있는 장소로 삼았다. 광거당의 서책은 매우 의도적이며 조직적으로 수집·관리되었다. 특히 수집된 장서를 잘 보관하고 효율적으로 운영하기 위하여 1939년에는 광거당 전수규약傳守規約을 만들었는데, 이 규약은 후손들에게 학업과 조상을 극진히 하며 손님을 예와 경으로 대접하게 하는 지침이 되었고, 서적의 관리를 엄격히 하고 자료의 보존과 훼손을 방지하기 위한 내용으로 구성되어 있다. 한편 수봉 문영박을 추앙하고 강학할 목적으로 그의 아들 5형제가 합력하여 세운 정사인 수봉정사에도 일부 서책이 보관되어 있었다.

인수문고는 1970년 광거당과 수봉정사의 장서를 합리적으로 관리할 방안에 대한 남평문씨 집안의 논의에 따라 수봉정사 구내에 존안각을 지어 두 곳의 서책을 통합하여 문중문고로 일원화하여 보관·관리하게 되면서 출발하였다. 1975년에 문진채文晉采(1906~1990)가 쓴 「인수문고소지仁壽文庫小識」에 의하면 "광거당과 수백당(수봉정사)에 만여 권의 전적과 여러 종류의 고서화가 소장되어 있었다. 세상의 어지러움으로 중간에 제대로 살피고 돌보지 못한 때도 있었고, 특히 6.25 동란 때에는 다소의 손실이 있었는데 서화의 피해가 더욱 심했다. 그래서 의논하여 수봉정사 구내에 잘 보이는 곳을 택해 집을 짓고 두 곳의 책을 옮겨 함께

인수문고 정면

수장하고 인수문고라 이름하였다."고 하였다.

지금의 인수문고 위치로 옮겨진 것은 1982년이다. 국고 보조로 비좁았던 존안각을 헐고 수봉정사 옆에 있던 밭 300평에 서고건물을 새로 지어 인수문고의 서책을 보관하였고, 인수문고 서책을 열람하고 그 내용을 담론하기 위한 건물로 거경서사를 함께 신축하였다. 이후 1993년에는 20세기에 간행된 한국학 관련 장서를 보관하기 위해 중곡서고 한 동을 지어 완전한 체계를 갖추었다.

2007년에 인수문고에 소장되어 있는 고서, 고문서, 책판을 비롯하여 거경서사의 약산문진채 소장본, 중곡서고 소장의 현대서, 그리고 수봉의 현재 종손 소장의 고문서와 유물 등을 조사하였는데, 그 수량은 아래 표와 같다.

2007년 남평 문씨 본리 세거지 내 기록 유산 등 자료 현황 (단위 : 점)

계 구분	고서	고문서	책판	현판·유물	현대서	비고
15,207	8,556 (1,342종)	449	558 (5종)	54	5,590 (3,961종)	

인수문고 전신은 만권당이다!!

지금의 인수문고의 기반은 만권당이다. 만권당은 나라가 망하던 시기인 1910년에 설립하였다.

만권당 설립 목적은 남평문씨 자녀교육이다. 일제의 한국 병합 이후 신식 교육기관이 대거 설립되는 상황에서 문씨 집안에서는 일제가 세운 신식학교에 자녀들을 보낼 수 없다고 판단하였다. 일본사람이 세운 학교에 자식들을 보내면 결국 자식들은 일본사람이 되는 것이라고 생각하였다. 그래서 독자적인 교육프로그램을 가지고 설립한 사립학교이자 도서관이 만권당인 셈이다.

당시 서울과 대구 등 전국에서 수집한 만권당 책 가운데 상당수는 중국에서 수입한 고가의 책들이었다. 재력이 있었기에 서적 수집이 가능했다. 낱권이 아닌 전집으로 이루어진 책들이 많았다.

만권당 장서 중에서 중국에서 수입한 책들을 골라 준 인물은 남평문씨 집안과 교류한 김택영金澤榮(1850~1927년)이라는 사람이었다. 그는 구한말의 유학자요 문장으로 유명한 인물이다. 특히 역사에 관심이 많았던 인물이다. 1905년 을사보호조약 이후 통분을 금치 못하고 중국에 건너간 김택영은 중국 상해에 머무를 때 만권당 주인의 부탁을 받고 많은 책들을 골라 주었다. 그 중에는 자신의 관심분야이자 민족 정체성 확립에 필요한 역사책이 많았다. 인수문고에 역사책이 특히 많은 이유도 김택영의 의식 때문이다.

중국에서 보내지는 책들은 배편으로 전남 목포에 도착한다. 책을 실은 배가 도착했다는 기별을 받으면 문씨 집안에서는 사람을 목포에 보내서 책을 가져와야 했다. 당시 책을 운반하는 수단은 소달구지였다. 수백 권의 책을 실은 소달구지가 남원과 함양, 거창을 거쳐 남평문씨 세거지 만권당에 도착하는 것이다. 엄청난 노력과 돈, 시간, 정력이 투자되어 만권당이 만들어졌고, 그 바탕 위에 인수문고가 올라선 것이다.

인수문고는 문중문고, 문중도서관이다

현대적 의미의 도서관이 등장하기 전까지 우리나라에는 전통적으로 네 가지 유형의 도서관이 있었다. 첫째는 조선조 정조 때에 세워진 규장각과 같은 왕립도서관이고, 둘째는 성균관·향교·서원 등의 교육기관에 설치되었던 학교도서관이고, 셋째는 문중에서 자녀교육을 위해 설치한 문중문고이며, 넷째가 개인문고다.

인수문고는 문씨 집안 공동의 문고라는 점에서 문중문고이다. 문중문고는 그 성격이 특이하다. 특정 성씨의 구성원만을 위한 문고라는 점에서는 사적인 용도지만, 개인이 아닌 문중 전체를 대상으로 한다는 점에서는 공공적인 성격을 지니고 있다.

달성 마을 이야기

사성
김해 김씨들의
마을 우록

사성賜姓 김해김씨들의 마을 우록

대구에서 가창을 지나 청도 가는 길을 따라 가다가 팔조령을 넘기 전에 녹동서원과 우록리를 가르키는 이정표가 나온다. 이정표 있는 곳이 가창 2번 버스(우록리 행)의 종점이기도 하다. 이정표가 가리키는 곳을 따라 우회전해서 오르다 보면 비슬산 아래 골짜기에 우록1리가 자리 잡고 있다. 마을의 중심이 되는 자연촌락이 큰마실이고 그 밖에 황학, 개미골, 자양동, 진살 등의 자연 촌락으로 구성된 규모가 꽤 큰 마을이다.

우록은 원래 '우미산 아래에 위치한 소 굴레 모양의 마을'이란 뜻으로 우록동이라 불렸다. 그러다가 임진왜란 때 이 마을에 정착한 김충선 장군이 '사슴과 벗하는 마을'이란 뜻으로 우록동이라 고쳤다고 한다. 마을에는 김충선 장군의 후손인 사성賜姓 김해김씨 일가를 비롯 250여 가구가 살고 있다.

여러 개의 자연촌락 중 일본인 사야가가 임금으로부터 김해김씨 성을 받아 입향한 곳은 큰 마실이다. 1602년(선조 35) 임진왜란 때 일본군 장수로 참전한 일본인 사야가沙也可가 귀화한 뒤 이곳에 정착하여 후손들의 세거지가 되었다. 이곳에는 지금도 약 40가구의 후손들이 살고 있다.

우록1리 전경

하늘에서 본 우록1리

김충선을 알아야 우록을 안다

건국대학교 사학과 신병주교수는 『인물한국사』에서 김충선 장군을 소상히 소개하고 있다. 그 내용을 중심으로 김충선 장군을 다시 알아보기로 하자.

사야가는 1571년(선조 4)에 일본에서 태어났다. 그는 일본 와카야마현 사이카부대 대원이었다. 사이카부대는 조총을 직접 제조하고 사격까지 잘 하는 부대였다. 사야가는 조총을 만드는 기술과 사격술을 겸비한 유능한 군인이었음을 짐작케 하는 대목이다.

사이카부대와 각별한 관계에 있던 사람이 반 히데요시 세력이었던 다이묘였다. 다이묘는 일본 헤이안시대 말기에서 중세에 걸쳐 많은 영지를 가졌던 봉건영주이다. 이들은 히데요시가 전국을 통일하면서 대부분 제거되었다. 그러니 반 히데요시 세력이 많았고 사야가 역시 그 일원이었다.

히데요시는 다이묘의 봉기를 경계하였다. 임진왜란 때는 조선침략 전쟁에 참가하는 다이묘 가족들을 나고야성에 어좌소라는 집을 지어 살게 하였다. 겉으로는 보호해 준다는 의도를 나타낸 것이지만 속뜻은 인질로 잡아 배신하지 못하도록 한 것이다.

사야가는 임진왜란이 일어나는 1592년(선조 25)에 처음으로 조선 땅을 밟는다. 사야가는 겨우 22살에 왜장 가토 기요마사加藤淸正 휘하의 선봉장으로 3,000명의 병사를 거느리고 조선을 침입한 것이다. 나이로 보면 얼마나 유능하고 인정받은 장수였는지 짐작이 가고도 남는다. 그러나 불과 며칠 만에 마음이 바뀌어 조국 일본을 향해 돌진하는 조선의 장수로 변해 버렸다.

당시 왜군 중에는 조선에 투항해 왜군과 맞서 싸운 이들이 더러 있었다. 투항 일본인을 '항복한 왜군', 즉 '항왜降倭'라 불렀다. 항왜는 적의 사정을 정확히 파악하는데 도움을 주고, 조총을 비롯한 일본의 무기 관련 기술을 전수해 주는 등 여러모로 유용한 존재였다.

보통 항왜는 전황이 좋지 못해 투항한 이들이 대부분이었다. 1397년 조선 태조 때 항왜가 처음 등장하였다. 부산포나 제포, 염포 등지에 항왜가 거주하고 있었다는 기록이 있다.

그러나 그 수가 많았던 때는 임진왜란 때였다. 당시 한양 인구가 10만 명 정도였는데 항왜의 수가 1만 명에 달하였다고 하니 엄청난 수의 왜병이 항복하여 귀화한 것이다.

일본군은 늘어나는 항왜에 고민이 깊었다. 병영에 목책을 쳐서 밤에 탈영하는 것을 막기도 하였다. 항왜에 대한 고민은 단순히 병사의 탈영에 있는 것이 아니라 군사기밀과 용병술이 새어나가는 것이었다.

실제로 항왜들을 활용해 빼낸 군사정보는 임진왜란의 승리에 큰 영향을 미쳤다. 조총기술을 배울 수 있었다는 것 외에 인맥을 이용해서 정보를 빼오는 일이 많았다. 왜냐하면 항왜는 쉽게 적진에 들어갈 수 있기 때문에 정보를 쉽게 빼낼 수 있었다. 실제로 선조실록에는 항왜 마당고라, 신사고라 등을 투입시켜 군기고와 군량미를 불태우고, 왜병들을 유인하도록 하였다는 사실을 기록하고 있다. 여여문이라는 항왜는 도산성에 침투해서 성안 군사배치를 그림으로 그려 나오기까지 하였다. 일본말을 하면서 변장이 쉬우니 적진 침투가 쉬웠던 것이다.

그렇다면 왜 항왜가 많아진 것일까? 일반적으로는 배고픔과 힘든 노역 때문이었다. 1593년 임진왜란 이듬해에 전세가 역전되면서 전쟁이 길어졌다. 자연 식량 보급로가 끊기자 식량부족으로 군사들은 배를 움켜쥐게 되었다. 뿐만 아니라 명나라와 일본의 강화교섭으로 장기전이 되자 남쪽으로 내려가면서 산성을 쌓아 장기 농성에 들어간다. 군사들이 산성 쌓기에 동원되자 그렇지 않아도 배고픈데다 노역까지 겹친 것이다. 당연히 탈영병이 속출하고 탈영한 군사는 항복하고 귀화하였다.

1595년 선조실록을 보면 토요도미 히데요시의 제1 선봉장이었던 고니시 유키나카의 동생까지 귀순을 고민하였다. 실록에는 "너희 나라에서는 항왜를 후대한다는데 난처한 일이 있으면 우리들도 투항해 가려는데 후대해 줄 지 모르겠다."라고 적고 있다.

사야가는 일반 항왜와는 달랐다. 그는 조선에 들어오기 전부터 조선을 동경한 나머지 일찍부터 투항을 결심한 인물이다. 그는 이러한 속마음을 〈모하당술회가慕夏堂述懷歌〉라는 직접 작사한 노래에 털어 놓았다.

사야가는 넓디 넓은 천하에서 어찌하여 오랑캐의 문화를 가진 일본에 태어났는가에 대해 탄식했으며, 그래서 아름다운 문물을 보기를 원했다. 그러던 중 가토 기요마사가 조선을 정벌하러 가게 되면서, 그는 선봉장으로 임명되었다. 사야가는 이 전쟁이 의롭지 못한 것임을 알고 있었지만, 예의지국 조선을 한번 구경하고자 선봉장이 되어 조선에 오게 되었다. 이때, 그는 맹세코 다시 일본으로 돌아오지 않을 것을 마음 속으로 결단했다고 표현하고 있다. 즉, 예의의 나라 조선을 흠모하다가 가토의 선봉장이 되어 출정함에 귀화의 결단을 내리게 되었음을 말하고 있는 것이다. 후에 그가 조선의 예의와 문물을 사모하여 당호를 '모하慕夏'라고 한 것도 같은 맥락에서 이해 할 수 있다.

모하당의 노래에서는 고국을 떠나는 사야가의 마음이 편치만은 않았음도 비추고 있다. "친척과 이별하며 칠七형제 두 아내 일시에 다 떠나니 슬픈 마음 없다면 빈말이라"라는 표현에서 잘 나타난다. 여러 가족들을 떠나는 아픔을 겪어야 했지만, 사야가는 조선에 귀화하고자 하는 열망을 꺾지 않았다. 그는 귀화의 이유로 크게 두 가지를 들었다. 하나는 요순삼대堯舜三代의 유풍을 사모하여 동방 성인聖人의 백성이 되고자 함이며, 또 하나는 자손을 예의가 있는 나라의 사람으로 키우기 위해서였다.

사야가, 조선의 장수 '김충선金忠善'으로 변신하다

1592년 6월에 조선 침략을 위해 출병한 왜군 선봉대가 부산에 도착했다. 왜군의 조총공격에 속절없이 무너지는 조선군, 조선의 운명은 풍전등화로 치닫고 있었다.

당시 왜군 선봉대를 이끌었던 장수 중 한 사람이 가토 휘하의 사야가였다. 사야가는 당시 동래부 하마정 부근에 진을 치고 조선을 살펴보았다. 난리에 경황이 없는데도 조선사람들은 예절과 기품이 있었다. 흐트러진 곳 없는 의관에 몸가짐이 정연하였다. 이에 일본이 군사를 일으켜 조선을 침략하는 것은 명분이 없고 이웃간에 화만 불러일으킨다는 생각을 굳히고 귀순하기로 결심하였다.

사야가는 귀화에 앞서 한차례 귀화하는 이유를 밝힌 '효유서'라는 밀서를 조선에 보낸다. 그 내용을 요약하면 다음과 같다.

"이 나라 모든 백성들은 이 글을 보고 안심하고 직업을 지킬 것이며 절대로 동요하거나 흩어지지 말라. 지금 나는 비록 선봉장이지만 일본을 떠나기 전부터 마음으로 맹세한 바 있었으니 그것은 너희 나라를 치지 않을 것과 너희들을 괴롭히지 않겠다는 것이었다. 그 까닭은 내 일찍이 조선이 예의의 나라라는 것을 듣고 오랫동안 조선의 문물을 사모하면서… 한결같은 나의 사모와 동경의 정은 잠시도 떠나본 적이 없기 때문이다."

효유서를 보낸 사야가는 다음에 강화서라는 글을 써서 다시 귀순의사를 밝히기도 하였다.

한편 조선은 속수무책에 침략을 당하여 패배와 죽음의 그림자가 드리워진 상태였다. 이때 조선의 장수 앞에 왜군의 선봉부대 장수 사야가가 3천명의 병사를 이끌고 나타났다.

"내가 경상도 병마절도사 박진이다. 넌 누구냐?"

"나는 일본군 제2군 선봉장 사야가라 하오. 우리 선봉군 3천명은 조선군에게 투항하러 온 것이니 우리를 받아주오."

유능한 일본 장수가 갑자기 찾아와 조선군더러 항복하라는 것이 아니라 항복하겠다고 하였으니 엄청난 사건이 벌어진 것이다. 그렇다고 수천 명의 군사를 이끌고 찾아와 조국을 배반하겠다는 일본 장수의 귀순 의사를 곧이곧대로 믿는다는 것은 쉬운 일이 아니었다. 경상도병마절도사 박진의 고민이 대단히 컸을 것으로 짐작된다. 혹시 위장 귀순은 아닌가 하고 말이다. 실제로 당시에는 의견이 분분하였다. 한편에서는 항왜들을 모두 처단하자는 의견이 있었는가 하면 한편에서는 잘 우대해서 우리 편으로 만들어야 한다는 의견도 있었다.

논쟁 끝에 사야가의 귀순은 받아들여졌다. 귀순한 사야가는 조선군에게 많은 정보를 제공하였다. 왜병의 군량미 이동경로를 알려 의병들이 소탕하도록 도우기도 하는 등 귀순 후 무려 78회의 전투에 참가하였다. 주로 관찰사 김수金睟와 망우당 곽재우 장군 등을 따라서 경주·울산 등지에서 일본군의 침공을 막아내는데 공을 세웠다. 사야가는 조선군과 함께 왜군이 점령했던 18개의 성을 탈환하였다. 원래 적진의 선봉장으로 활약했던만큼 적의 동향을 누구보다도 잘 알고 있었기 때문에 가능했던 일이다. 그는 이러한 전공을 가상히 여긴 조정으로부터 가선대부嘉善大夫를 제수 받았다.

이듬해인 1593년(선조 26)에는 사야가의 뛰어난 전공을 인정한 도원수 권율, 어사 한준겸 등의 주청으로 성명을 하사받았으며, 자헌대부에 올랐다. 사야가가 조선인 '김충선'으로 거듭 태어나는 역사적인 날이었다. 선조는 "바다를 건너온 모래沙를 걸러 금金을 얻었다"며 김해김씨로 사성하였다. 이름은 충성스럽고 착하다는 '충선忠善'으로 지어졌다.

김충선은 왕명으로 벼슬과 성명이 내려지게 되자, 그 기쁨을 〈모하당술회가〉에서 다음과 같이 표현하였다.

"자헌계姿憲階 사성명賜姓名이 일시에 특강特降니 어와 성은聖恩이야 갑기도 망극다. 이 몸 가리된들 이 은혜 갑플소냐"

성은이 망극하여 자신의 몸이 가루가 되더라도 은혜를 갚겠다는 그의 의지가 엿보인다. 이어서 그는 죽을 힘을 다해서 적진을 파멸하고 왕에게 은혜를 갚은 후에 연회를 열겠다고 다짐하였다.

조선의 신무기 개발에 힘쓰다

조선은 임진왜란 때 군사무기에서 엄청난 열세였다. 대포와 화살로는 왜군과 맞설 수가 없었다. 조선이 육상전투에서 연전연패할 수 밖에 없었던 이유는 왜군들에게는 천하의 무기 조총이 있었기 때문이다. 당시 조총의 위력을 선조실록에는 "조총은 천하의 신기한 무기이다. 본디 조총에 대적하기 어렵다. 적의 전승은 오직 조총이 있기 때문이다."라고 적었다.

전쟁의 기세를 역전시키기 위해서는 조총이 절실히 필요했다. 임진왜란 발발 1년 후에 나라의 운명을 바꿀 조총을 만들어 낸다. 그리고 조총부대도 만들었다. 항왜, 특히 사야가와 같은 사이카 조총부대원들이 있었기 때문이다.

역사학자들 중에는 이순신 장군이 조총을 개발하였다고 주장하는 이도 있지만 실제로는 일본에서 철포대라는 조총부대를 지휘한 경험이 있는 김충선(사야가)의 공이 컸다. 1594년

김충선의 유품, 조총

이순신 장군은 조총의 장점과 조선의 화기가 가지는 장점을 결합해서 새로운 조총을 만들었지만 기술제공자는 김충선이었다.

김충선은 전쟁에서 이기려면 무엇보다도 무기가 좋아야 한다고 주장하였다. 그런데 조선의 무기를 돌아보니 정밀함이 적어, 이 병기를 가지고서 적을 격파하는 것은 불가능에 가깝다고 판단했다. 그래서 그는 자신이 알고 있던 조총과 화포 등 일본의 무기제조기술을 널리 전수하여 전투에 활용코자 했다. 그가 임진왜란 당시 이덕형·정철·권율·김성일·곽재우·이순신 등과 주고받은 편지에는 조총 등의 보급에 관한 내용이 실려 있다. 통제사 이순신에게 보낸 답서를 예로 들어보자.

"하문하신 조총과 화포에 화약을 섞는 법은, 지난번 비국備局의 관문關文에 따라 이미 각 진영에 가르쳤습니다. 이제 또 김계수金繼守를 올려 보내라는 명령이 있사오니, 어찌 감히 따르지 않겠사옵니까."

이순신이 조총과 화포 및 화약 제조법을 물은 데 대해서 김충선이 쓴 답서이다. 이후에도 김충선은 화포와 조총을 만들어 시험한 후, 각처에 보급하여 전력을 강화할 것을 청하는 상소를 올리기도 했다. 조선으로의 귀화를 받아주고 특별히 벼슬과 이름을 하사해 준 데 대한 고마움의 보답이었던 것으로 보인다.

일본의 김충선 장군 연구자들은 일본 센고쿠시대 때 와카야마현의 사이카라 불린 철포부대의 스즈키 마고이치가 김충선이라 주장한다. 옛날 총을 연구하는 일본 소설가 고사카 지로도 그렇게 주장하는 사람의 하나이다. 실제로 스즈키 마고이치는 임진왜란 때 조선으로 출정하였지만 그 후에는 소식이 두절되었다. 어쨌든 김충선은 일찍이 일본이 가지고 있던 조총 제작기술을 한국에 전수하여 군사력을 향상시키는데 공헌한 인물임에는 틀림없다.

김충선, 66세까지 전쟁터를 누비다

김충선은 임진왜란이 끝나자 진주목사 장춘점의 딸과 혼인을 하여 지금의 우록에 살았다. 하지만 임난 후에도 한결같이 조선에 충성하였다. 조정에 변고가 생기면 자원하여 전쟁터에 나갔다. 정유재란과 이괄의 난 및 두 차례의 호란胡亂 등에서 활약했던 김충선의 모습을 살펴보면, 그의 충심을 가늠해 볼 수 있다.

1597년(선조 30) 정유재란 시기에 김충선은 손시로 등 항복한 왜장과 함께 의령전투에 참가하여 공을 세웠다. 당시에 왜적 만여 명은 산음에서 곧바로 의령으로 내려가 정진을 반쯤 건너고 있었다. 이때 김충선은 명나라 병사 수십명과 합세해 왜적에게 맞섰다. 조선의 군병은 기세를 떨치며 싸웠으나, 곧 왜적의 반격에 빠져들고 말았다. 왜군이 기마병으로 추격하여 포위를 하자, 조선 군병과 명나라 병사가 함께 포위되고 말았다. 포위를 무너뜨릴 수 있었던 데에는 항왜들의 힘이 컸다. 당시의 전투에서 김충선도 적의 수급을 베었던 것이 확인된다.

> …… 명나라 병사와 항왜 등의 참급斬級은 많게는 70여 급인데 분주하게 진퇴하는 동안에 거의 다 흩어져 없어졌으며, 명나라 병사는 두 급을 베고, …… 항왜 동지 요질기要叱其·항왜 첨지 사야가沙也加·항왜 염지는 각기 한 급씩을 베었다. 그리고 왜군의 깃발 홍백·흑백의 크고 작은 것 3면과 창 1병, 칼 15병, 조총 2병, 소 4마리, 말 1필과 포로가 되어 갔던 우리나라 사람 1백여 명을 빼앗아 오기도 하였다 (『선조실록』).

이 시기에 김충선은 김응서의 휘하에 있었는데, 그는 자신의 상관에게도 의리를 지키는 면모를 보였다. 명나라 제독 마귀는 왜적의 꾀에 넘어가 명나라 병사를 위험에 빠뜨린 김응서를 엄격하게 군율로 다스리려 했다. 그러자 김충선은 자신이 전공을 세우면 김응서의 죄를 용서해 줄 것을 청하는 군령장을 보냈다. 그리고 실제로 3개월 후인 1598년(선조 31) 1월 울산 증성에서 왜적을 대파하여 일을 무마시켰다.

1624년(인조 2) 이괄의 난의 주동자 이괄(1587~1624)은 임진왜란 때 전투 경험이 있는 항왜 출신들을 선동하여 동원하였다. 당시 이괄의 부장은 항왜 서아지였는데, 54세의 김충선은 서아지를 김해에서 참수하는 전공을 세웠다.

이괄이 토벌군에 의해 죽자 부장 서아지가 다른 왜병들을 이끌고 일본으로 도망치려 하자 대구 우록에 살던 김충선은 군사를 모아 길목을 지키고 있었다. 결국 서아지의 부대는 김충선의 부대와 조우하였다.

서아지가 "우리는 고향 일본으로 가려고 한다. 더 이상 피를 보고 싶지 않다. 길을 열어 달라!!"라고 하자 김충선은 "죽는 것은 쉬우나 길을 터주는 것은 어렵다."라며 길을 막았다. 서아지는 "같은 일본인으로서 부탁한다."라고 애걸하자 김충선은 "난 조선인이다."라며 끝내 길을 열어주지 않았다.

결국 김충선 군사와 서아지 군사는 조총을 쏘고 칼을 휘두르며 격전을 벌였다. 화약연기로 가득한 전장에 연기가 걷히자 배에 총탄을 맞고 앉아 있는 서아지를 보았다. 그는 배에서 쏟아지는 피를 물끄러미 보다가 "집에 가야해!!" 하며 저고리를 벗어 배에 동여맸다. 두 개의 칼을 잡고 일어섰지만 김충선 부대의 조총을 피하지 못하고 죽고 말았다. 귀화 일본인 김충선의 조선에 대한 충성심을 엿볼 수 있는 대목이다.

조정에서는 김충선의 공을 인정하여 사패지를 하사하였다. 그러나 김충선은 이를 극구 사양하고 수어청의 둔전으로 사용케 하였다. 『승정원일기』에서는 당시 상황을 다음과 같이 기록하고 있다.

"영장 김충선이라는 자는, 사람됨과 용맹이 출중할 뿐만 아니라 성품 또한 매우 공손하고 조심성이 있습니다. 그래서 이괄의 난 때에 도망친 항왜인을 추포하는 일을 그 당시 본도의 감사로 있던 자가 모두 이 사람에게 맡겨서 힘들이지 않고 해결할 수 있었으니 진실로 가상합니다(『승정원일기』)."

1627년(인조 5) 정묘호란 때도 김충선은 토병 한응변 등과 함께 자원군으로 나가 전투에 임하였고, 이로 인해 상당직에 제수되었다. 1636년(인조 14) 병자호란 때에는 66세의 노구를 이끌고 전투장에 나와 광주 쌍령에서 청나라 병사를 무찔렀다. 22세에 조선에 귀화한 후부터 66세에 이르기까지 줄기차게 전쟁터에 나와 자신의 목숨을 걸고 싸웠던 것이다.

김충선 장군이 우록마을을 선택한 이유

조선 선조 28년, 서기 1600년에 임진왜란은 끝났다. 30세의 김충선은 전쟁이 끝나자 새로운 고민에 빠진다. 귀화한 몸이 어디에 정착할 것인지 고민이 아닐 수 없었다. 그는 "8년간 나의 일은 끝났다. 그러나 고국은 멀고 친척에게서 떠난지라 나는 어디로 가야할까?"라고 돌아갈 곳이 없는 이방인의 심정을 토로한다. 반면에 "나라를 떠난 것은 섭섭하지만 오랑캐를 벗어난 것은 나의 원하던 바라. 남산의 남이나 북산의 북이나 어디를 간들 마땅하지 않으리오."라며 사욕이 없는 담담한 자세를 보이기도 했다. 고민하던 그는 우록에 들어와 깨끗하고 한적한 터전을 가려서 집을 짓고 은거의 길을 택하였다.

우록리를 정착지로 선택한데는 특별한 이유가 있었던 것으로 짐작된다. 첫째로 우록리의 산세와 풍광이 김충선의 일본 고향과 닮았기 때문이라는 주장이 있다. 이 주장에는 많은 정황이 나타난다. 예전에 취재를 위해 우록리를 방문한 시바 료타로는 "우록리 풍경은 다른 마을과는 달라 서산에는 나무가 많고, 산허리에는 대나무 덤불을 만들어서 이것으로 둘러치게 하고, 높은 산에서부터 물을 흐르게 하여 그 물로 논밭을 윤택하게 하는 구조로 되어 있었다. 무엇인가 이상할 정도로 왜인의 방법이다."라고 썼다. 사야가를 주인공으로 한 역사소설 『바다의 가야금』을 지은 고사카 지로(神坂次郎) 등 우록리를 방문했던 일본인들은 우록은 "옛 일본 마을의 산세와 흡사하고 사야가는 고향을 생각하며 이곳을 정착지로 선택한 것 같다"고 했다.

뿐만 아니라. 김충선이 우록리를 정착지로 결정한 취지에 대해 모하당문집 녹촌지에 다음과 같이 전하고 있다.

"동리이름이 우록으로 되어있는데 내가 취하는 바가 있으니, 산중에 은거하는 사람은 대개 사슴을 벗하며 한가로움을 탐하는 것이다. 우록의 뜻은 내 평생토록 산중에 숨어살고자 하는 뜻과 부합한다. 차가운 샘물에 마음의 티끌을 씻고 선유의 마을에서 흰 구름을 빗질할 수 있으리라. 그러므로 한 칸의 띠집을 세워서 자손에게 남기노니 이곳이 곧 나의 원하는 땅이다."

조선 선비들이 벼슬을 버리고 은거하면서 던지는 기풍이 스며있는 말이다. 우록이라는 지명은 원래 '우미산 아래 소 굴레 모양의 마을'이라 하여 우륵으로 표기해 왔으나 김충선이 정착하면서 '사슴과 벗하는 마을'이라는 뜻으로 우록이란 이름을 고쳐 부른 것도 그런 의도로 보인다. 전장에서 용맹을 떨치던 장군이었지만 부귀영화를 멀리하고 지방에 은거하는 길을 택했다. 오래전부터 우록 골짜기를 삶의 터전으로 점찍어 놓았던 것으로 보이는 점이다. 녹촌지에는 우록리에 터전을 잡은 또 다른 연유가 기록되어 있다.

"내가 여기 달성 남쪽 삼성산 밑 우록리에 터전을 정하였으니, 이곳은 반곡이 아닌 반곡같은 곳이요, 율리가 아닌 율리같은 마을이다. 그 터전이 산은 높지 않으나 수려하고 물은 깊지 않으나 맑다. 봉암산은 그 동쪽에 있고 황학봉은 그 서쪽에 솟아있다. 남에는 자양산이요, 북에는 백록봉이다. 차가운 물은 그 오른편에서 솟아나고, 선유동은 그 왼편에 깊숙하다."

택리를 할 때 산세를 고려하였다는 점이 강조되어 있다. 우록이라는 마을 이름에서 '사슴을 벗한다'고 한 것은 산중임을 말함과 동시에 세상의 번잡한 일을 벗어난 듯한 인상을 주고 있다. 백록과 자양은 중국의 주자가 도학을 강학하던 곳이고, 봉과 학은 신선과 관련이 있거나 도학자들을 상징하고 있는 영물이다. 마치 선비들이 운집하여 수학하는 도학동의 광경을 연상케 하여, 도덕군자의 처소라는 의미를 내포하고 있었던 것이다. 또한 우록리를 반곡이나 율리로 표현하고 있다. 반곡은 당송팔대가 한유의 친구 이원의 은거지요, 율리는 진나라 도연명의 고향이어서 그 의미 또한 상징적이라고 하겠다. 이처럼 김충선이 우록리를 거처로 정한 것은 세상의 부귀와 영화를 떠나 은둔처사의 길을 택하고 있음을 강하게 시사하고 있는 것이다.

김충선은 우록리에 정착한 이래 국가의 위기상황에는 언제든지 전장으로 달려가는 멸사봉공의 길을 걸었다. 여진족의 침입으로 변경이 소란해지자 김충선은 자청하여 10년 간 국경방어 임무를 다했다. 35세 때부터 43세가 넘을 때까지 장년기를 군무에 바치고 우록리로 돌아왔다. 다시 우록리로 돌아온 뒤 삶을 마칠때까지 생애 절반 가까이 은둔처사의 삶을 살았다.

우록마을 사성 김해김씨들의 가훈

우록에 정착한 김충선은 1615년 첫째 아들 경원을 낳은 뒤 그 아래로 경신, 우상, 계인, 경인 등 네 아들과 딸 하나를 두었다. 자녀들이 혼인해 아들 경원이 7남 4녀를 낳고, 아들 경신이 5남 2녀를 낳는 등 3세손 29명을 보는 등 자손들이 번성하기 시작했다. 우록이 사성 김해김씨의 씨족마을로 번창하는 바탕이 이루어진다.

후손이 번성하는 가운데 김충선은 조정으로부터 두터운 신임을 받으면서도 늘 '귀화한 왜장'이라는 부담을 안고 살아야했다. 그는 귀화한 후에 일본인이라는 사실을 감추고 살았다. 그 후손들조차도 한참동안 항왜의 후손이라는 사실을 모르고 살았다. 그럼에도 '왜놈 자식'이라는 소리를 듣지 않도록 철저히 가정교육을 시켰다.

그래서 김충선은 우록리에 정착한 다음 '가훈'과 마을 사람들이 서로 협조하여 살아가기 위한 '향약'을 제정하였다. 조선 향촌사회의 제도를 쉽게 터득하여 후손들이 조선사회에 잘 적응할 수 있도록 힘쓴 대목이다. 아마 당시 우록마을에는 먼저 정착하여 살고 있는 주민이 있었던 모양이다. 가훈이나 향약을 보면 마을에 살고 있는 타인에 대한 배려를 특별이 강조하고 있는 점이 그것을 뒷받침하고 있다.

김충선 가문의 가훈을 살펴보면 글을 가까이 하고 농사를 열심히 짓고, 부귀와 영달을 멀리하고, 청렴검소하고 부모에게 효도하고 임금에게 충성하고, 주색과 탐욕, 도박과 다툼을 금지하라는 등 수신제가할 것을 당부하고 있다. 구체적으로 옮겨 보면 다음과 같다.

"내가 이 땅에 의탁하게 된 것은 나의 평생의 강개한 뜻만을 수행하려는 것이 아니라, 중하의 예의를 사모하여 나의 자손으로 하여금 대대로 중하의 백성이 되고 예의를 지키고 사는 사람이 되기를 바라는 바이다. 그러므로 이제 대구의 우록에 터를 정하니 나의 자손들은 나의 뜻을 이어받아 영달하기를 바라지 말고, 힘써 농사짓고 부지런히 글을 읽으며 부귀를 부러워하지 말고 항상 깨끗하고 검소함을 숭상하며 집에서는 부모에게 효도하고 나가서는 임금에게 충성하며 불충과 불효의 말을 한마디 말이라도 입 밖으로 내지 말 것이며, 한가지라도 청렴 검소하지 못한 일은 행하지 말 것이니라. 주색으로서 천성을 망치지 말 것이며, 재물로서 친척을 저버리지 말 것이니, 사람을 망치는 것이 주색이며 인정을 끊는 것이 탐욕이라는 것을 명심할 것이다. 노름하지 말며 싸움하지 말라. 노름하는 마음은 마음이 거칠어지고 싸움하는 사람은 몸을 상하게 하는 것이라 어찌 두렵지 않겠는가?

또 남의 착한 일을 칭송하며 허물을 덮어주고, 자신이 피해를 당해도 복수하지 말며 빈천한 사람을 업신여기지 말고 항상 덕을 닦고 선을 행하여야 한다.

또 남들이 착한 일을 하면 드높여 칭송해주고, 잘못을 범하면 덮어주며, 남이 나를 범할지라도 보복하지 말고, 남이 나를 헐뜯더라도 참도록 하라. 범하던 자 도리어 부끄러워하고 헐뜯던 자 스스로 그칠 것이니라. 너희들은 비록 부귀를 누리게 되더라도, 그 부귀로서 빈천한 사람들을 업신여기지 말 것이며 비록 빈천하게 되더라도 빈천함으로써 부귀를 부러워하지 말지니라. 남의 궁함을 보거든 반드시 동정할 줄 알아야하고, 남의 곤란함을 보거든 구제할 줄 알아야하느니라. 한 가지 덕을 닦아서 후세에 백 가지 경사가 찾아오게 하고, 한 가지 선을 행하여 자손들이 만가지 복을 받게 하라. 한 집안끼리 화목하면 남이 업신여기지 못하는 것이고, 한 문중이 충효를 행하면 한 지방이 그 문중을 경모하게 될 것이니라. 그것이 진실로 아름다운 일이 아니겠는가.

내가 성과 이름을 받은 이후로 항상 부끄러운 것은 충忠과 선善을 평생에 능히 행하지 못하였거늘, 성조에서 '충선忠善'이라는 아름다운 이름을 내리시었으니, 이 이름의 의미를 생각하면 부끄러움을 금치 못하노라. 나의 자손들은 충忠과 선善을 진실로 행하여 왕조가 나에게 이름을 하사한 뜻을 생각하고 나의 평생의 소원을 이어받아 지하에 있는 영혼을 위로하여 다오. 구구한 소회를 남기노니 자손들은 힘쓸지어다."

　　김충선은 자신의 이름을 조정으로부터 충忠과 선善을 행하라는 의미에서 '충선忠善'을 하사받았으나 이를 항상 행하지 못하여 부끄러움을 금치 못하는 겸손한 마음을 나타내고 있다. 자손들은 충忠과 선善을 진실로 행하여 왕이 나에게 이름을 하사한 그 의미를 생각하여 행할 것을 당부하며, 그것으로 지하에 있는 자신의 영혼을 위로해 달라고 부탁하고 있다.

김충선이 만든 우록마을의 향약

김충선의 우록리는 조선 향촌사회가 그러하듯 향약을 제정하여 오늘날 우록리가 사성 김해김씨들의 씨족마을로 번창할 수 있었던 밑거름을 마련한 것이다. 김충선이 우록리에 거주하며 외롭게 생활하던 중 세월이 흘러 슬하에 5남 1녀를 두었고, 30여 명의 손자녀들이 생겨나 대가족을 이루었다. 깊은 감회 속에서 우록리에 터를 잡은 후 후손들과 같은 마을 사람들과의 사이에 지켜야할 규약을 정하여 후손들을 훈도한 것이다. 향약 15조항을 보면 다음과 같다.

- 내가 외국 사람으로 만리 밖에서 외로이 붙어 살다보니, 이제는 아들과 손자가 눈앞에 열을 지어 서게 되었으니, 너희들 내외자손들은 화목으로서 마음을 단속하고, 충효로써 주장을 삼아서 나의 평생의 본뜻을 저버리지 않아야할 것이다.
- 나의 자손은 다른 성씨인 이웃사람들과 동기 친척같이 의좋게 지낼 것이며, 사소한 일로 서로 싸우거나 틈을 가지지 말 것이다.
- 부모에게 효도한 뒤에야 모든 행실이 바르게 되는 것이니, 대소남녀를 막론하고 부모에게 효도함을 근본으로 할 것이다.

- 이 동리에 사는 사람들은 젊은 사람이 어른을, 아랫사람이 윗사람을 업신여기지 말 것이며, 힘 센 사람이 약한 사람을, 부자가 가난한 사람을 업신여기지 말 것이며, 버릇이 없거나 방탕하지 말 것이며, 술을 지나치게 마시거나 노름하지 말 것이며 서로 다투지 말 것이다.
- 농사와 길쌈을 근본으로 하고, 직업에 태만하여 가난에 빠지지 말 것이다.
- 관官에 대한 납품이나 세금을 첫 기일을 넘기지 말 것이다.
- 이웃 사람이 병에 걸리거나 특수한 사정으로 농사짓기가 힘들 때에는 모두 힘을 합하여 모내기나 추수의 때를 놓치지 않게 할 것이다.
- 한 마을 사람이 화재를 당하였을 때는 각각 자료를 모아서 복구작업에 도와줄 것이다.
- 한 마을 사람이 도난을 당하였을 때는, 집집마다 사람을 내세워서 공동으로 수사하여 5일 이내에 잡게 할 것이다.
- 한 마을 사람이 아기를 낳거든, 그 기골과 재주를 보아서 적성에 맞도록 권장하여 성취시킬 것이다.
- 한 마을 사람이 혹 농사기구나 마소가 없어서 농사짓지 못할 때에는 농기구와 마소를 서로 빌려주어서 때를 놓치지 않게 할 것이다.
- 나의 자손이나 한 마을 사람으로서 가난하여 관혼상제를 치르지 못할 때는 각각 재물을 갹출하여 부조할 것이다.
- 한 마을 사람이 다른 마을 사람과 서로 다툼이 있을 때는 편당을 짓지말고, 의리로서 옳고 그름을 따져서 서로 화해하도록 할 것이다.
- 이 조약문을 전 회원에게 읽게 하고, 여자나 어린 아이에게는 일일이 설명하여 알릴 것이다.
- 봄 강회는 꽃 피는 철에 열고, 가을 강회는 단풍철에 개최하되, 각각 술과 과일을 준비하여 가지고 와서 종일 즐길 것이다.

녹동서원 강당 숭의당

　김충선이 만든 우록마을의 향약은 현대사회가 본받아야 할 내용들로 가득 차 있다. 특히 눈에 띄는 것은 자손들에게 외국 사람으로서 조선의 터를 빌려 살아온 김충선 장군의 충효의 본뜻을 저버리지 말고, 가족 사이에 화목하고, 이웃 간 친화하며, 부모에게 효도하고, 노인을 공경하며, 사회적 약자를 배려하고, 과음과 도박과 시비를 멀리하고, 근면 성실하여 가난을 탈피하며, 관혼상제에 대한 상부상조를 실천하고, 농기구와 마소를 빌려줘 농사의 때를 놓치는 사람이 없도록 하며, 재난을 당하면 재료를 모아 복구를 지원하는 협동과 협업 정신을 열거하고 있다.
　아울러 노동으로 인한 고단한 일상의 스트레스를 해소하고 마을 사람들의 단합을 위해 개화시기는 봄놀이, 가을철은 단풍놀이를 즐기라는 부분에서 당시의 희로애락의 감정이 현대적인 놀이문화와 유사한 점도 주목할 만하다. 아이의 적성에 맞추어 직업을 선택하게 하라는 직업군이 단순한 당시로는 파격적인 발상이라고 할 수 있다. 이는 혹시 잘못된 직업을 선택하여 시간낭비와 시행착오라는 기회비용을 줄여서 좋은 인재가 양성될 수 있도록 아이들의 장래를 염려하는 마음과, 미래 국가의 재목을 걱정하는 인재양성의 뜻도 있을 것이다. 또한 납세의무에 충실할 것을 강조하여 김충선의 투철한 국가관과 백성으로서 의무이행을 강조하고 있다(진병용 등이 쓴『한일평화의 가교 김충선과 우륵리에 관한 연구』에 구체적인 내용이 실려 있다.).

우록마을 사성 김해김씨 양반가문 반열에 서다

김충선은 진주목사 장춘점의 딸과 결혼하여 1614년 장남 경원이 태어나고, 그 아래로 경신, 우상, 계인, 경인 등 5남 1녀를 두었다. 「사성 김해김씨 세보」에 따르면, 장남 경원이 7남 4녀를 두었고, 차남 경신은 5남 1녀를 두었으며, 3남 우상과 4남 경신, 5남 경인은 각각 아들 2명, 4명, 2명을 두었다. 딸은 장달문에게 출가하여 아들 애령, 계령을 낳았다. 그래서 김충

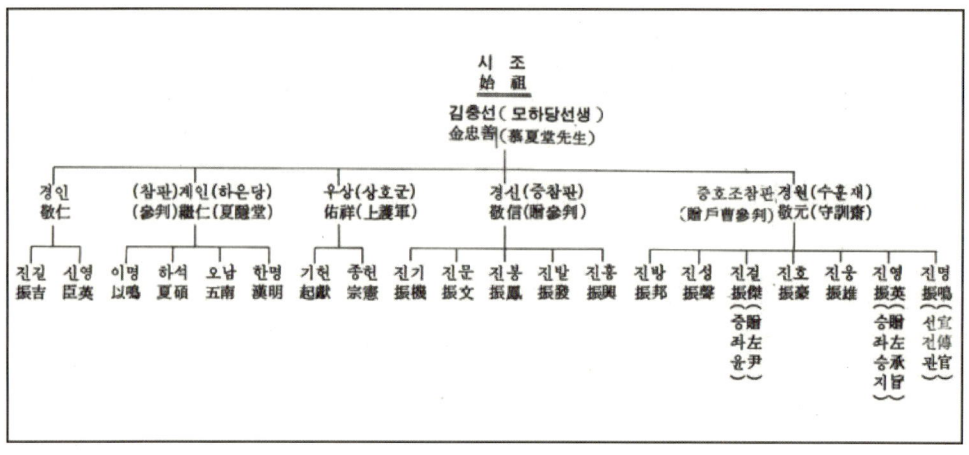

사성 김해김씨 상대 가계도

녹동서원 사당 녹동사

선은 당대에 5남 1녀를 두었고, 친손과 외손을 합해 29명의 손자녀를 둘 정도로 후손이 번성하기 시작했다.

진병용 등이 쓴 『한일평화의 가교 김충선과 우륵리에 관한 연구』를 보면 김충선의 집안은 400여 년 동안 17세손이 내려와 현재 후손이 5천명이 넘을 정도로 번성하고 있다. 가계를 잇는 남성들만 따진다면, 김충선의 아들이 5명, 손자가 20명, 증손자들이 42명으로 늘어나고, 녹동서원이 세워지고 모하당문집이 처음으로 간행되던 18세기 후반과 19세기 초에 이르면 6세손이 90명 가까이로 불어난다. 게다가 19세기 후반에 이르면, 9세손이 280여 명으로 늘어 번성하게 된다. 세거지도 우록을 모촌으로 대구와 청도, 나아가 경기도 양주, 충청도 대덕, 경남 거창과 김해, 전라도 장수 등 전국적인 분포를 보인다.

특히 김충선은 항왜 신분이었지만, 그의 자손들은 대구, 청도, 밀양, 달성 등 인근 지역 양반가문들과 인척관계를 맺으며 지역사회에 뿌리내렸다. 「사성 김해김씨 세보」에 따르면 1세 김충선을 시작으로 5세 고손에 이르기까지 혼인관계를 살펴보면 사성 김해김씨 후손 중 남성이 혼인한 횟수는 120여회에 걸쳐 50여개 성씨를 가진 여성과 혼인을 하였다. 이 중 밀양박씨가 18회로 가장 많고 청도김씨 10회, 고성이씨 7회가 뒤를 이었다. 그밖에 달성서씨 5회, 동래정씨 4회, 월성이씨 4회, 함안조씨 4회 순으로 나타났다. 이외에도 남평문씨, 청주한씨, 대구배씨, 진주강씨, 인동장씨, 경주최씨, 경주이씨 등과도 여러 차례 통혼하였다. 대부분 양반가문이었다.

사성 김해김씨 후손 중 여성 42명이 시집간 집안 또한 양반가문이었다. 밀양박씨가 8회로 가장 많고 김해김씨·고성이씨·단양우씨·달성서씨·안동김씨·월성이씨 등 20여 성씨에 시집을 갔다. 사성 김해김씨는 지역의 여느 양반가 못지않게 지역사회에 뿌리를 내리고 있음을 통혼관계에서 알 수 있다.

녹동서원에서 김충선장군을 만나다

마을에는 김충선과 현조들의 유지를 기리기 위해 녹동서원과 김충선 유적비, 삼감재, 청검재 등의 기념비적 건물이 있다. 녹동서원은 장군의 위패를 봉안하여 춘추로 재향하는 곳이다. 서원은 충절보국의 삶을 산 김충선 장군의 위업을 기려 영조 말년부터 유림들이 한 뜻으로 건의하였고 1789년(정조13)에 다시 유림들이 뜻을 모아 건의한 결과 1794년(정조 18)에 준공하였다. 그 후 1864년(고종 원)에 대원군의 서원철폐령으로 훼철되었다가 1885년(고종 22)에 영남유림과 김해김씨 문중이 합심하여 재건하였으며, 1971년 국고지원을 받아 지금의 위치로 이건 복원하였다.

녹동서원은 외삼문인 향양문으로 들어서면 정면에 강당인 숭의당崇義堂이 위치하고 있다. 강당 오른쪽으로 내삼문에 둘러싸인 사당 녹동사鹿洞祠가 자리하고 있으며, 사당 앞에는 김충선의 유적비가 서 있다. 사당에는 오래 묵은 벌집이 있으나 제거하지 않고 있다. 후손들은 벌들을 장군의 호위병사라고 여기기 때문이다.

녹동서원 전경

    강당의 오른쪽에는 1998년 개관한 유물전시관 충절당과 생활관인 첨모당이 있다. 충절당에는 임진왜란 때 사용하였던 조총과 모하당의 유품, 유물 등과 한일 양국의 역사, 문화, 임진란 관계 전문도서 등이 전시되어 있다.
    녹동서원 외에도 마을에는 김해김씨들의 묘재인 삼감재와 김해인 판관 김용하의 유업을 기리기 위해 건립한 청검재가 있다. 청검재에는 사당 자양사가 있어 춘추로 향사를 올리고 있다. 기념관 뒤 삼정산으로 20분 정도 오르면 그의 묘가 있다.

1천 명의 일본인이 찾는 우록마을에 한일우호관이 들어서다

녹동서원 옆에는 2012년에 건립한 달성 한일우호관이 있다. 우호관은 총사업비 46억 원

한일 우호관 전경

을 투입, 부지 4198㎡에 지상 2층 연면적 944㎡ 규모로 건립되었다. 1층에는 홍보영상관, 전통예절실, 교류역사체험관이 있으며, 2층에는 기획전시실과 야외 전통놀이 체험마당으로 구성돼 있다. 우호관에 들어가면 모하당 김충선 장군 흔적 찾기를 통해 그의 발자취와 한일 교류 역사, 장군의 밀랍 인형 및 평화 메시지 등을 한 눈에 볼 수 있다. 2층 기획전시실에는 일본에서 기증 및 임대한 각종 유물이 전시돼 있다. 우호관 개관식 때는 김충선 장군의 고향이라고 주장하는 일본 와카야마시의 오하시 겡이치 시장을 비롯, 공무원과 의회의원, 와카야마현 공무원, 일본내 사야가 진흥회 회장 등이 대거 참석하였다.

김충선 장군을 매국노로 치부하던 일본에서도 얼마 전부터 그를 명분없는 전쟁을 거부한 평화주의자로 재인식하고 있다. '옳음'은 언젠가는 통하는 법이다. 일본에서 그의 정의로움을 연구하는 단체까지 생겨났다. 인간적인 고뇌와 평화에 대해 고민하던 김충선 장군의 강한 정신은 400여년이 지난 지금도 한일 우호관계에 영향을 미치고 있다.

김충선은 시와 학문에도 뛰어나 많은 시문을 남겼다. 특히 고향과 가족에 대한 애절함은 가슴을 찡하게 한다.

述懷歌(술회가)
의중에 결단하고 선산에 하직하고
친척과 이별하며 일곱 형제와 두 아내 일시에 다 떠나니
슬픈 마음 설운 뜻이 없다 하면 빈말이라

한일우호관내 장군 밀랍인형과 영정

南風有感(남풍유감)

남풍이 때때로 불제 고향생각 나네

조상 무덤은 편안한지 일곱 형제는 무사한지

나라에는 불충이요 집에는 불행 불러왔으니

세상 제일 큰 죄인 나 말고 또 뉘 있으랴

아마 세상에 흉한 팔자는 나뿐인가 하노라.

    조선에 귀화하여 조선인으로 살던 김충선도 고향산천과 부모형제에 대한 그리움은 어쩔수 없었던 모양이다. 낳은 부모와 조국을 버리고 적의 장수가 되어 동족을 무찌르는데 앞장섰던 사야가의 번뇌를 위 두 시는 말해 준다. 본명을 끝내 숨기고 김충선으로 살아 온 것도 고향에 두고 온 부모형제에게 피해를 주지 않으려는 노력이었다.

1 사성 김해김씨 재실 삼감재
2 사성 김해김씨 재실 청검재
3 김충선장군 묘소

달성
마을
이야기

마을공동체를
지켜온
쌍계리
치마거랑

마을공동체를 지켜온 쌍계리 치마거랑

쌍계리 치마거랑은 현풍읍 소재지에서 비슬산 유가사로 향하는 현풍로를 달리다 보면 대구경북과학기술원 종합체육관과 게스트하우스로 가는 길이 나온다. 이들 건물 뒤편에 있는 자연촌락이 바로 치마거랑이다. 행정구역으로는 달성군 현풍면 쌍계1리의 자연촌락이다. 지금은 대구국가산업단지 대구테크노폴리스가 들어서 주변에 큰 변화가 일어났고 땅값도 꽤 비싼 마을이다.

치마거랑 마을은 여러 성씨들이 모여 사는 각성마을이다. 나이에 따라 위 아래가 있긴 하지만 인간관계가 수평적이다. 그래서 무엇을 결정하더라도 상당히 합리적인 의사결정 구조를 가진 민주적인 마을이다. 마을의 크고 작은 일은 모두 동회를 열어 토의한 뒤 다수의 의견에 따라 결정한다. 그래서 이 마을에서는 동회가 활성화되어 있다.

치마거랑 마을 전경

마을 자치기구 동회

동회는 옛날 양반 중심의 자치조직인 동약 보다는 조선후기 신분제가 흐트러지면서 재편성된 동계에 가까운 조직이다. 규약에서도 상부상조와 더불어 잘못을 서로 규제한다는 의미의 과실상규가 중요한 부분을 차지하였던 동약과는 달리 상부상조의 기능이 부각되는 동계와 유사하다.

오늘날 동회 혹은 대동회는 촌락사회의 운영을 논의하기 위한 모임을 가리키며, 대동계와 동계는 촌락생활의 복리증진과 상호부조 등을 목적으로 조직한 계와 같은 기능을 하고 있다. 대동회는 보통 음력정월 대보름을 전후한 시기에 개최된다. 동제를 지내는 촌락에서는 동제를 마치고 난 이튿날 대동회를 하는 것이 일반적이다. 대동회에서는 촌락의 임원 선출, 예산과 결산보고, 공유재산의 관리대책, 규칙제정, 임금결정, 공부의 대책, 임원의 보수결정, 수리시설과 농로 등 촌락공동의 개발대책 등을 비롯한 촌락생활 모든 영역에 있어서의 공동이익과 공동행위, 사회적 협동에 관한 문제가 논의되고 결정된다.

오늘날에는 오히려 자치기능이 떨어지고 행정기관의 지시사항을 전달하는 일이 많아졌다. 전통사회에서는 대동회에서 서낭제 등 마을의 수호신을 모시는 제사를 주관했고, 두레와 부역 등 공동노동을 조직하여 운영했으며, 두레놀이며 마을 굿 등 유흥과 공동오락을 주관하기도 하였다. 이러한 협동과 친목을 도모하는 대동회의 기능은 현대사회에서도 지속되고 있다. 대동회는 현대사회에서 찾아보기 어려운 공동체의 면모를 잘 살펴볼 수 있는 사회조직이다.

쌍계1리 치마거랑 동회는 2개의 반으로 구성되어 있다. 각 반에는 반장이 있고 동회는 이장이 주관하고 있다. 동회는 마을의 원로들로 구성된 고문단과 새마을지도자회, 부녀지도자회, 청년회, 운영위원회가 조직되어 있다. 운영위원회는 동개발위원회를 1990년에 개칭한 조직이다.

치마거랑 동회는 동약이라는 규약을 만들어 지키고 있다. 그 내용도 초등학교 도덕책을 연상케 할 정도로 도덕적이다.

父母誠孝	부모에게 정성스럽게 효도하고
夫婦和樂	부부의 사이는 항시 화락하고
友愛兄弟	형제 간에는 반드시 우애하고
隣里和睦	이웃 간에는 반드시 화목하고
尊敬長上	나이 많은 어른에게는 존경하고
敦厚親舊	친구 간에는 인정이 두터워야하고
過失容恕	과실이 있을 때에는 용서하고
德業相勸	덕스러운 사업은 서로가 권하고
恭謹篤敬	삼가히 공손하면서 돈독하게 공경하고
見善必行	착한 것을 보면 반드시 행하도록 하라

치마거랑 마을의 동약은 그 내용면에서 향약의 4대 조목인 덕업상권, 과실상규, 예속상교, 환난상휼 가운데 환난상휼을 제외한 나머지를 포함하고 있다. 주민으로서 일상생활에 기본적으로 갖추어야할 윤리강령인 셈이다.

전반적으로 동계는 향약의 성격을 갖춘 것과 촌락공동체 성격을 갖춘 것으로 나눌 수 있다. 향약성격을 갖춘 동계는 향약의 강령인 4대 조목을 반영한 보다 조직적이고 체계적인 것이었다. 촌락공동체 성격을 갖춘 동계는 공유재산의 관리와 공동행사를 주관하는데 역점을 두었다. 그러나 대부분의 동계는 두 가지 성격을 모두 가지고 있다.

쌍계1리 치마거랑 동계는 마을의 공유재산인 임야, 전답, 건물, 현금 등 마을 공유재산과 마을공동사업을 논의하고 처리하는데 역점을 두었다. 마을 공동소유물을 관리하는 여러 장부가 그것을 잘 뒷받침하고 있다.

- 洞錢植本册(1939년 12월 21일)
- 洞錢入下册(1940년)
- 洙錢入下册(1956년 4월 8일)
- 補喪稧(1949년 11월 16일)
- 補喪入下册(1949년)
- 농지원부
- 민방위대명부
- 인구현황(세대별 주민등록증)
- 지적도
- 동소유 부동산 등기필증
- 당산제 의례기록

쌍계1리 치마거랑 마을이 소장 중인 문서를 통해 마을 공유재산을 살펴보면 아래의 표와 같다. 동회에서 보관하고 관리하는 문서와 공유재산을 통해서 마을이 전형적인 동회 중심으로 촌락공동체를 꾸려나가고 있다는 점을 알 수 있다. 생계를 위한 활동과 일상에서의 긴밀한 협력을 통한 공동체적 삶은 전통사회에서 뿐만 아니라, 오늘날에도 지속적으로 작용하고 있다. 쌍계1리 치마거랑 마을에서 최근까지 실시한 두레나 비교적 근래에 이룩한 당산등(뒷동산)가꾸기, 쌍계교건설, 김명진관찰사선정비건립, 풍영대복원, 치마산혈 복원비 건립과 같은 몇몇 사업을 통해서 공동체 운영이 잘 되고 있다는 것을 알 수 있다.

유가면 쌍계1리 치마거랑 마을 공유재산 현황

구 분	내 역	비 고
당산마루堂山嶝	임야1,320평	쌍계리산 16번지
洞畓	1,147평	초곡리 일대
土地	622평	동부리와 공유한 쌍계리 일대 토지
마을회관	대지53평, 건평 58평	2층 콘크리트 건물
공동묘지	묘지 840평	

마을 공동체의 신앙적 상징인 당산등 가꾸기의 사례를 통해 공동체 운영의 실제를 살펴보자. 당산등은 쌍계1리 마을의 뒷동산이라 불릴 정도로 마을에 인접한 야트막한 구릉이

다. 주민들은 이곳에 있는 수백년 수령의 당목인 소나무에서 매년 정월 대보름날 정성스레 동제를 지내고 있다. 그런데 근래 당목과 주변의 소나무들이 고사 직전에 이르게 되자, 주민들은 정신적 지주인 당목을 보호하고 주변 환경을 정비하기 위한 사업에 적극적으로 나섰다. 1993년 여름부터 당산 주변의 잡초와 잡목 제거에 온 주민이 함께 노력하는 것으로 당산등가꾸기 사업은 시작되었다. 급한대로 중장비를 동원하여 흙을 옮겨 복토작업을 마치게 되자 고사 직전의 당목이 제 모습을 찾게 되었다.

　이후 서울, 대구, 일본 등지에 거주하는 출향인사들의 협조를 통해서 당산등에 오르는 계단, 당목주위의 석축, 동제를 지내기 위한 제단, 휴식용 의자 등을 설치하였다. 또한 건설업과 토목업에 종사하는 출향인사의 지원과 행정당국의 지원금으로 마을에서 당산으로 연결된 도로를 포장할 수 있었다. 주민들도 매년 세차례 당산 주변의 잡초와 잡목을 제거하고 환경을 정비하는데 정성을 다하고 있다.

　쌍계1리 치마거랑 마을의 당산등 가꾸기 사업은 마을의 주변 환경에 대한 정비 뿐만 아니라, 전통문화의 전승에도 커다란 의미를 지니고 있다. 인근 초등학교에서 쌍계1리 치마거랑 마을을 전통문화의 현장으로 활용할 정도이다. 이러한 현장교육을 통해서 자라나는 세대들에게 촌락민의 협동과 촌락공동체의 상징체인 동제와 같은 전래된 생활양식에 대한 이해와 그것의 보존·전승에 대한 인식 제고에 기여하고 있다.

　전통문화의 보전을 위한 주민들의 관심과 노력은 풍영대 복원과 치마산혈 복원비 건립과 같은 사업으로 이어졌다. 또한 마을 출신 대학생들이 마을의 어린이들을 교육하는 쌍계 방학교실이나 애향단 활동 등을 통해서 공동체적인 생활양식의 지속적인 실천을 살펴볼 수 있다.

　쌍계1리의 공동체 생활양식은 옛날에 많았던 두레와 울력 같은 협동문화에서 본받은 것이다. 과거 쌍계1리 마을에서는 모내기와 논매기 때에 두레를 시행하였다. 이밖에도 건축물의 신축과 개축, 초가지붕 엊기, 지붕개량사업과 같은 일에 마을주민이 상호 협력하는 전통을 이어 왔다. 이러한 삶은 품앗이의 형태로 현재까지 지속되고 있다.

치마거랑 마을의 당산등 모습
당산제를 지내기위해 마을사람들이 항상 정비하고 있다.

죽음도 서로 도우며 극복하는 치마거랑 사람들

치마거랑 사람들은 사람이 죽어도 초상칠 걱정이 없다. 보상계라고 하여 상포계를 만들어 상부상조하여 큰 일을 처리하기 때문이다. 우리네 전통사회에서는 마을마다 길흉사가 생기면 서로 돕기 위하여 혼상계를 만들었다. 혼례나 상례는 돈도 많이 들어가지만 많은 일손이 필요하기 때문이다. 조선 세종 때 관·혼·상·제라는 4례가 확정되고, 여씨향약이 지방 유림들에 의하여 부분적으로 시행됨에 따라 향약의 덕목인 환난상휼이 본격적으로 논의되기 시작하였다. 이때 생긴 제도가 길흉사를 서로 돕는 혼상계이다.

상포계는 원래 부모가 연만한 사람들끼리 상사 때에 서로 돕고자 조상계, 술계 등의 형태로 운영되었다. 주민의 수는 한정되어 있고 드는 비용은 많아서 그 부담을 충족시키지 못하자 부모가 있거나 자손이 있는 마을사람들 모두 길흉사를 쉽게 도울 수 있는 모임으로 발전하였다. 쌍계 1리 처마거랑의 보상계도 처음에는 몇몇 주민들로 구성된 상포계였으나 근래에는 주민 전체가 참여하는 계로 확대되었다.

보상계는 1949년에 처음 결성하였다. 계원 상호간에 상부상조하고, 계원에게 상사가 생기면 상여를 매고 시신을 매장하여 봉토 만드는 일까지 아낌없이 노력봉사를 하는 것을 목적으로 만들었다. 만약 불참하는 계원이 있다면 하루 노임에 해당하는 벌금을 부과한다. 그러나 동제의 제관으로 선임된 집은 1년, 부인이 출산하는 집은 일주일, 계원 개개인의 길흉사 때는 3일간 벌금을 면제해 준다.

보상계는 자격이 적장자에게 계승된다. 계원이 사망하면 계원 자격은 장남에게 승계된다. 계원의 자격을 승계하였거나 새로 계에 가입할 경우에는 신입례라 하여 신고식을 한다. 막걸리 한 동이를 계에 납입하는 것이 신고식이다. 보상계는 매년 음력 11월 중에 정기총회

쌍계1리 처마거랑 마을회관 전경

를 하여 계의 운영상황 및 기금관리에 대한 문제를 논의한다.

1978년 동회에서 보상계의 계원자격을 마을에 거주하는 모든 주민에게 확대하기로 결정하였다. 젊은 사람들이 도시로 떠나고 마을에는 나이 많은 노인들만 남게 되자 몸부조할 계원의 수가 크게 줄어들었기 때문이다. 최근에는 상여 맬 인력마저 부족하여 출향한 청년 회원까지 동원하고 있으며, 매장 일을 굴착기로 대신하고 있는 실정이다.

농사용 물을 관리하는 보계도 있다

보계는 농사용 물을 공동으로 관리하는 자율적 조직이다. 물이 절대적으로 필요한 벼농사는 물의 저장과 배분 등 전반적인 수리관개가 중요하다. 대부분의 농촌에서는 수리를 위한 관개시설을 공동으로 조성하여 이를 관리하는 전통이 있다.

수리를 위한 관개시설에는 관개용 시설과 방수용 시설로 크게 나누어진다. 관개용 시설에는 물막이, 보, 도랑 등이 있고, 방수용 시설에는 방천과 방조제 등이 있다. 우리나라에서 보편적인 수리시설로는 둑을 쌓아서 물을 저장하였다가 필요할 때 사용하는 보와 저수지가 대표적이다.

우리나라 농촌에는 몽리자집단에 의하여 자율적으로 운영되는 소규모의 수리집단이 있었다. 이러한 공동체는 수도재배가 전국토로 확산되는 삼국시대부터 발생하였다. 따라서 수리계는 계의 기원에 있어 상당히 오랜 역사를 지니고 있다. 이앙식 수도재배가 전국적으로 시행되는 조선시대에 이르러 대규모의 수리사업이 행해지고, 이에 따라 수리공동조직도 크게 발전하게 되었다.

수리공동조직은 보계라고 부른다. 일제시대에 토지개량조합에서 저수지나 보와 같은 수리시설을 관리하는 방식이 보급되면서 수리계라는 새로운 명칭이 등장하여 일반적으로 사용되기 시작하였다.

수리계의 조직과 운영에는 몽리자들 간의 평등원리에 기초한 공동체적 성격이 강하게 나타나고 있다. 보계의 규칙은 임원의 선출 규정, 임원의 보수, 몽리면적에 따른 몽리자들의 부담내역, 보 역사에 참여할 의무규정, 봇의 물을 끌어들이는 방식에 관한 제반 규칙과 벌칙 등을 담고 있다. 보계의 성원들은 이러한 규칙을 엄격히 따른다. 특히 보 역사 참여 규정과 인수규칙의 위반에 따른 벌칙은 엄격히 적용되며, 철저하게 따르는 것이 일반적이다.

쌍계리의 세 자연촌락인 치마거랑, 동부, 고양내는 하나의 보계를 결성하고 있었다. 그러나 1956년에 쌍계리가 1리와 2리로 분리되면서 보계의 몽리자들이 1리와 2리로 나누어졌다. 이에 따른 재산의 소재를 분명히 하기 위하여 문서를 남겨두었다. 당시 작성한 '보에 관한 결의사항'과 '임야매매계약서'를 보면 다음과 같다.

보에 관한 결의사항修洑時決義 단기 4289年(1956년) 병신 4월 8일
- 초곡동에 소재하고 있는 임야 高・東・溪(고양내, 동부, 쌍계)를 별지의 임야매매계약서와 여히 매도함.
- 총매도 대금 일만팔천환을 쌍계 1・2구가 각각 이분지일(금구천환정)씩 나누기로 함.
- 단기 4388년 을미 수보시 보답 매도 대금 원금 일천오백환정과 이식금 일천오백환정을 합계한 금삼천환정을 쌍계 1・2구가 각 이분지일(금일천오백환)씩 나누기로 함.
- 임야매도대금 구천환정과 보답 매도 원리금 일천오백환정을 합계한 금일만오백환저을 병신년 10월 15일까지 방채하여 기 원리금으로서 적기에 백미를 구매하여 방채키로 함. 방채 이식을 년 오할제로 정함.
- 병신년부터 1・2구가 격년으로 수습하기로 하되 선(병신년)이 1구에서 수보키로 함.
- 방채한 백미 원리미에서 원미를 제한 이식미로서 1・2구가 격년 수보 시 동민친목을 도모하기 위하여 동년 중 행사의 하나로서 당일 화초유용비에 충당키로 함.
- 유사는 배팔용씨로 선임함.
- 방채 및 회수에 있어서는 유사와 동장의 연대책임을 정함.

임야매매계약서 〈단 동리소유임야〉

- 임야소재, 달성군 유가면 초곡동산 번지 정반보

  우두서와 임야를 매매하되 매주 고·동·계를 갑이라 칭하고 매주 김학조, 임병열, 하암우를 을로 칭하여 좌와 여히 계약을 체결함.

- 총매도대금 일만팔천환정

  갑 매주 고·동·계

  을 매주 김학조 외 2인

- 총매도대금 일만팔천환정중 금일 수부금조로 금육천환정을 을로부터 갑이 정히 영수함.

- 총매도대금 일만팔천환정중 수부금 육천환정을 제한 잔대금 일만이천환정을 단기 사이팔구년 오월 이십육일까지 을이 갑에게 지불할 것.

- 본계약은 갑이 위약할 시는 수부금의 배상을 을에게 지불하고, 을이 위약 할 시는 수부금은 자연히 갑의 소득에 귀함을 간주함.

단기4289年(1956) 5월 17일
매주 고 동 계

위 문서의 내용은 원래 하나의 동회를 구성했던 고양내, 동부, 치마거랑의 세 자연촌락이 분동이 되면서 마을공동재산의 분리를 명확히 하기 위한 것이다. 마을 공동재산에는 포함되지 않지만 주민 다수가 몽리자로 가입한 보계도 마을이 분리되면서 재산권을 분리할 필요가 발생하게 되었다. 이 때 작성한 문서가 보에 관한 결의사항이다.

결의사항의 내용에 따르면, 분동에 의해서 재산을 절반씩 나누었으나 보의 수리는 공동으로 맡기로 하였다. 당시까지만 해도 보에 대한 의존도는 매우 높았기 때문이다. 1990년도에 대대적인 경지정리가 이루어지면서 농업용수를 낙동강과 비슬산 하천수를 이용하게 되자 그동안 공동 운영하던 보계는 없어졌다.

쌍계리 처마거랑 당산제 이야기

치마거랑 사람들은 마을의 평안을 위해 마을을 지켜준다고 믿는 신에게 제사를 지낸다. 학자들을 이러한 제사를 동제라고 한다. 치마거랑 사람들은 동제를 '당산제'라고 부른다. 제사를 지내는 집은 없지만 대신 큰 소나무가 있어서 이것을 당목이라 부른다. 치마거랑의 당목은 마을의 북쪽 언덕에 자리 잡은 큰 소나무다. 마을 사람들은 당목이 있는 이곳을 당산등이라 부른다. 당목은 수령 약 500년으로 추정되며, 나무 높이가 약 12m에 달한다.

'당산등'은 마을에서 북쪽에 위치한 언덕이다. 쌍계1리 입구 다리를 건너 마을을 지나 북쪽 동부로 가는 길목 중간에서 마을을 바라보면 가장 먼저 눈에 띄는 것이 바로 당산등이다.

당산등은 1993년까지만 해도 개인 소유의 땅이었다. 지금은 마을 돈으로 매입하여 계단과 석축을 쌓고 긴 의자를 설치하였다. 당산제를 지낼 수 있도록 제단도 설치하였다. 당산등은 이제 당산제를 지내는 곳이기도 하지만 사시사철 마을사람들이 쉬는 휴식장소이기도 하다.

치마거랑 마을의 당산제는 음력 정월 7일에 제관 선출을 시작으로 출발한다. 제관은 대나무로 만든 '천왕대'로 대내림을 받아 선정한다. 대내림을 위해서는 먼저 '천왕에게 옷을 입히는 일'부터 시작한다. 천왕에게 옷을 입히는 일은 지난해의 제관 집에서 한다. 지난 제관의 집에 의관을 갖춰 입은 동네사람들이 모여 천왕대의 옷을 갈아입힌다. 이때 아들이나 손자 또는 가족 중에 명복을 빌고 싶은 사람이 있다면 붓으로 이름을 쓴 물색 헝겊 또는 예쁜 주머니를 만들어 동전을 넣고 이름을 써서 천왕대에 매달기도 한다. 천왕대에 옷을 입힌다는 것은 흰색바탕에 붉은색과 청색 배경에 검은 글씨가 적힌 천을 입히는 것이다. 천왕대 옷에는 다음과 같은 글씨가 적혀 있다.

雙溪天王 祝願萬事如意亭通 壬寅正月十五日一洞創位

치마산혈 복원비

　예전에는 옷을 입은 천왕대 끝에 솔가지나 수꿩 깃털을 꽂아 단장하였으나 지금은 오색천으로 단장한다. 천왕대의 높이는 약 9m에 육박하며, 천왕옷 천 역시 그 길이가 10m가 넘기 때문에 혼자서 입힐 수 없어 여러 사람들이 함께 행해야 한다. 천왕대에 옷을 입히고 나면 천왕대를 보관했던 집에서는 천왕대를 보내기 위한 간단한 제상을 올린다. 술과 고기를 차린 간단한 제상으로 천왕대를 전송한다.

　다음에는 마을사람들이 풍악을 치며 천왕대를 당산등으로 모시고 간다. 이때 천왕대를 모신 사람이 제일 앞에 서고 그 뒤를 이어 꽹과리, 징, 장구, 북 소고가 따른다. 마을 사람들도 같이 행렬을 이루어 따라가는데 어떤 이는 비손을 하기도 한다. 여기에는 상을 당한 사람이나 아기를 낳은 사람은 알아서 참가하지 않는다.

　천왕대가 당산등에 다다르면 준비한 제상으로 천왕과 당산나무에게 약식제례를 올린다. 이때 풍악을 치면서 연거푸 '천왕님, 천왕님, 천왕님'이라 외치면서 천왕대에 천왕님이 내려 오도록 빈다. 어느 정도 시간이 흘러 천왕님이 천왕대에 내려앉았다고 하면 제를 주관하던 사람이 '천왕님 새해가 되었습니다. 금년에 깨끗하고 청결한 집에 제사를 잡수실 수 있도록 천왕님께서 제관집을 선정해 주십시오.'라고 청원한다. 이윽고 힘센 장정이 천왕대를 잡고 하산한다. 천왕대가 워낙 무거워 다른 사람이 천왕대 끝을 잡아 도와주기도 한다.

　천왕대를 잡은 사람이 들어가는 집이 그해 제관이 된다. 두 번째로 들어가는 집은 축관이 된다. 이러한 풍습이 오늘날도 계속되지만 천왕대를 모시고 마을회관으로 내려와 그 자리에 모인 마을사람들 중에서 제관을 선출하는 것으로 바뀌었다.

대내림으로 선출된 제관은 제사 지내기 10일 전부터 집 대문에 황토를 세무더기 뿌리고 그 위에 솔가지를 얹어 집에 부정이 들어오는 것을 막는다. 당산나무 주변에도 금줄을 두르고 황토를 뿌린다. 이때 만드는 금줄은 발이 길게 나도록 하며 왼쪽으로 비벼 꼬는 가는 새끼줄이다. 말하자면 왼새끼 줄이다.

금줄을 치고 나면 제관은 아침저녁으로 목욕하고 새 옷을 갈아입는다. 바깥출입을 금하며 술을 마시지 않는다. 제사지내기 이틀 전부터는 외부인을 절대 만나지 않는다. 이것이 제관이 지켜야 할 금기이다.

제물은 당제 3일전에 현풍장에서 구입한다. 현풍장은 5일과 10일에 열리는 오일장으로서 오일장에 맞추어 장을 보러 간다. 물건을 살 때는 절대 가격을 흥정하지 않으며 깨끗하고 큰 것만을 골라 구입한다. 제물을 사러 가는 길에 다른 사람들이 알아보아도 절대 말하지 않으며, 장사꾼과 상호 대화도 나누지 않는다. 제관과 축관은 의관을 갖추고 제물을 구입하러 가기 때문에 장사꾼들도 당산제를 지내기 위해 제물을 구입하려 온 줄 알아차린다. 장사꾼들은 알아서 좋은 것을 골라 종이에 가격을 써서 보여 주면 제관은 말 없이 돈을 지불한다.

당산제 제물로는 백찜, 밤, 대추, 곶감, 조기, 명태, 피문어, 백문어, 건포, 과일, 술과 돼지고기 등을 준비한다. 술은 제관의 집에서 직접 담근 것을 사용한다. 밥과 국은 한그릇씩만 준비한다. 제상은 두 개를 준비하는데 하나는 당산제를 지낼 때 사용할 제상이고 다른 하나는 산신제를 지낼 때 사용할 제상이다.

제사 지내는 날 아침이 되면 제관과 축관은 준비한 음식을 가지고 당산등으로 올라간다. 먼저 산신에게 제를 올리기 위한 상을 준비한다. 산신에게 올리는 상은 당산제상을 바라보고 오른쪽에 차린다. 산신을 위한 제상을 위한 제단은 따로 없다. 그곳에 항상 설치되어 있는 긴 의자를 사용한다. 제물로는 돼지고기와 백찜을 제외한 모든 것들이 올라간다.

산신에게 간단하게 제를 먼저 올리고 나면 당산제를 올린다. 당산제에는 밥과 국 한 그릇, 백찜, 돼지고기, 조기, 건포, 각종 과일 등이 올라간다. 이 때 천왕대는 당산나무와 마주보고 앞에 세우는데, 긴 천왕대가 넘어가지 않도록 당산나무와 끈으로 연결해 둔다.

제상이 모두 차려지면 제의를 올린다. 제관들은 모두 도포와 유건 등 의관을 갖춰 입지만 나머지 참석자들은 예전과는 달리 양복 등을 입는다. 초헌-아헌-종헌-집례-축관-집사 순으로 술을 올린 후 축을 태운다. 축문은 옛날부터 마을에 내려오는 것으로 그 내용은 다음과 같다.

당산제축문
주흘천왕지신 비슬산의 한줄기가
학당에는 어진 학문 이루도록 하여주며
쌍계라는 좋은 골짝을 이루었고
귀한 아들 점지하여
그 산에 신령이 계시어
문무과에 급제토록
우리들에 은혜내려 살게하여 주셨으니
성대한 축제를 갖추었으며
몇십가호 사람들의 수백년 터전이라
많은 경사 이어지게 하여주고
해마다 농사가 풍년들어
이에 좋은 날을 가리어서
집집마다 거리마다 모두가 태평일세
목욕제계 하였으니
즐겁고 화목하여 만수무강 칭송하고

주효가 청결하고 제수 또한 향기롭네

사람마다 효제하여

밝은 정성 감응하여

예의풍속 이루었으며

더욱더 번창토록 돌보아 주실지니

온갖 잡귀 물러가고 만족을 이루었다.

한마을이 편안하고 즐거우며

이미 편안하고 화평하니

삼농이 풍년들어

믿는바 생계로 삼는 것은

기쁜마음 가득하여지니

우리들의 재물이 쌓여지고

법도와 같이하여 예절을 따랐으며

가축이 날로 번성하면

좋은 향불 피웠으니

스스로 돌아온 백성들이

숙연한 제전이라 부자를 이루리라.

삼가 신령에게 드리오니

전답에는 해충을 없애지고

흠향하여 주소서

당산제가 끝나고 나면 참석한 사람들은 간단한 음복을 한다. 음복 후 천왕을 앞세워 마을회관으로 내려간다. 이때도 역시 천왕을 앞세우고 뒤를 이어 꽹과리, 징, 장구, 북과 소고를 치며 행렬을 이룬다. 마을 사람들은 이 소리를 듣고 길목에서 천왕을 맞이하며 마을회관에 이르러 다시 천왕에게 제를 올린다.

　1985년 이전에는 당산제를 마친 후 천왕을 앞세워 가가호호 방문하여 가정의 무사태평을 빌었으나 요즈음은 마을회관에서 마을과 가정의 안녕을 비는 고사를 올리는 것으로 간소화 되었다. 마을회관에서 지내는 고사는 제상에 술과 고기를 차리고 단잔배례를 한다.

　마을회관에서 제를 올린 후에는 천왕을 모셔두는 관물함에 천왕을 보관한다. 관물함에는 천왕대의 옷과 제관이 쓰는 유건, 축문 등을 넣어 둔다. 예전에는 1년 동안 제관의 집에 보관하였지만 지금은 마을회관에 보관하고 있다.

　치마거랑의 당산제는 세월이 흐르면서 간소화되었다. 1970년대 새마을운동 이전에는 음력 정월 15일과 10월 15일 두 차례에 걸쳐 당산제를 지냈다. 지금은 음력 정월 15일 한번으로 축소되었다. 1992년 이후에는 제관이 준비하던 제의를 동네 재산 관리인이 대신한다. 당산제가 끝나면 마을사람들은 동회관에 모여서 한해를 보내고 새해를 시작하는 대동회를 개최한다.

달성
마을
이야기

달성의
또 다른
마을제사들

달성의 또 다른 마을제사들

논공 노이리의 풍농을 지켜주는 부덕불 이야기

논공읍 노이리 갈실마을에는 마치 돌로 만든 미륵불을 연상케 하는 불상이 있다. 마을 사람들은 이를 부덕불이라고 부른다. 부덕불의 부덕婦德은 여자가 갖추어야 할 덕을 이르는 말이라고 한다. 마을에는 부덕불을 세운 경위와 부덕불을 풍요의 신으로 신앙하게 된 재미있는 이야기가 전해 온다.

"200여년 전에 갈실마을에는 함안조씨들이 많이 살았다. 조씨 집안에는 용모가 뛰어나고 예절바른 행실을 가진 며느리가 살고 있었다. 이 며느리는 어느 해에 돌림병으로 시부모와 남편을 잃고 말았다. 다행히 많은 재산을 물려받은 터라 경제적으로는 풍족하였으나 남편을 일찍 여읜 바람에 자식도 없이 한숨으로 세월을 보내고 있었다.

그러던 어느 해에 고을에 큰 가뭄이 찾아왔다. 논밭의 곡식은 타들어가지만 비는 오지 않고 농민들은 하늘만 쳐다보면서 한숨만 쉬고 있었다. 이 때 함께 마음 아파하던 조씨네 며느리는 큰 못을 파서 물을 모아 가뭄 걱정을 덜어야 되겠다고 마음먹고 고을 수령을 찾아갔다. 며느리는 집안의 가보로 내려오던 은으로 만든 거울을 내어 놓으면서 "이 은거울을 팔아 큰 저수지를 파서 가뭄을 이기게 해 달라"고 머리 숙여 부탁하였다.

고을 수령은 지금의 길실마을 골짜기에 못터를 정하고 땅을 파는데 바닥에서 기둥처럼 생긴 큰 돌 하나가 나왔다. 작업을 하던 사람들이 힘을 모아 돌을 들어내고 다시 땅을 파는데 갑자기 많은 비가 쏟아졌다. 깜짝 놀라 이상히 여기던 차에 조씨 집안 며느리가 영문도 모르게 죽고 말았다.

사람들은 조씨네 며느리의 착한 마음에 하늘도 감동을 받아 큰 비가 내린 것이라 여겼다. 며칠을 두고 비가 내려 금방 못 가득히 물이 들어찼다. 걱정은 가시고 그해 농사는 풍년이었다.

마을 사람들은 조씨네 며느리의 도움으로 판 못을 갈실못이라 불렀다. 못 옆에는 못을 팔 때 나온 돌로 조씨네 며느리의 모습을 새긴 석상을 세우고 부덕불이라고 이름을 붙였다. 갈실못은 물이 나오는 2개의 물구멍이 있다. 마을 사람들은 못 물을 뺄 때는 조씨를 상징하는 부덕불 앞에 제물을 차려놓고 제사를 지낸다. 제사를 지내지 않으면 구렁이가 물이 나오는 구멍을 막아 못이 마르므로 다음 해에 흉년이 든다고 믿는다.

전해오는 이야기를 뜯어보면 갈실마을의 미륵불이 생긴 배경을 이야기하고 있다. 결론적으로 착한 조씨네 며느리가 미륵불의 세계인 용화세계에 태어나서 미륵불이 되었다는 전설인 셈이다. 불교에서는 미륵의 세상에 태어나서 미륵이 되기위해서는 자비심으로 옷과 음식 등 재물을 남에게 베풀거나, 지혜와 규범을 닦아 공덕을 쌓거나, 부처님에게 꽃과 향을 바쳐야 한다. 평소 행실이 착한 조씨네 며느리는 가뭄을 극복하기 위해 부처님에게 은거울이라는 재물을 바쳤다. 그 결과 가뭄을 이길 수 있는 큰 못을 건설하였다. 마을 사람들은 미륵이 된 조씨네 며느리를 위해 해마다 제사를 지내고 있다. 조씨네 며느리, 즉 미륵불을 믿음으로서 미래의 풍년이 보장된다고 여긴다. 마을 사람들은 풍요의 신인 미륵불과 그 상징적 의미를 공유하고 있는 셈이다.

안타깝게도 1998년에 부덕불이 도난당하고 말았다. 지금의 부덕불은 달성군이 본래의 모습을 고증하여 새로 조성한 것이다.

새로 조성한 부덕불 모습

논공 천왕당 마을제사 이야기

논공 천왕당은 대구광역시 민속문화재 제5호로 지정되어있다. 천왕당은 논공읍 남리와 북리 두 마을의 안녕을 기원하기 위해 세운 제당祭堂으로, 남리의 동쪽 산중턱에 자리 잡고 있다. 상량문上樑文에 '함풍咸豊 3년 9월'이라 적혀 있는 것으로 보아 1853년에 건립되었음을 알 수 있다. 건물 안에 있는 '산제당 이건기山祭堂移建記'를 통해 천왕당이 이건된 경위를 알 수 있다. 천왕당은 원래 마을 어귀에 건립되었는데, 제당이 있던 위치의 뒷산에 어떤 이[일제 강점기 때 군수를 지낸 사람]가 조상 묘를 썼다. 그러자 주민들은 마을 제당이 있는 산에 개인의 묘를 쓴 것에 반발하여 1924년에 남리 이장이던 백운기 등 여덟 명이 추진위원회를

논공 남리와 북리마을의 천왕당

구성하여 산 아래 있던 천왕당을 현재 위치로 옮겼다고 기록되어 있다.

천왕당 안에는 당상천왕堂上天王, 마상천왕馬上天王, 보안천왕保安天王 신위라고 적힌 마을신의 위패가 모셔져 있다.

당은 정면 1칸, 측면 1칸 규모의 겹처마 맞배지붕 건물로, 정면을 제외한 삼면이 자연석 돌담으로 둘러싸여 있고, 그 주위를 노송이 에워싸고 있어 신성한 기운을 자아낸다. 누 형식의 건물로 기둥은 누 아래 기둥과 누 위의 기둥으로 나누어지지 않고 하나의 기둥만 사용되었다. 측면 칸을 두 공간으로 나누어 앞쪽으로는 개방된 마루를 깔고, 뒤쪽에는 신위를 모시는 방을 두었다. 방 앞에는 머름을 둔 쌍여닫이 세살문을 달았고, 나머지 삼면에는 판벽을 설치하였다. 누 하부는 흙바닥이고, 누 상부는 목재 마루판으로 마감하였다. 평편한 지면 위에 기단 없이 자연석인 덤벙주초를 놓고, 그 위에 민흘림 원기둥을 세웠다. 기둥 위쪽에는 뺄목을 끼워 그 위에 장혀와 도리를 결구하였고, 창방 위에 소로를 얹어 장혀와 도리를 받게 하였다.

동제는 해마다 음력 정월대보름날과 칠월칠석날 첫 시에 행해진다. 과거에는 제관이 세명이었으나 현재는 금기를 지키기 힘들어 어쩔 수 없이 남리와 북리의 이장이 제관을 맡고 있다. 제사음식은 일반 가정집의 기제사와 유사하다. 과거에는 돼지를 한 마리 잡아 사용했으나 현재는 돼지머리를 사용한다. 동제의 목적은 대개 마을의 평안과 풍년을 기원하는 것이다. 그런데 이 지역은 비슬산 주위이기 때문에 산짐승으로부터의 피해를 방지하기 위한 목적이 마을에 따라 추가되기도 한다.

구지 도동2리 밤마 당집 이야기

옛날 밤나무가 많아 '밤마' 라는 이름을 얻었지만 마을 입구에는 대나무가 많이 보인다. 석문산성이 있는 밤마 뒷산에는 아들 낳기를 비는 기자바위와 당집이 있었다.

기자바위는 석문산성의 바위문 입구에 있다. 아들바위와 딸바위가 있는데 석문산성을 쌓다가 버린 돌인 듯하다. 자식을 얻고자 하는 사람이 이 바위에 와서 정성들여 기도하면 소원이 이루어진다고 한다. 두 개의 바위 밑에는 최근에 촛불을 켰던 흔적과 음식들이 흩어져 있는 것으로 보아 요 사이도 찾는 이가 있는 듯하다.

밤마 오른쪽 산중턱에는 약간 허물어진 당집이 하나 있었다. 신을 모시는 당뽈집은 옛 사람들이 저마다의 소원을 한 보따리씩 풀어 놓던 기원의 장소였다. 사람들의 발길이 뜸한 골짜기에 자리한 낡은 당집 안에는 매년 동민들이 갈아준다는 옷 보따리 하나가 붉은 천에 싸여 있었다. 조그만 단위에는 작은 그릇이 놓여 불을 켤 수 있게 해 놓았으며, 옆에는 골짜기까지 이어진 긴 장대가 놓여 있었다. 마을 사람들은 장대 속에 오래된 큰 뱀(이무기)이 산다고 믿었다.

대부분의 민간신앙이 점차 그 기능을 잃고 있지만 석문산의 당집은 오래동안 그 명맥이 유지되고 있었다. 지붕의 수막새는 귀신 모양을 한 기와 [綠釉鬼面瓦]가 얹혀 있다. 왕방울 같은 눈을 크게 부라리고 입을 있는대로 다 벌린 얼굴에서 옛 사람들이 생각했던 귀신의 모양을 엿볼 수 있었다. 지금 당집은 사라지고 당집을 둘러싸던 당나무만 덩그렇게 남아있다.

달성
마을
이야기

도시바람에
흔적없이
사라진
마을들

도시바람에 흔적없이 사라진 마을들

산업단지 때문에 흔적없이 사라진 청도김씨들의 금리마을

유가면 청도김씨들은 유가면 금1리를 포함하여 청도김씨들의 세거지를 금산이라고 부른다. 그래서 이곳에 사는 청도김씨를 현풍파의 지파인 금산파라고 부른다. 금산파의 세거지는 금1리와 인접한 유곡2리 외동마을 일대이다. 과거에는 많은 청도김씨들이 살았으나 대

금1리 마을의 옛모습

청도김씨 효열각

구테크노폴리스가 들어설 무렵에 거주하고 있는 김씨들은 그리 많지 않았다. 테크노폴리스 건설이 시작된 2009년 5월 현재 금1리에 14가구, 유곡2리 외동 마을에 6가구, 금2리에 5가구 정도 살고 있었다.

금리의 청도김씨들이 현풍에 들어 온 것은 조선 세조의 왕위 찬탈과 관련이 있다. 조선 초기 벼슬이 이어졌던 청도김씨는 단종의 폐위 때 현풍으로 낙향하였다. 유가면 금리 입향조는 금산파 파시조 김득경의 증손인 김렬이다. 김렬은 현풍곽씨의 사위로서 처향인 현풍 금산에 입향하였는데, 그의 동서인 경주김씨도 함께 입향하였다고 한다. 또 다른 이야기로는 임진왜란 전 조선 명종 때 월성김씨 김윤인과, 효종 때 청도김씨 김경화가 이 마을에 들어왔다고도 한다.

이후 청도김씨와 경주김씨는 장인인 현풍곽씨의 제사를 모시게 되었는데, 청도김씨는 4대 봉사를 하였고, 경주김씨는 그 후 현재까지 묘사를 담당하고 있다고 한다. 외가인 현풍곽씨의 묘사를 지낼 때는 한동안 현풍곽씨와 청도김씨도 참제하여 세 종족집단이 함께 지내는 진풍경을 보이기도 하였다고 한다. 이러한 전통은 해방 무렵까지 내려오다가 현재는 경주김씨들만 묘사를 지내고 있다고 한다.

금리의 청도김씨는 경주김씨에서 분파하였다. 시조인 김지대는 고려 후기 명종 20년에 태어났다. 몽고의 침입 때 공을 세워 청도군에 책봉되고 후손들이 청도김씨의 시조로 받들고 있다.

김지대는 장원급제를 통하여 내외 요직을 역임하였으며, 그의 후손들도 벼슬길에 올랐다. 이처럼 고려 후기 사족으로 성장한 청도김씨들은 그 일파가 개경 등지로 이주하고 재지 일파는 사족과 이족으로 분화하였다. 개경으로 이주한 청도김씨들은 벼슬이 계속되어 후에 기호지방의 사림파로 자리 잡았다.

조선시대에 들어와서도 청도김씨들은 탄탄한 권력 기반을 가지고 있었다. 대표적인 인물이 세종 때 호조판서와 현조 판서를 역임한 김점이다. 김점은 절충장군을 지낸 김유손, 예조참판을 역임한 김의손, 중위사정을 역임한 김경손 등 세 아들을 두었다. 아들 중 셋째 아들 김경손의 둘째 아들인 김욱이 양녕대군의 사위가 됨으로써 왕가와 사돈지간이 되었다. 김경손의 후손은 주로 경상도 지방에 세거하였다. 그 중에서도 장남 김희의 후손들이 현풍 적산[현 고령]으로 이거하면서 청도김씨 현풍파를 형성하였다. 차남인 김한은 성주에 이거하여 청도김씨 성주파의 파시조가 되었다.

마을에는 청도김씨 효열각이 있다. 효자 김처정과 그의 손부인 김여택의 처 열부 재령이씨를 기리는 정려이다. 김처정은 효성이 지극하여 불치의 병으로 누운 생부를 부양하는 데 전력을 다하였는데, 20년간이나 사람의 젖을 동냥하여 봉양하였다고 한다. 재령이씨는 남편이 병사한 후 자결하려 하였으나 당시 임신 중인지라 출산 때를 기다렸다가 비로소 자결하였다고 한다. 이에 나라가 1699년(숙종 25)에 정려를 내린 것이다.

도시화에 밀려난 매곡리 동래정씨들의 마을

대구에서 성주로 가는 국도변에 매곡정수장이 있다. 정수장 건너 연화산 골짜기 매곡리는 동래정씨가 대구에 첫 입향한 마을이다. 이곳에는 동래정씨 유적인 금암서당과 입향조 임하 정사철 선생 부자의 유적비와 묘소 등이 남아 있다.

동래정씨는 정지원이라는 인물을 족보상 1세조로 삼는다. 동래정씨는 정지원의 14대손인 동평공 정종 세대에 와서 영남에 들어온다. 정종은 무과를 급제한 무인이었다. 이징옥의 난을 평정한 공로로 일등공신에 책봉되었고, 나중에 이시애의 난을 평정하여 동평군에 책봉된 인물이다. 그는 사패지라 하여 임금이 공신에게 주는 전답을 받았는데, 그 소재지가 지금의 고령군 덕곡면이다. 정종은 고령 덕곡에 들어와 살았다. 지금도 그곳에 오로재와 불천위사당 세덕사가 남아 있다. 특히 이곳에는 동래정씨 족보 판목이 보관되어 있기도 하다.

금암서당: 임하초당이라고도 부른다.

동평군이 영남에 들어 온지 90년 후인 1556년 동래정씨 17세인 임하 정사철 선생이 27세의 나이로 외동아들 낙애 정광천 선생과 지금의 매곡리 연화산 골짜기에 입향하였다. 이것이 동래정씨 대구입향의 시작이다.

　대구 입향조인 임하 선생은 동래정씨 동평군파에서 갈라진 임하공파의 파시조이다. 말하자면 대구지역 동래정씨의 파시조이다. 선생은 매곡리에 살면서 아버지와 형의 묘소를 마련하고 재실로 연화재를 지었다. 학문이 깊었던 임하 선생은 강학소로 임하초당이라는 별칭을 가진 금암서당을 짓고 많은 학자들과 교류하면서 제자들을 배출하였다.

　매곡리는 대구지역 동래정씨들의 모촌이다. 말하자면 이곳에 입향한 임하 선생의 후손들이 이웃한 박실과 문양리 용두골, 칠곡군 지천의 영오리 등지로 이주하여 새로운 씨족마을을 형성하였다.

임하와 낙애선생묘소

아파트 숲이 삼켜버린 성주도씨들의 서재리

서재는 금호강을 끼고 대구시 달성군과 달서구로 나눠지는 경계지점의 마을이다. 서재는 동쪽과 서쪽, 남쪽이 와룡산과 궁산으로 막혀 있고 북쪽은 마천산과 함께 금호강이 마을을 애워 싸고 있다. 지금은 계명대학 쪽에서 넘나드는 도로와 서대구 나들목으로 오가는 도로가 발달하였고, 금호강을 건너는 다리도 건설되어 교통이 편리하지만 예전에는 도심지와 격리된 마을이었다.

서재라는 마을이름은 성주도씨 출신 인물의 호에서 유래되었다. 달성 10현의 한 사람인 성주도씨 18세손인 도여유의 호가 바로 서재이다. 사람들은 서재를 서재공마을 혹은 섬처럼 떨어진 곳이라는 뜻의 도촌으로 부르기도 한다.

서재는 성주도씨 대종파, 즉 큰집의 후손들이 모여 사는 씨족마을이다. 이곳에 처음 들어온 성주도씨는 16세 대종손인 도흠조라는 인물이다. 지금부터 500여 년 전인 1540년에 이

전에 살던 지금의 대구 칠곡인 팔거현이 퇴락하자 문중을 안착시킬 만한 좋은 터를 물색하던 중 서재를 선택하여 들어왔다. 이후 서재 도여유라는 특출한 인물의 등장으로 서재 혹은 서재공마을로 불려지면서 500여년 동안 성주도씨 대종파 세거지로 명맥을 유지해 왔다.

성주도씨가 서재에 입향한 이래 문·무과 급제의 교지가 24매로, 관직에 진출하고 학문에 힘써 많은 문집을 남겼다. 대표적인 인물로는 도성유와 도여유, 도신수가 있다. 도성유는 한강 정구와 낙재 서사원 등 양 선생으로부터 사사 받은 대학자이다. 성리학에 조예가 깊어 『오경체용분합도五經體用分合圖』, 『성리제설性理諸設』을 저술하였다. 임진왜란과 병자호란에 참여하기도 하였다.

도여유는 한강과 낙재 선생의 문하에서 사사 받았다. 달성 십현으로 추앙받았고, 이괄의 난에 창의를 도모하며 무공랑務工郞에 올랐다. 저서로 『서재집』 4권 2책이 있다. 아들 4형제가 모두 과거에 급제하여 조정에 나아감으로써 향촌사회에서 존경받는 인물이 되었다.

용호서원 전경

도신수는 서재의 아들이다. 한강 정구와 낙재 서사원 등 양 선생으로부터 사사 받은 뒤 29세에 대과에 급제하여 형·호조좌랑, 충청도도사에 이어 강진현감으로 제수되었으나 부모님을 모셔야 한다며 사직했다. 그 후 함흥 판관이 되어서는, 한 아전이 떠돌아다니는 여자를 제 집에 숨겨 종으로 삼고 그 어미와 오라비를 죽인 사실을 은폐해 여러 해 동안 미결로 남아 있던 사건을 공이 부임하여 진상을 밝히자 고을 사람들의 칭송이 자자했다고 한다. 이어 울산부사를 거쳐 영해부사로 재직하던 중에 병을 얻어 53세의 아까운 나이에 별세했다.

마을에는 지금도 용호서원龍湖書院과 치경당致敬堂 및 정렬각旌烈閣이 있다. 용호서원은 성주도씨의 현조인 도성유와 도여유, 도신수를 배향하는 서원이다. 1708년(숙종34)에 창건하였다가 고종 때 훼철되어 용호서당으로 부르다가 다시 서원으로 복원하였다. 치경당은 성주도씨 선조인 순과 유도, 유덕의 향사를 모시기 위해 1970년에 건립한 재실이다. 향사는 매년 4월 5일에 지내고 있다.

섬처럼 한적하던 서재마을이 도시바람에 밀려 해체되고 말았다. 아파트와 상가가 밀고 들어와 아파트 숲이 가득하다. 지금은 용호서원과 치경당 등 몇몇 기념비적 유적만 옛 추억을 되새기게 할 뿐 세거 집성촌의 모습은 보이지 않는다.

경주이씨들의 서재2리 안마

아파트가 들어선 도시마을이다. 조선시대 1515년(중종10)에 경주인 석촌 이경욱이 마을에 들어온 후 경주이씨 세거 집성촌이 되었다. 와룡산 안쪽 산기슭에 마을이 자리하고 있어 '안마', 또는 '내촌' 부른다.

1998년에 편찬한 『달성마을지』를 보면 마을에 거주하는 269가구 중 경주 이씨가 50가구나 되었다고 기록되어 있어 당시까지만 해도 경주이씨들의 집성촌이 유지되고 있었던 것으로 보이나 지금은 해체되고 명맥만 유지하고 있다.

마을에는 그 옛날 경주이씨 씨족들의 집성촌락이었음을 말해주는 용암재와 석림정사가 있다. 용암재는 경주인 유학자 이재와 이경욱을 배향하는 재실이다. 석림정사는 이경욱이 향촌사회의 선비들과 퇴계학을 논하던 강학당이다.

능성구씨들의 세천리 굼마

세천리 굼마는 능성구씨들의 집성촌이었다. 예전에는 100여 가구의 능성구씨들이 거주할 정도로 탄탄한 씨족마을이었다. 마을에 있는 능성구씨 종친회관이 이를 잘 뒷받침해 준다.

옛날 능성구씨들의 위세를 말해주듯 마을에는 금파재라는 기념비적 건물도 있다. 금파재는 조선 숙종 때 사헌부 감찰을 역임한 금파 구귀현 선생을 기리기 위하여 건립하였다. 1960년경에 중건하고 금파재로 재실 명칭을 변경하였다. 2000년에 현대식으로 신축하였다.

진양정씨들의 죽곡1리 대실

죽곡1리 대실은 진양정씨들의 세거 집성촌이었다. 지금부터 약 400년 전에 진양인 정극례라는 선비가 정착한 이래 진양정씨 세거집성촌이 되었고 아파트단지가 조성되기 이전에는 50여 가구의 정씨들이 집단으로 거주하였다고 한다. 마을에는 입향조 정극례를 기리기 위해 건립한 월암재가 있다. 지금은 도시바람이 불어 마을은 해체되고 다세대 주택들이 들어차고 있다.

달성
마을
이야기

기록이라도
남기고 싶은
전통마을들

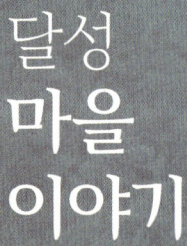

기록이라도 남기고 싶은 전통마을들

화원의 전통마을들

합천이씨 씨족마을 천내2리 현내마을

1405년경 합천이씨가 마을에 입향하였다고 기록되어 있다. 1990년대까지도 40여 가구가 세거해 왔다고 하며, 이곳에 세거하던 합천이씨들이 인근 마을에 분가하여 상당한 세력을 구축하였다는 말도 있다.

남양제갈씨와 밀양박씨들의 천내3리 샛터

정확한 시기는 알 수 없지만 남양제갈씨와 밀양박씨가 마을에 정착하여 세거하였다고 기록되어 있다. 1990년대까지 남양제갈씨가 45가구 정도, 밀양박씨가 40여 가구 정도 살고 있었다.

신창표씨들의 마을: 성산1리 웃잔미, 웃사문, 웃성산

이 마을은 낙동강 사문진 나루터의 위쪽에 있는 마을이다. 사문진 나루터의 역사가 오래된 만큼 마을의 역사도 오래된 것으로 짐작된다. 기록에는 임진왜란 후에 신창표씨 성을 가진 사람이 들어와 살면서 씨족마을을 이루었다고 되어있으나 지금은 도시화되어 마을의 전통이 해체되었다. 1990년대까지만 해도 50여 가구의 신창표씨들이 집단으로 거주하고 있었다.

민요가 흐르는 나주임씨들의 설화1리

신라시대 때 고을의 소재지가 있었던 곳이라 하니 들도 넓고 거주하는 가구 수도 많았을 것으로 짐작된다. 입으로 전해오는 이야기를 토대로 한 기록에 의하면 고려시대부터 나주임씨와 성주배씨, 김해김씨 성을 가진 사람들이 마을에 들어와 살았다고 한다. 이들 성씨 중 나주임씨들은 1990년대까지 80여 가구가 씨족집단을 이루며 살았다. 낙동강 연안의 넓은 들에 많은 농사를 지으면서 부른 농요를 비롯하여 상여소리 등 다양한 민요가 전승되고 있는 마을이다.

논공의 전통마을들

현풍팔문 광주이씨들의 씩실마을

삼리1리 씩실마을은 낙동강변에 형성된 나지막한 구릉지에 싸여 있는 마을이다. 약 380년 전에 광주이씨 성을 가진 이난미라는 선비가 인근 고령군 성산면 고탄리에 살다가 이곳에 마을을 개척하였다. 고령 고탄리는 광산이씨 한림공파翰林公派 후손으로 회령판관을 지낸 이림의 차남 이근생이, 단종이 폐위되고 세조가 등극하자 이를 개탄하여 고탄에 은거한 뒤로 광산이씨 영남파嶺南派의 세거지가 되었다.

입향조 이난미가 고령 고탁에서 씩실로 이주한 이유는 한강 정구 선생을 기리기 위해서라고 한다. 한강 선생이 서거하자 그 제자들이 고령 고탁에 모여 삼년상과 더불어 추모

삼리1리 씩실마을 전경

양촌고택 전경

승호서당 전경

사업을 논의하던 중 방문객은 많으나 장소가 너무 협소하여 삼리1리 씩실에 서당을 짓고 한강 선생의 유덕을 기리는 사업을 하기로 한 것이다. 그 사업의 결실로 성주군 수륜면에 회연서원과 신도비를 건립하였다고 한다. 참고로 회연서원 향현사에는 송사이 선생과 광주이씨 현조 이홍기, 이홍량, 이홍우, 이서 등의 위패가 봉안되어 있고 매년 향촌 사림에서 춘추로 향사하고 있다.

    씩실마을에는 약 50여 가구의 광주이씨들이 살고 있을 뿐만 아니라 광주이씨들의 기념비적 건물들이 남아 있어 이 마을이 광주이씨들의 집성촌임을 말해주고 있다. 마을에는 입향조 이난미의 종택인 양촌고택이 남아 있다. 이 집은 1610년(광해군 2)에 창건하였는데, 안채와 사랑채, 중문채, 대문채 등 네 채로 구성되어 있다.

입향조 이난미는 육일헌 이홍량의 차남으로 통정대부용호위부원군을 지냈고 한강 정구의 문하생이다. 이난미와 한강 정구 선생의 문하생인 동계 정온, 오계 조정립 등 18현이 지국회를 결사하였는데 지금도 그 후손들이 매년 음력 11월 10일 회동하고 있다.

양촌 고택 외에도 입향조의 강학소였던 승호서당이 1973년에 중창되어 지금에 이르고 있고, 광산인 이광영의 재실인 임호재, 광산인 이세환의 재실인 비락재, 광산인 이달은과 달민의 재실인 서락재, 이병기의 재실인 일우재, 이당의 재실인 광거재, 이준석의 강학소인 낙산정 등이 있다.

수원백씨와 파평윤씨들의 하리 약산마을

약산마을은 1230년대에 군위방씨들이 처음 들어와 마을을 개척하였다. 그후 수원백씨와 파평윤씨들이 이주하여 세거하였다. 현재 이 마을에는 군위방씨는 살지 않고 있으나 수원백씨와 파평윤씨들은 15가구 내외씩 살고 있다. 마을에는, 최근 건립한 것이기는 하나 파평 윤씨들의 재실 건물인 웅산재와 부강정 등이 남아 있다.

다사의 전통마을들

추계추씨들의 이천리 이내마을

이내마을은 뒤에 산이 두르고 있고 앞에는 이내들과 금호강이 흐르는 전형적인 배산임수형 마을이다. 도시 근교이지만 아직도 농촌 마을의 전원적 경관을 비교적 잘 간직하고 있다.

이 마을은 1520년경 통훈대부를 지낸 추상의 7대조 추세라는 사람이 처음 들어와 살면서 추씨들의 씨족마을이 되었다. 최근까지만 해도 약 80여 가구 중 60여 가구가 추계추씨로 구성될 정도로 씨족마을이 지속되고 있다. 인근에 있는 다사읍 세천리 굼마라는 자연촌락에도 추계추씨들이 많이 살고 있다.

이천리 추계추씨들은 시조인 노당 추적 선생의 후손들이다. 노당은 고려시대인 1260년(원종 1) 15세의 나이로 문과에 급제한 뒤 안동서기·직사관을 거쳐 좌사간에 오른 인물이다. 1298년(충렬왕 24)에 환관 황석량이 권세를 이용하여 자신의 고향 합덕부곡을 현으로 승격시킬 때 그 서명을 거부하여 순마소에 갇히기도 했다. 그 후 민부상서·예문관제학을 역임하고, 시랑국학교수侍郞國學敎授로 재임할 때 『명심보감』을 엮어 가르쳤다. 안향과 더불어 정주학程朱學의 도입을 꾀한 인물로도 유명하다.

노당 선생의 묘소는 경기도 용인시 기흥구 공세동에 있다. 시호는 문헌文憲이며, 대구광역시 달성군 화원읍 인흥마을에 있는 인흥서원 등에 배향되었다. 남평문씨 세거지 앞에 있는 인흥서원에는 추적 선생이 지은 『명심보감』 판목이 소장되어 있기도 하다.

이천리에는 추계추씨들의 세거 집성촌임을 증명하듯 추씨들이 남긴 많은 유적들이 남아 있다. 시조인 노당 추적 선생을 기리기 위해 건립한 경로재가 있다. 이 건물은 대구광역시 달성군 다사읍 이천리 523번지에 위치하고 있으며, 정면 세 칸 측면 두 칸의 팔작지붕이다. 『대구읍지』에는 미강 박승동이 상량문을 지었다고 기록되어 있다.

효자이자 유학자인 동산 추상의 선생을 기리기 위해 건립한 이천재도 이 마을에 있다. 이천재는 후손들의 강학당으로 이용되어 많은 학자들을 배출하기도 하였다. 건물은 정면 다섯 칸, 측면 두 칸의 맞배지붕이다. 선생은 효자로 동몽교관이 되었으며 그의 유덕을 기리기 위하여 동민들이 설단하여 향사하고 있다.

마을에는 추상의 선생의 유덕을 기리기 위해 세운 영사각도 있다. 1839년 2월에 동민들에 의해 건립되었다. 비각은 사방 1간의 맞배지붕으로 비석전면에 학생추공상의영세불망비學生秋公尙義永世不忘碑라 새겨져 있으며 아래에는 천년지은 혜아일동 천민지수 사시완취千年之恩 惠我一洞 千緡之數 事示完就라 적었다. 매년 중양절에 동민들이 향사를 지내고 있다.

마을에는 통정대부 의금부도사를 역임한 동수공 추정서를 기리기 위해 건립한 고동재라는 재실도 있다. 건물은 정면 네 칸, 측면 한 칸 반, 홑처마 팔작지붕이다.

청주양씨들의 달천리 달래마을

달래마을은 뒤에 박산이 있고 앞에는 금호강이 흐르는 배산임수형 마을이다. 1610년(광해군 2)에 훈련원 판관을 지낸 청주인 양득효가 처음 들어와 살았으며, 그 후로 양씨들의 세거 집성촌이 형성되었다. 지금도 70여 가구 중에서 양씨들이 절반을 차지하고 있다. 마을 안에는 청주양씨 문중이 건립한 묵정재라는 재실이 있다. 상량문에 1890년에 건립한 것으로 기록되어 있다. 묵정은 양찬이라는 사람의 호이다.

아직도 농촌 경관을 유지하고 있지만 대구시내와 교통하는 도로가 발달하면서 도시화가 급속히 이루어지고 있다. 도로변에는 식당이 들어서고 예술인들의 작업공간도 들어서고 있다. 주말에는 도시민들의 나들이도 부쩍 늘어나는 형편이다.

노동운동가 이소선 여사가 살았던 동래정씨들의 박실마을

박곡리는 달천리와 인접해 있는 마을이다. 마을 뒤에는 박산이 있고 마을 앞에는 금호강이 흘러 역시 배산임수형 마을이다. 박산 아래에 있는 마을이라 하여 박곡, 혹은 박실이라 부른다. 마을에는 박실과 해랑포라고 부르는 두 개의 자연촌락이 있다. 이들 마을에 사는 사람들은 대부분 동래정씨들이다. 마을에는 학우재라는 재실이 있다. 이 재실은 학우정 정우홍과 그의 아들 정시상을 기리기 위해 건립하였다. 정우홍은 조선 영조 때 무과에 급제

박실마을 앞 도로변 식당가 풍경

박곡리 박실 마을 전경 사진(다음 지도 참조)

하여 오위정에 이른 인물이다.

박실마을의 이웃에는 동래정씨들의 마을이 많다. 인접한 다사읍 세천리 굼마와 매곡리, 문양1리 용두골, 칠곡군 지천면 영호 마을 등에도 동래정씨들이 씨족을 이루어 살고 있다.

용두골은 임진왜란 때 곽재우 장군을 도운 의병장 문상재 정상기가 개척한 마을이다. 지금도 40여 가구의 정씨들이 집단으로 거주하고 있다.

박실은 노동운동가 전태일의 어머니 이소선 여사와도 인연이 있는 마을이다. 이소선 여사는 본디 달성군 성서면 감천리(현 달서구 본리동)에서 태어났다. 그녀가 4살 되던 해에 아버지 이성조가 농민운동 및 항일운동 혐의로 일본 순사에게 끌려가 처형되면서 식구들과 함께 마을을 떠나 더부살이를 하면서 생계를 전전했다. 그러다가 그의 어머니 김분이가 박곡리 박실마을 동래 정씨 문중에 개가하면서 어머니와 함께 박곡리에 산 적이 있다.

문화유씨들의 방천리 박실원마을

박실원은 마을 뒤에 와룡산이 있고 앞에는 금호강이 흐르는 배산임수 마을이다. 1557년 조선 선조 때 유희상이라는 선비가 마을에 들어와 살면서 문화유씨 세거 집성촌이 되었다. 사람들이 이 마을을 별칭으로 유반(柳班)이라 부르는 것으로 봐서 조선시대 반촌이었던 것으로 짐작된다. 예전부터 지금까지 문화유씨들이 꾸준히 씨족을 이루며 살고 있다.

마을에는 여호재라 이름붙은 재실과 척호정이라 부르는 정자가 있다. 여호재는 입향조 유희상의 아들인 유전을 기리기 위해 건립하였다. 유전은 통정대부 승문원과 판교를 역임한 인물로 임진왜란 때 낙향하여 우거하였다. 척호정은 선비 유기춘이 공부하던 강학정이다.

가창의 전통마을들

사슴이 뛰어노는 단양우씨들의 백록마을

백록마을은 사성 김해김씨 김충선 장군의 후손들이 살고 있는 우록마을과 가까운 곳에 있는 자연촌락이다. 이 마을에 처음 들어 온 사람은 조선 중종 및 선조대의 성리학자였던 역동 우탁의 후손 백록당 우성범이다. 단양우씨들이 고려말 고려왕실의 복위를 꾀하다가 실패하자 화를 피해 당시 밀성부 풍각현 송촌마을에 우거하다가 조선 중종 때의 인물인 우성범이 더 좋은 터를 찾아 지금의 우록2리 백록마을에 들어와 살면서 후손들이 세거하였다고 한다.

입향조 우성범의 호와 마을 이름을 '백록'이라 한데는 재미있는 일화가 있다. 우성범이 이곳으로 이사하던 날 마침 큰 눈이 내렸는데 상처 입은 사슴 한 쌍이 부엌 안으로 들어

하늘에서 본 백록마을(다음 지도 참조)

옴에 우성범의 호를 백록당이라 지었다고 한다. 마을 이름 역시 본래 선유동이라 하였는데, 우성범의 호를 따서 백록동이라 부르게 되었다고 한다.

백록동이 단양우씨의 오랜 세거지였으나 지금은 몇 가구만 거주하고 있을 뿐이다. 다만 재실인 백록당과 단양우씨 백록유허비, 백록당의 아들 우배순의 묘소, 백록서당 등의 유적이 있어 전통있는 오랜 세거지였음을 알리고 있다.

백록당은 입향조 백록당 우성범을 추모하여 매년 음력 3월 20일에 향사를 올리는 재사이다. 단양우씨 백록유허비는 백록당과 그 후손들의 업적을 기록한 석비이다. 이 석비는 백록마을 뒤 최정산 자락에 자리 잡고 있다. 유허비에 의하면 백록당의 장자 우배순은 1568년(선조1년)에 태어나 26세가 되던 해에 임진왜란이 일어나자 의병을 모집하여 여러차례 큰 공을 세웠다. 그러다가 팔조령과 최정산 일대에서 사명대사의 승병 500명과 합세하여 왜적과 싸우다가 큰 공을 세우고 전사하고 말았다. 백록동에는 의병장 우배순의 묘소가 있다. 백록서당은 밀양인 우당 허욱이라는 학자가 백록당을 존경하여 후학을 양성하기 위해 지은 서당이다.

슬픈 입향 사연을 가진 달성서씨들의 대일박마을

대일박마을은 1570년경에 영동김씨들이 마을에 들어와 개척하였다고 전한다. 그 후 1670년 조선 효종 때 천안군수였던 서변이라는 사람이 한전 유세교가 반란을 일으킨 사실을 직소하였다가 곤장을 맞고 죽자 그 후손들이 피신하여 이 마을에 정착하였다고 한다. 그 충정은 후세에 알려져 바로 잡혔지만 대일박이 달성서씨들의 세거지가 된 슬픈 사연이다. 지금도 50여 가구의 달성서씨들이 오순도순 살고 있다.

마을에는 학암 서균형을 주향하고 용계 서변을 배향하는 오계서원이 있다. 이 서원은 1798년에 건립하였다. 서균형은 고려 공양왕대의 문신이다. 예문관 대제학과 양광도 관찰사를 지낸 인물이다.

옥포의 전통마을들

청명한식에 춘향제를 지내는 파평윤씨들의 신당리

신당리는 낙동강 연안의 낮은 구릉에 자리잡은 마을이다. 약 400년 전에 파평윤씨들이 들어와 지금까지 씨족들이 오순도순 살고 있다. 1990년대까지만 해도 총 250가구 중 약 90가구가 윤씨들이었다. 지금도 파평윤씨 태위공파 문중이 그 명맥을 유지하고 있지만 그 규모는 점차 줄어들고 있다.

마을에는 파평윤씨 재실인 일우재가 있다. 파평윤씨의 시조 대사공의 15세손 대랑공 윤비의 공덕을 기리기 위하여 건립한 재실이다. 이 건물은 정면 네 칸, 측면 한 칸 반의 팔작지붕이다. 일우재에서는 매년 청명 한식에 파평윤씨 태위공파 후손들이 모여 12~21세까지의 선조 10위를 모시고 춘향제를 올리는 전통이 유지되고 있어 재미있다.

청도김씨들의 교항리 다리목마을

교항1리 다리목은 청도김씨들의 씨족마을이다. 누가 언제 이 마을에 들어와 살게 되었는지는 알 수 없다. 입으로 전해 오는 이야기는 임진왜란 때 성주이씨들이 개척한 마을에 청도김씨들이 들어왔다고 한다. 지금도 성주이씨들이 살고 있다. 그러나 청도김씨들이 더 많은 편이다. 1998년 편찬한 『달성마을지』에는 총 360가구 중 120가구가 청도김씨이며, 성주이씨가 35가구라고 기록하고 있다.

기록은 없지만 문중의 규모와 현조를 기리기 위한 기념비적 건물로 보아 향촌사회에서의 청도김씨들의 영향력이 상당했던 것으로 추측된다. 마을에는 낙고재와 구목당 등 청도김씨들의 누정들이 즐비하다. 낙고재는 야은 김성로의 유지를 기리기 위해 지역 유림이 건립한 재실이다. 구목당은 선전관을 지낸 김유운의 공덕을 기리기 위하여 후손들이 뜻을 모아 건립한 사당이다. 이 건물은 정면 네 칸, 측면 한 칸 반의 팔작지붕이다.

옥연지를 끼고있는 충주석씨들의 기세리 기세골

기세리는 용연사로 가는 길목에 있는 옥연지라는 큰 저수지가 있는 마을이다. 마을은 기세골과 남달동, 차골 등의 자연마을로 구성되어 있다. 기세골은 임진왜란 때 충주인 인산공 석언우가 입향하여 마을을 개척한 이래 그 후손들이 번창하여 오늘에 이르고 있다. 충주석씨들의 대구지역 최초 거주지가 기세골이다. 남달동은 임진왜란 때 임씨들이 피난 와서 세거하였으나 옥연지가 생기면서 마을이 수몰되어 타지로 모두 이주하였다. 차골은 고려 때 차씨 성을 가진 고관이 모함을 받아 은거한 이래 차씨들이 많이 살았으나 모두 이주하고 지금은 살지 않는다.

기세리 기세골에는 지금도 30여 가구의 충주석씨들이 집단으로 거주하고 있다. 대부분 충주석씨 참의공파이다. 마을에는 충주석씨 입향조 인산공 석인우의 유지를 받들기 위해 건립한 인산당이라는 재실이 있고, 인산공의 후손이자 학자인 소계 석재준의 제자들이 유지를 받들고자 1923년에 건립한 소계정이 있다. 석재준은 기세리에 학당을 열고 오랑캐의 풍속에 물들지 말고 고유의 풍속을 지키는 선비정신을 일깨우는 데 힘썼다. 이에 제자들이 함영계를 조직하여 재물을 모은 뒤 소계 선생의 호를 딴 소계정을 건립하였다.

소계정은 대구광역시 문화재자료 제31호로 지정되어 있다. 이 건물은 정면 세 칸, 측면 한 칸 반의 홑처마 팔작지붕으로, 평면은 가운데에 마루를 두고 양 옆에 방을 둔 영남 지방의 일반적인 정자 형태를 취하고 있다.

하빈의 전통마을들

시조가 개척하였다는 하빈이씨들의 무등2리와 현내1리

무등2리 낫골과 현내1리 셋터는 하빈이씨들의 씨족마을이다. 지명 유래와 마을에 남아 있는 유적들로 보아 하빈이씨들은 무등2리에 먼저 입향하였고, 여기서 셋터마을에 분가하여 또 다른 집성촌이 형성된 것으로 짐작된다. 두 마을 모두 하빈이씨가 마을을 개척한 이후 세거 집성촌을 이루었다는 구전만 있을 뿐 입향 경위에 대한 기록은 없다. 지금도 두 마을에는 하빈이씨 씨족들이 모여살고 있지만 근대화 이후 많은 가구가 가까운 대구와 구미로 이주하였다.

마을에는 하빈이씨 시조 이거를 추모하기위해 건립한 원모재와 시조묘가 있다. 이 마을 하빈이씨들은 시조 이거가 마을을 개척한 입향조라 믿고 있다. 시조 이거는 시호가 문정이며, 고려 명종 때 예부상서를 지냈고 나라에 공을 세워 하빈군河濱君에 봉해졌다. 이로써 후손들은 하빈河濱을 본관으로 삼아 세계를 이어왔다.

기타 하빈의 씨족마을들

하빈에는 크고 작은 씨족마을들이 있다. 하산리 너울터는 청주양씨들의 세거 집성촌으로 알려져 있다. 지금도 약 20가구의 양씨들이 집단으로 거주하고 있다. 입향조는 유학자 양득효이다. 마을에는 입향조의 학문과 덕목을 받들기 위해 후손들이 건립한 재실인 경모재가 있으며, 이를 모태로 조직한 유계가 지금까지도 유지되고 있다.

기곡1리는 전의이씨들의 세거 집성촌이다. 하산리 하목정이 모촌이라면 기곡1리는 후손들이 분가하여 이루어진 씨족마을이다. 마을에는 전의이씨 이익필 장군의 후손들이 많이 살고 있다. 전의이씨 선영이 있어 이익필 장군가 윗대의 묘소가 여기에 있다. 이유재는 선영을 지키는 재실이다.

기곡2리 성당마을은 제주도에 많이 살고 있는 연주현씨 20가구가 집성을 이루고 있다. 그러나 언제, 누가, 왜 이 마을에 입향하였는지 알 길은 없다.

봉촌1리는 김영김씨들의 집성촌이다. 낙동강변의 비옥한 토지를 끼고 형성된 마을이다. 200가구가 넘는 큰 마을이다. 그 중에서도 김영김씨가 약 60가구를 차지하고 있다.

김영김씨들의 입향조는 김창도라는 사람이다. 그는 임진왜란 때 이곳에 입향하였다. 일설에 의하면 김창도의 자는 성탁이고 호는 낙주인데, 1548년(명종3)에 태어나 조선시대 유학자 심동원의 문하에서 학문을 익혔으나 벼슬은 하지 않았다고 한다. 임진왜란때 상주에서 의병을 일으켜 이곳 하빈 봉촌으로 진군하다가 전사하였다고 한다. 마을에는 김창도의 묘소와 재실인 첨모재가 있다.

현풍의 전통마을들

경주최씨들의 대2리 범안골

현풍곽씨들이 살고 있는 솔례마을과 이웃한 마을이다. 청주 판관을 지낸 최중남이 1649년에 들어 온 이후 최씨들의 씨족마을이 되었다. 지금도 30가구의 최씨들이 살고 있다. 마을에는 최씨들의 세력을 말해 주는 재실과 정자가 있다. 대표적으로 입향조 최중남과 최동원, 최경형을 추모하기위해 건립한 추모재라는 재실이 있고, 모죽정이라는 정자가 있다.

연안차씨들의 임난 피난처 자모리 마을

1599년 임진왜란 때 현 달성군 논공읍 하리에 살던 선비 차순라가 명상, 명용, 극생, 극상 등 4명의 아들을 데리고 피난 온 곳이 자모리라고 한다. 난리가 끝나도 떠나지 않고 마을에 정착하여 연안차씨들의 집성촌이 되었다. 예전에는 마을 주민 대부분이 연안차씨였으나 지금은 이농하여 그 수가 많이 줄어들었다. 마을에는 1924년에 건립한 차세미의 추모재실인 모원재가 있어 차씨 문중을 상징하고 있다.

유가의 전통마을들

현풍곽씨들의 한정리

달창 저수지 가까이 있는 마을이다. 지금부터 약 450년 전에 현풍곽씨 곽여량이 곽씨들의 영남 모촌인 현풍 소례에 살다가 이곳에 들어 온 이래 곽씨들의 씨족마을이 되었다. 지금도 한정1, 2리를 합해 40여 가구의 곽씨들이 오순도순 씨족집단을 이루어 살고 있다. 입향조 곽여량은 황해도 관찰사를 지낸 정암공 곽월(1518~1586)의 증손자이고, 곽재록의 손자이며, 통덕랑을 지낸 곽례의 아들이다. 망우당 곽재우가 종조부이다.

마을에는 입향조의 증조부인 정암공 곽월의 위패를 모신 사당인 양모재가 있다. 입향조가 직계 선조의 사당을 건립함으로써 문중의 적통을 이어받으려 한 것이다. 정암공은 현풍곽씨 17세로 1556년(명종 11)에 별시 병과에 급제하여 동지사로서 명나라에 다녀왔다. 후에 호조참의를 거쳐 황해도 관찰사로 임명되었으나 사양한 바 있고 나중에 제주목사와 대구부사를 역임하였다.

마을에는 입향조 곽여량이 심었다는 '삼정자목三亭子木'이 있다. 세 그루의 느티나무가 정자亭子 역할을 하니 붙여진 이름이다. 이 나무는 대구에서 가장 큰 저수지인 달창지와 예연서원禮淵書院으로 가는 길목에 있다. 예연서원은 정유재란때 함양의 황석산성을 방어하다가 본인은 물론 두 아들과 며느리까지 순절하여 '일문삼강一門三綱'으로 추앙받는 충렬공 곽준(1550~1597)과, 임진왜란이 일어나자 전국에서 가장 먼저 창의하여 혁혁한 전공을 세운 충익공 곽재우(1552~1617)의 위패를 모신 곳이다.

현풍곽씨들의 도의1리 장샘이마을

장씨 성을 가진 삼형제가 마을을 개척하였다고 하여 장삼張三이라고 불렀다는 설이 있으나 마을에는 장씨들이 없다. 오히려 현풍과 구지 일대에 널리 분포하여 거주하고 있는 현풍곽씨들이 씨족을 이루고 있다. 지금도 곽씨들이 대부분이다. 마을에는 1522년(중종 12)에 창건한 것으로 전해지는 곽빈의 추모 재사인 도산재가 있어 문중을 상징하고 있다.

구지의 전통마을들

서흥김씨들의 씨족마을

달성군 현풍읍과 구지면, 유가면 일대의 마을에는 서흥김씨들이 많이 살고 있다. 한훤당 김굉필 선생의 종택이 있으며, 서흥 김씨들의 영남 지역 모촌인 현풍읍 못골에서 분가한 후손들로 짐작된다.

창마는 350년 전에 현풍읍 못골을 모촌으로 하는 서흥김씨들이 마을에 들어온 후 세거지가 되었다고 한다. 지금도 20여 가구가 살고 있다.

화산1리 나부실 마을은 언제 누가 입향하였는지는 모르지만 20여 가구의 서흥김씨들이 살고 있다. 이들은 1876년에 건립한 현조 김수침의 재실인 추원재와 김응현의 재실인 파산재를 중심으로 문중을 꾸려 가고 있다.

도동은 서흥인 한훤당 김굉필을 주향하는 서원이 있는 곳이다. 이 마을에 한훤당의 후손 20여 가구가 살고 있다. 입향조가 누구인지는 기록에 없지만 예조참의를 지낸 김굉필 선생의 증조부가 현풍곽씨와 결혼해 처가인 현풍으로 내려오면서부터 현풍인이 되었다는 고증으로 미루어 도동이 아닌가 싶다. 김굉필 선생 또한 출생은 서울에서 하였지만 성장기에 도동에 머물렀던 것으로 추정된다.

김해김씨들의 창동마을

본래 진양강씨들이 마을을 개척하였다. 그 후 임진왜란 때 고령군 우곡면에 살다가 청도로 피난 갔던 김해김씨 몇 집이 고향으로 귀환하던 중 이곳에 머물면서 김해김씨들의 씨족마을이 되었다. 지금도 마을의 70가구 중 40여 가구가 김씨들이다. 마을에는 김해김씨 문중을 상징하는 재실 영모재가 있다. 이 재실은 1797년에 병조참의를 지낸 김현희를 추모하기 위해 건립하였다.

밀양박씨들의 가천리와 목단1리 모랭이마을

임진왜란 후 가선대부 박요가 들어와 살면서 밀양박씨들의 씨족마을이 되었다. 1990년대까지는 100가구가 되는 큰 마을의 절반이 넘는 가구가 박씨들이었다. 지금도 마을 규모가 줄어들었지만 여전히 박씨들이 주류를 이룬다. 마을에는 박씨 문중이 건립한 지락정이 있다.

목단1리 모랭이마을도 밀양박씨들이 세거해 온 씨족마을이다. 1597년 선비 박찬이 들어온 이래 박씨들의 씨족마을로 성장해 왔다.

창녕조씨들의 수리2리

창녕과 가까운 대니산 기슭에 있는 마을이다. 임진왜란을 피해 창녕인 통정대부 조윤암이 창녕에서 이곳에 이주한 이후 후손들이 세거하면서 씨족마을이 되었다. 35가구의 작은 마을이지만 30여 가구가 창녕조씨들이다. 마을에는 창녕조씨 문중에서 건립한 2채의 재실이 있다. 하나는 처사 조상천의 추모재사 첨경재이고, 다른 하나는 통정대부를 지낸 입향조 조윤암을 추모하기 위해 건립한 재실 이사재이다.

군위방씨들의 오설리

전해 오는 이야기로는 본래 연안차씨들이 개척한 마을이라고 한다. 조선 선조 때 한성좌윤을 지낸 이암 방계관이 마을에 입향한 이후 그 후손들이 세거하면서 방씨들의 집성촌이 되었다고 한다. 90여 가구가 모여 사는 비교적 큰 마을인데 현재 방씨들이 20여 가구 살고 있다. 마을에는 방씨들의 뛰어난 조상인 방치원과 방문걸, 방문업을 기리기 위해 건립한 기념비적 건물 영모제永慕齊가 있다.

글 이 영 진

경북과학대학교 박물관장
경상북도 · 대구광역시 문화재전문위원 역임
현재 경북과학대학교 문화재관리과 교수,
경북과학대학교 겨레문화사업단장

『공간과 문화』
『문화재조사연구입문』 등 논저 다수

사진 배 원 태

대한민국사진대전 심사위원 역임
대한민국사진대전 초대작가

『일출 일몰과 야경』
『월별로 떠나는 풍경사진여행』 등 개인사진집 다수 발간
도선사진문화상 · 대구예술상 수상